LE TONKIN

ET LA

MÈRE-PATRIE

JULES FERRY

LE TONKIN

ET LA

Mère-Patrie

TÉMOIGNAGES ET DOCUMENTS

PARIS
VICTOR-HAVARD, ÉDITEUR
168, Boulevard Saint-Germain, 168

1890

Droits de traduction et de reproduction réservés

LE TONKIN
ET LA
MÈRE-PATRIE

CINQ ANS APRÈS

I

Le vieux comte de Beust, homme d'État de grands talents et de beaucoup d'esprit, qui avait connu dans sa carrière politique plus de mécomptes que de succès, aimait à rappeler qu'il était le père d'une Constitution encore vivante, le compromis austro-hongrois de 1867. Et il ajoutait finement : « Quand ma constitution marche bien, personne ne se souvient que j'en suis l'auteur ; mais qu'il s'y produise le moindre accroc, tout le monde s'écrie : C'est la faute à Beust ! »

Il en va chez nous de la sorte pour la politique coloniale. Les préjugés violents, les furieuses rancunes que cette politique a déchaînés se réveillent au moindre accident ; mais des succès acquis, des résultats consacrés, qui font tant d'honneur au génie de la France, le gros du public ne se soucie point. Ce n'est pas sa faute. Les journaux qui catéchisent sa complaisante crédulité ne parlent ordinairement des colonies que pour en médire. Quand le dénigrement n'est plus possible, on organise la conspiration du silence. On laisse par exemple dans une ombre discrète le grand œuvre accompli en Tunisie; mais pour peu qu'il y ait du bruit dans le Delta, que des bandits se montrent vers la frontière chinoise, dans des régions où aucune civilisation n'a jamais pénétré, la presse bien informée inscrit aussitôt l'événement, d'une main joyeusement indignée, au compte « des désastres » du Tonkin, et tout d'une voix s'écrie : C'est la faute à Ferry !

Le télégraphe, d'ailleurs, ne la laisse pas chômer. Avez-vous remarqué qu'on applique aux nouvelles du Tonkin un régime de publicité perfectionnée? Elles sont soumises à un procédé de grossissement aussi simple qu'infaillible. Le télégraphe veille sur les bords du Fleuve Rouge. Il ne nous fait grâce ni d'un coup de fusil, ni d'une paillotte incendiée! Quand les journaux locaux, à leur tour, en apporteront le récit, plusieurs semaines se seront écoulées, puisqu'il faut compter déjà trente-cinq jours de traversée. Pour un fait divers, c'est le temps de se faire oublier. Celui-ci renaît donc tranquillement de ses cendres : le courrier d'Hanoï et d'Haïphong touche d'abord à Marseille, où l'agence Havas a des correspondants, c'est à eux qu'il se dévoile pour la seconde fois. Nouveau télégramme, qui n'est que la réédition, un peu plus détaillée, de celui du mois passé. La troisième édition se tire à Paris des journaux eux-mêmes, et des correspondances particulières qui développent et rajeunissent la première dépêche. Est-ce la fin ? Point du tout. Voici venir la malle anglaise, qui a pris à Saïgon les feuilles de l'Indo-Chine; elles aussi rapportent l'aventure, et la presse parisienne, celle surtout qui se pique d'être bien renseignée, l'enregistre gravement pour la quatrième fois. On n'a jamais poussé plus loin l'art d'extraire d'un même sac plusieurs moutures...

Les journaux et les correspondants d'Hanoï ont souvent dénoncé cette débauche d'informations : elle recommence à chaque incident. Est-ce frivolité ? Est-ce mauvaise foi ? Souvent l'une et l'autre...

Ce n'est là qu'un détail, mais il montre le parti pris. La conquête du Tonkin a été, comme toutes les conquêtes coloniales, traversée par de douloureuses épreuves. Les débuts ont été difficiles, tragiques parfois. Cette colonie, qui passionne, sans aucune exception, tous ceux qui l'ont visitée, ne s'est fait connaître d'abord à la mère-patrie que par des mécomptes. Depuis, le temps a marché, notre empire d'Indo-Chine s'est assis, l'heure semblerait venue d'en parler de sang-froid, avec une attention curieuse, sinon bienveillante. Mais il importe aux ennemis du Tonkin de tenir l'opinion en haleine et de ne pas laisser croire qu'on puisse jamais, là-bas, sortir de l'âge de fer. Je lis encore de temps en temps, dans des journaux graves, cette phrase qui faisait le fond des discussions parlementaires de 1884 et de 1885 : vous ne possédez du Tonkin que la terre qui se trouve sous les pieds de vos soldats. C'est une ineptie, mais elle sert toujours.

Émile de Girardin disait du journalisme que c'est l'art de taper tous les jours sur un même clou. Les ennemis du Tonkin sont donc de grands artistes. Depuis cinq ans, ils n'ont pas changé leur thème. C'est avec le même marteau qu'ils frappent, sans se lasser, sur la même enclume. Les neuf dixièmes des lecteurs de petits journaux en sont restés aux images lugubres popularisées par un vaudevilliste vieilli dans l'insulte, le bouffon favori des faubourgs et des duchesses : « le Tonkin-marécage, le Tonkin-choléra, le Tonkin-ossuaire. » Le plus surprenant, c'est que les gens s'en contentent et n'en veulent pas savoir davantage. C'est comme un pli de l'esprit, une sorte de monomanie anticoloniale qui ne leur permet d'apprécier rien de ce qui se passe en Indo-Chine avec les règles ordinaires de la critique et du bon sens.

Nous en avons eu tout récemment un exemple frappant dans l'aventure de MM. Roque. L'enlèvement de ces deux riches négociants, colons tonkinois de la première heure, est un drame fort triste assurément, et qui aurait pu mal finir, mais qui pouvait aussi bien avoir pour théâtre les gorges du Magne ou de la Calabre, voire même celles de l'Aveyron, où ces jours-ci un courrier était assassiné. Il me souvient que lorsque j'arrivai en Grèce, en 1872, l'Europe entière était sous le coup de l'attentat de Marathon, perpétré en plein jour, à quelques lieues d'Athènes, sur des attachés d'ambassade en tournée d'archéologie : ils avaient été enlevés, conduits dans la montagne et mis à rançon, comme les frères Roque. Mais le corps diplomatique n'en concluait pas que l'Attique fût retournée à la barbarie. On peut, en pleine capitale de la civilisation, supprimer un huissier avec tranquillité, et faire voyager un cadavre dans une malle de Paris à Lyon, à la barbe de la police, qui n'en eût jamais rien su, si Sa Majesté le Hasard n'avait daigné intervenir ; les conservateurs ne demandent pas pour cela qu'on mette Paris en état de siège. Mais qu'on assassine ou qu'on vole à quatre mille lieues, sur la route de Dong-Trieu, il semble que les pierres des chemins doivent se lever d'elles-mêmes ; tous les vieux clichés indignés reparaissent, et l'on remet sur le tapis la question d'évacuation.

Ce parti pris de pessimisme et de dénigrement est malheureusement contagieux. Il s'est communiqué inconsciemment, sans doute, et par une sorte de suggestion, aux partisans même de la politique coloniale. Tant est puissante l'action réflexe et ce qu'on peut appeler l'hypnotisme du mensonge chaque jour, à chaque heure répété ! Il en est un, par exemple, qui a cours en tous lieux, dans les journaux graves, comme dans les autres : on affirme que la conquête du Tonkin aurait coûté à la France un milliard et 35,000 hommes !

Il est affligeant de constater, me disait, il y a quelques jours, un des plus sincères admirateurs de notre empire d'Indo-Chine, qu'un pays qui nous a coûté si cher soit si maladroitement exploité. — Et combien, interrompis-je, croyez-vous qu'il a coûté ? Est-ce un milliard, comme on l'imprime ? — Non, mais au moins cinq cents millions.

Ce n'est ni un milliard ni un demi-milliard, c'est le chiffre que je vais dire, et dont voici d'abord les éléments.

Les crédits votés pour l'Annam et le Tonkin dans les exercices 1883, 1884, 1885 et 1886 résultent de neuf lois spéciales : la première du 19 décembre 1882, et la dernière du 27 décembre 1885 ; — à partir de 1887, tout passe dans un article unique de la loi des finances, porté d'abord au budget des affaires étrangères, puis au budget des colonies, comme subvention globale de la métropole.

Les neuf lois de crédits extraordinaires représentent une somme de 327,698,680 francs, mais il s'en faut que la totalité des crédits votés ait été consommée. Si les sommes votées pour 1883 et 1884 furent intégralement dépensées, les crédits de 1885 et de 1886 laissèrent un excédent de 57,896,302. D'où il suit que sur les 327,698,680 francs votés il n'a été dépensé, de 1883 à 1886 que..... 269,802,379 fr.

à quoi il faut ajouter la subvention
de 1887...................... 30,000,000
la subvention de 1888.......... 20,000,000
la subvention de 1889.......... 15,000,000

Total des crédits consommés (1)
au 31 décembre 1889.......... 334,802,379 fr.

(1) Voir ci-après le tableau (page 385).

Ainsi les badauds disent un milliard, les gens sérieux un demi-milliard ; la comptabilité inexorable répond : 334,800,000 francs, en nombres ronds. Voilà ce que nous coûte le Tonkin à l'heure présente.

Il est même permis d'ajouter, les rapports de la Cour des comptes à la main, que sur ces 334 millions il en est un certain nombre qui n'ont pas été dépensés pour l'expédition elle-même. La Cour des comptes a constaté que des dépenses de constructions navales, prévues et créditées au chapitre spécial qui les concerne, avaient été néanmoins imputées pour partie au compte du service du Tonkin ; elle fait entendre également qu'il est fort probable — bien que la Cour n'en ait pas acquis la preuve matérielle — que la comptabilité du ministère de la marine a porté au compte de l'expédition la totalité de la solde du corps expéditionnaire, alors qu'il en eût fallu déduire les dépenses normales d'entretien des troupes de la marine et de la guerre lorsqu'elles tiennent garnison sur le continent (1).

Ce sont là des chiffres irréfutables. Nous attendons qu'on les nie, ou qu'on les discute.

Mais on ne les discutera pas. On aime mieux se rabattre sur les lieux communs tirés de l'usure de

---

(1) Discours de M. Deschanel sur le budget de la marine, du 29 octobre 1888, cité ci-après (page 338).

la flotte, de la détérioration du matériel, dont on fait des tableaux aussi lugubres que mensongers.

La légende conte même que si nous manquons de cuirassés d'escadre, si l'Italie ou même l'Allemagne ont pu prendre sur nous l'avance dans la construction des navires de combat et des croiseurs de grande vitesse, la faute en est au Tonkin, qui a tout usé, tout mangé, navires et crédits. — C'est la faute à Voltaire ! c'est la faute à Rousseau ! — L'amiral Peyron, parlant au Sénat (1), a répondu victorieusement qu'aucun de nos cuirassés d'escadre n'avait pu s'user dans les mers de Chine, par la raison bien simple qu'aucun d'eux n'y est allé; on devrait savoir d'ailleurs que ces grands bateaux de combat, construits pour l'Atlantique et pour la Méditerranée, ne sauraient franchir le canal de Suez.

L'amiral a ajouté que les cuirassés de croisière qui ont porté notre pavillon dans les mers de Chine, la *Victorieuse*, le *la Galissonnière*, le *Bayard*, la *Triomphante*, le *Turenne*, nobles engins quelque peu démodés, n'y ont pas rajeuni sans doute, sous les feux de la gloire qu'ils y ont conquise, mais qu'ils en sont revenus bien vivants, car il n'en a pas coûté plus de 5 à 6 millions pour opérer, sur les navires de retour du Tonkin, les réparations nécessaires.

Personne n'a réfuté l'amiral Peyron.

(1) Séance du 28 mars 1889.

Pour le compte de nos pertes en hommes, les procédés sont les mêmes, et la légende s'édifie, se cristallise de la même façon.

Mais ici elle devient particulièrement odieuse.

Ce n'est pas des chiffres que les partis se soucient, c'est du sang qu'ils ramassent pour se le jeter au visage. Il s'agit de présenter à la foule les gouvernements comme des bourreaux, et les expéditions les plus nécessaires comme des assassinats. Quand, par un jour de mai 1883, la nouvelle de la mort de l'héroïque et charmant Rivière éclatait en pleine Chambre et en plein Paris, tous les partis voulurent venger Rivière. La guerre était sainte alors, et l'on pouvait signer les ordres de marche sans souiller ses mains et sa conscience. Mais pour peu que la lutte se complique et se prolonge, et que le pays commence à s'en émouvoir, la guerre ne sera bientôt plus qu'un immense homicide.

La guerre aura contre elle tous ceux qu'elle a atteints, tous ceux qu'elle épouvante, tous ceux, plus nombreux encore, qui ne l'ont pas comprise. Le *bella matribus detestata* est vrai surtout des guerres lointaines. C'est un sujet qui prête aux calomnies sinistres, aux images macabres apposées aux murailles, à toutes les fables grossières dont une certaine presse alimente les veillées de nos villages. Dans ce milieu naïf, que la civilisation modifie si lentement, et qui professe pour « ce qui est imprimé » un respect superstitieux, toutes les légendes trouvent une proie facile. Les procédés changent, le vieux fond de crédulité reste. La presse à un sou remplace le prêche et le double au besoin. Le parti clérical est en train de tirer, sans qu'on y prenne garde, de ce moderne instrument un engin formidable de réaction. En beaucoup de choses le gouvernement seul, par les informations dont il dispose, par l'autorité qu'il conserve sur les masses paisibles, pourrait lutter contre la calomnie. Il ne veut ou ne daigne, il est optimiste ou désarmé.

Pourquoi le gouvernement, qui détient tous les chiffres, n'a-t-il pas publié ceux des soldats morts au Tonkin ? Si douloureux qu'ils soient, ils sont tellement au-dessous de ce compte fantastique de 36,000 hommes, porté un jour à la tribune par M. Andrieux, qu'il y aurait profit à s'en expliquer.

Il n'est ni d'une arithmétique honnête, ni d'une habileté permise de porter au compte des pertes du Tonkin, au même titre que les morts, tous les soldats rapatriés. Ni les soldats renvoyés en congé de convalescence (1), ni ceux qui retournent en

(1) Les convalescents morts en congé, dont la Guerre tient exactement l'état, ne représentent, quoique l'on ait pu dire, que des unités dans la masse : 2,26 pour 1,000 de l'effectif total, en 1885, l'année des plus grandes pertes. Voir ci-après (page 360).

France parce qu'ils ont accompli la durée normale du temps de service aux colonies, ne sont des hommes sacrifiés. A ce compte, les belles troupes, et de si fière allure, que Paris acclamait en 1886, revenant du Tonkin, compteraient aussi parmi les morts.....

Ramenées à leurs véritables proportions par l'étude des documents officiels, les pertes des sept années qui viennent de finir (1883-1889) représentent à peu près *le quart* de ce total si savamment grossi (1).

Pourquoi enfler une statistique qui est par elle-même assez cruelle ?

Dans ces relevés affligeants, inséparables de toute opération militaire hors des zones tempérées, une part est à faire à la fatalité, une part à l'imprévoyance. Il y a des critiques légitimes, des comparaisons nécessaires, des enseignements surtout à recueillir pour le présent et pour l'avenir. La recherche en serait intéressante. On trouve plus commode de déclamer sur de gros chiffres qui sont faux.

(1) Voir les détails ci-après (page 361).

II

— Vous perdez votre temps, nous disent de bonnes âmes : le Tonkin est impopulaire !

L'impopularité ! c'est pour une politique, comme pour un homme d'État, un crime impardonnable. Chacun s'écarte instinctivement, en notre âge héroïque, des hommes et des causes impopulaires. On disait au moyen âge : il est excommunié, et l'on n'en demandait pas davantage. L'impopularité est une sorte d'excommunication moderne prononcée par la foule et qui se motive aussi sommairement. Popularité, impopularité ! ce sont les forces brutales de la politique. Jamais les âmes libres n'ont reconnu ce despotisme capricieux.

On sait d'ailleurs, de science trop certaine, où et comment ces choses se fabriquent. Combien faut-il de journaux pour faire une popularité ?

Nous venons de voir aux prises la plus folle, la plus inouïe, la plus formidable des popularités avec une impopularité quasi légendaire, celle du Sénat de la République. Il semblait que dans la main du nouveau César, que les foules hissaient sur leurs épaules, la Haute-Cour ne dût pas peser plus que l'Extrême-Gauche parlementaire. Si l'on eût écouté les habiles pour qui la politique n'est qu'un calcul de forces, on eût suivi le courant au lieu de le remonter. Il y a heureusement dans le monde moral autre chose que des courants. Il y a la conscience, il y a le devoir, il y a la raison.

La politique coloniale, au dernier siècle aussi, était impopulaire. La popularité ne venait pas alors des foules, et les journaux n'en trafiquaient pas. C'était une certaine élite dirigeante de gens du monde et de philosophes, d'hommes de cour et d'hommes d'affaires, qui formait ce qu'on appelait alors pour la première fois l'opinion publique. Cette société si libre d'esprit, et qui eut sur tant de choses de si grandes clartés, se montra généralement, pour ce qui touchait aux intérêts extérieurs de la France, à son rôle en Europe et dans le monde, aussi frivole qu'incompétente. La paix de 1763, qui livrait notre empire colonial à l'Angleterre et consommait l'abaissement de la France, n'arracha à sa légèreté qu'un soupir de lassitude.

Elle ne vit dans le Canada, comme, hélas! Voltaire lui-même, que « des arpents de neige »; elle perdit la Louisiane aussi gaiement qu'elle avait perdu l'Inde. En cette même année 1763, le grand homme qui avait devancé l'Angleterre dans la conquête de l'empire des Indes, Dupleix, mourait à Paris pauvre et surtout impopulaire : « On s'intéressait « peu, dit M. de Saint-Priest, un de ses historiens, au « sort du conquérant de l'Inde : la fausse sensibilité « du jour ne voyait en lui qu'un homme dur, un être « peu sentimental, qui se bornait à prouver bruta- « lement qu'il n'avait voulu qu'agrandir, enrichir « et glorifier la France. Cela importait peu aux « salons du xviii° siècle. On s'y moquait des projets « avortés de Dupleix, on ne voulait pas même « croire à leur réalité, on en fit des opéras-comi- « ques et des contes moraux. »

Il ne semble pas que l'expédition d'Alger ait été populaire. L'armée d'Afrique le devint seulement dix ans plus tard. Quant à la conquête elle-même, il fallut aux divers cabinets du roi Louis-Philippe un rare esprit de suite pour l'imposer aux hésitations, aux défaillances, aux vues bornées, à la politique étroite, ignorante ou déclamatoire des Chambres censitaires. C'était heureusement un point sur lequel M. Thiers et M. Guizot étaient d'accord. Mais pendant les dix-huit années que dura la monarchie de Juillet, le flot des critiques aveugles et des lâches conseils revint battre, chaque année, cette glorieuse entreprise, où la France a trouvé, depuis ses revers, tant de consolation et tant d'espérances.

L'épreuve, pour le Tonkin, sera moins longue. Il a eu dans les chambres républicaines ses Desjobert ; il y a subi des assauts formidables que l'Algérie n'avait pas essuyés. Le Tonkin a été surtout le champ de bataille de nos discordes ; il a décidé du renversement d'une politique et de l'amoindrissement d'un grand parti ; il a servi de prétexte et d'instrument aux rancunes et aux haines des républicains radicaux contre les républicains modérés, de cri de guerre électoral à tous les partis coalisés contre la République. Mais dans l'assemblée de 1885 elle-même, la politique d'évacuation est restée à l'état de menace. Malgré les déclamations, les préjugés et les impostures, l'abandon apparaîtrait au pays comme un opprobre et une folie.

Un des adversaires les plus décidés, les plus persévérants et assurément les plus loyaux de la politique coloniale (il me pardonnera, j'espère, cette indiscrétion), me disait un jour, au sortir d'un débat sur les affaires d'Indo-Chine : « Je suis probablement le seul homme de mon parti résolu à signer l'ordre d'évacuation, et je sais que je deviendrais dès le

lendemain l'homme le plus impopulaire de France. »
Mon ancien collègue voyait fort juste : nul ne songeait sérieusement à abandonner le Tonkin. Le ministère Floquet a été sur ce point aussi catégorique, aussi patriote que le ministère Brisson. On garde le Tonkin, mais on le boude.

Oui! on le boude. On n'en voudrait plus entendre parler. Au lieu de chercher à le mieux connaître, on l'écarte comme un hôte incommode. C'est à peine si cette opinion maussade et rancuneuse fait attention à la moisson de gloire récoltée là-bas par les armes françaises. La rentrée des troupes du Tonkin, il y a trois ans, un instant réveilla le vieux chauvinisme, et la foule couvrit de fleurs les défenseurs de Tuyen-Quan. Mais cet élan n'a pas duré. Il y a pourtant, dans notre histoire militaire, peu de pages plus brillantes que la double campagne des généraux Brière de Lisle et de Négrier, battant deux armées avec deux brigades, faisant face à tout avec 7,000 hommes, poussant d'un côté 40,000 Chinois bien armés, bien commandés, bien fortifiés, l'épée dans les reins, jusqu'à la porte de Chine ; de l'autre côté débloquant Tuyen-Quan et refoulant l'armée du Yun-Nan. Qui en parle et qui y songe ? Mieux vaut sans doute s'obstiner à croire, comme quantité de bons Français, que Négrier fut battu à Lang-Son, et que cette panique absurde, dont le cabinet, qui durait depuis deux années, subit le mortel contre-coup, fut le désastre de notre honneur et la perte de notre armée! La politique a tout travesti dans cette histoire, tout exploité, tout perverti. C'est au point qu'on peut se demander si ceux qui ont élevé un monument au sergent Bobillot songeaient plus à glorifier un héros qu'à flétrir une politique, et si l'amiral Courbet, que l'histoire tiendra certainement pour un grand homme de guerre, eût été exalté jusqu'à l'apothéose sans le malsain attrait de ses polémiques d'outre-tombe...

Ces colères, ces iniquités, ce déchaînement amer, pouvaient s'excuser au lendemain de luttes ardentes. Je n'entends nier ni le droit des passions, ni l'effet de certains mécomptes. Vous trouvez que le Tonkin a coûté trop cher? C'est votre droit, encore qu'il ait coûté — nous l'avons vu tout à l'heure — beaucoup moins cher que vous ne dites. Mais il est là, sous votre main, et le bon sens, la probité politique, le devoir national, vous commandent d'en tirer parti. Il faudrait pour cela, avant toutes choses, s'apaiser et s'éclairer. On ne veut faire ni l'un ni l'autre. La presse conservatrice, boulangiste ou radicale clabaude comme au premier jour. Pendant la dernière législature, la tribune était si peu sûre, la majorité si vacillante, que les meilleurs amis du Tonkin s'étaient donné pour consigne d'en parler le moins possible. Les vrais ennemis du drapeau français, dans l'Extrême-Orient, ne sont ni dans les arroyos du Bay-Saï, ni dans les gorges de Cho-Moï. Ils sont en France, au milieu de nous. Un vote qui ne sauva les crédits du protectorat qu'à trois voix de majorité, un autre qui les réduisit de deux cent mille francs, ont fait plus de mal à la colonie naissante que tous les pirates du Loch-Nam, tous les out-laws de la frontière chinoise. Il n'y a pas de colonisation sans foi dans le lendemain, et ce qui manque le plus à nos pionniers d'Indo-Chine, c'est la confiance dans la mère-patrie.

Combien de temps doit encore durer cet état d'esprit paradoxal, contradictoire, d'un pays qui aime mieux dénigrer ses propres œuvres que de les faire fructifier ? Persistera-t-on indéfiniment dans cette politique, qui consiste surtout à n'en pas avoir, et qui nous donne une pauvre attitude aux yeux de nos voisins, de nos rivaux, de nos jaloux ? Croit-on rehausser de la sorte le renom de la démocratie française, et n'entend-on pas de tous les coins de l'Europe monarchique ce murmure dédaigneux et ces doutes qui s'élèvent sur l'aptitude du gouvernement républicain aux entreprises à longue portée, qui exigent de l'esprit de suite, de la patience et du bon sens ?

Il semble, à de certains symptômes, que l'heure de la réaction ne peut longtemps tarder. Tout passe et tout lasse, même l'injustice. Des publicistes qui comptaient parmi les adversaires les plus enflammés de la conquête se prennent à dire qu'il vaudrait mieux, enfin, l'exploiter que la maudire. La grande industrie cotonnière, encouragée par des tarifs protecteurs, a appris le chemin de la vallée du Fleuve Rouge. On vient de trouver en France des capitaux importants pour fonder, au Tonkin même, une filature et un tissage. C'est pour la colonie un événement considérable. Si le Tonkin est calomnié, c'est surtout parce qu'il n'est ni assez connu, ni assez défendu.

III

On voudrait ici le faire mieux connaître, en appeler du jugement sommaire des partis à la raison et à la conscience de la mère-patrie. C'est une cause désormais « en état », comme on dit au Palais, et qui peut se juger, non avec des conjectures et des hypothèses, mais sur pièces, documents et témoignages. Le voile mystérieux qui enveloppe à l'origine toute lointaine entreprise est déchiré; l'Annam et le Tonkin sont entrés dans le domaine des enquêtes sérieuses et des notions positives. Au commencement, l'insuffisance des informations excusait tous les partis pris et semblait mettre à deux de jeu le scepticisme et l'engouement. A cette heure, les témoins abondent, et le nombre s'accroît de jour en jour de ceux qui parlent du Tonkin, non pour en avoir rêvé, mais pour l'avoir vu, exploré, pratiqué. Et plus ils sont nombreux, plus, sur l'ensemble, ils sont d'accord. Cette terre tant décriée par la presse sédentaire laisse à tous ceux qui l'ont parcourue une même impression de beauté, de richesse et d'espérance. Cette unanimité dans l'optimisme n'est pas un des traits les moins curieux de son orageuse histoire.

Le lecteur en pourra juger en consultant les documents qui forment la seconde partie de cette étude. Cette encyclopédie de témoignages, rassemblés et classés sous mes yeux par M. Léon Sentupéry, avec un soin scrupuleux, aurait pu s'intituler *le Tonkin d'après ceux qui l'ont vu*. Ce n'est point, en effet, un ouvrage de polémique, c'est une œuvre en quelque sorte impersonnelle, une enquête écrite, où viennent déposer les uns après les autres tous ceux « qui ont vu » le Tonkin, — depuis les missionnaires qui y portaient, il y a cent ans, le christianisme et le nom français, jusqu'aux jeunes héros, savants et soldats tout ensemble, qui renouvelèrent de nos jours, en pays annamite, les audaces et les prodiges des Cortez et des Pizarre, — jusqu'aux témoins de l'heure présente, officiers, marins, fonctionnaires civils, agents consulaires, commerçants, industriels, médecins, colons, explorateurs qui viennent tour à tour dire aux Français de France, entre deux voyages, ce qu'ils ont vu là-bas, ce qui fait qu'ils croient, ce qui fait qu'ils espèrent, — sans toujours trouver malheureusement un ministre à qui parler, une porte officielle qui s'ouvre devant eux...

Ce qui caractérise l'ensemble de ces dépositions,

c'est la continuité du tableau, l'harmonie entre les premiers rapports et les plus récents témoignages. Sur les richesses du pays, sur le climat, sur la facilité des habitants, les premières explorations, — le curieux Exposé dressé par les missionnaires, il y a trente ans, pour l'usage du gouverneur de la Cochinchine et réédité fort à propos par M. Silvestre (1), — les reconnaissances de Garnier et de ses compagnons, les récits mêmes des enthousiastes, comme notre vaillant Dupuis, un peu plus préoccupé des pépites d'or que de raison, tout concorde; les divergences sont rares, ne portent que sur les détails, et le Tonkin apparaît plus habitable à mesure qu'il est mieux connu.

Il faut reléguer, par exemple, au nombre des fables la distinction entre « le Tonkin où l'on mange et le Tonkin où l'on ne mange pas », d'après laquelle on devait limiter aux plaines basses du Delta le domaine de la colonisation future. La région montagneuse, contrairement à ce que nous croyions nous-même, n'est pas celle qui offre aux colons français le moins grand avenir. La « fièvre des bois » qui lui a fait ce mauvais renom ne sévit pas partout. Ainsi, le pays de Cao-Bang, que l'on ne connaissait pas avant la reconnaissance opérée par le

(1) *L'Empire d'Annam et le peuple annamite*, par J. Sylvestre. Chez Alcan, 1889.

lieutenant-colonel Servières, il y a deux ans, est, au rapport de cet officier aussi avisé qu'intrépide, un pays très riche, qui produit en grande abondance le coton, le riz, le blé noir dans le fond des vallées, un pays d'élevage surtout en ses verts pâturages, où les bœufs, très beaux, abondent.

La région des lacs Ba-Bé, occupée par une colonie de Chinois, mineurs et pêcheurs qui se sont soumis sans le moindre effort, lui est apparue comme une vaste oasis : on y cultive tous les fruits de France, et le travail des mines (le plomb argentifère de Nguan-Son) assure largement la subsistance de ceux qui l'habitent.

M. Pavie et le colonel Pennequin ont découvert tout le long de la rivière Noire, d'où cet admirable officier a fait déménager 2,000 Chinois sans coup férir, un pays riche, semé de villages, propre aux cultures les plus diverses. La richesse minière du haut Tonkin, qui n'était que soupçonnée il y a dix ans, est mieux connue de jour en jour. Les charbonnages qui enserrent et dominent la baie de Halung constituent, d'après les hommes de l'art, l'affleurement d'un massif houiller d'une énorme étendue, d'une qualité reconnue, et qu'il faudra des siècles pour épuiser. L'antimoine, le cuivre, le mercure, le plomb argentifère, apparaissent à leur tour. A côté d'un capital naturel aussi considérable, la nature a placé la main-d'œuvre chinoise et annamite, si peu coûteuse, et les ressources d'un sol qui se prête à tout. Ce ne sont pas là des rêves, des conjectures : on en a pour garant l'esprit positif des Anglais de Hong-Kong, qui ne se seraient pas épris comme ils l'ont fait des charbons du Tonkin, et n'escompteraient pas si haut leur grand avenir. Les capitaux français, écartés, découragés par l'ignorance, l'esprit de dénigrement et de mensonge, laisseront-ils volontairement à nos rivaux les profits de cette terre que nos armes ont conquise? Toute affaire sérieuse en Annam ou au Tonkin trouve des bailleurs de fonds sur le marché de Hong-Kong — un des plus riches marchés de l'empire britannique. C'est que les Anglais savent ce que vaut le Tonkin; les Français de la mère-patrie seront-ils les derniers à l'apprendre?

Les sceptiques objecteront-ils que les renseignements leur font défaut?

Je leur recommande la lecture d'un document tout récent inséré dans ce petit livre (page 246) : le rapport de M. Rocher, consul de France à Mongtzé, sur la voie commerciale du fleuve Rouge et sur les relations qu'elle nous ouvre dès à présent avec le Yun-Nan et les provinces du sud-ouest de la Chine. Ce n'est pas seulement un document officiel, c'est un document précis. On le trouve dans le *Journal officiel* du 28 janvier dernier. Quelques jours après, un grand journal radical se raillait agréablement des « prospectus » lancés jadis à propos du fleuve Rouge et de ses merveilles. Il faut espérer, pour son honneur, qu'il n'avait pas lu le *Journal officiel*. Il y aurait appris — amère déconvenue ! — qu'il n'y a plus de doute, à cette heure, sur la navigabilité du Song-Koï. L'ouverture du fleuve est un fait accompli... il est navigable sur tout son parcours, même aux plus basses eaux, dit M. Rocher, par des jonques dont il précise le tirant d'eau et le tonnage (12 tonnes). Un steamer de la Compagnie des Messageries fluviales l'a remonté de Hanoï à Lao-Kaï; enfin il est accessible, en dépit des rapides, aux embarcations à vapeur, à condition d'établir celles-ci sur des mesures qui sont dès à présent connues et fixées. Les barques annamites font ensuite le service en territoire chinois, de Lao-Kaï à Man-hao.

Ainsi explorée, reconnue, détaillée étape par étape, et l'on peut dire pas à pas, cette voie de pénétration, qui n'avait été jusqu'à présent que devinée, pressentie par des hommes de génie comme Francis Garnier, des hommes de foi comme M. Dupuis, apparait définitivement dans sa vivante réalité. C'est bien la route la plus courte (de mille kilomètres environ), la moins coûteuse, la plus libre de bandits et surtout de douaniers, de toutes celles qui mettent Hong-Kong, Canton et Shanghaï en rapport avec les riches provinces du Sse-Tchoan, du Koéi-Tchéou et le plateau du Yun-Nan. En attendant que le commerce français, pour lequel nous l'avons conquise, s'arrange de façon à tirer parti de ce que le consul de France appelle un « immense champ d'action», les Chinois, négociants incomparables, les plus fins, les plus souples qui soient au monde, profitent dès aujourd'hui des passes de transit qui leur permettent de réaliser une économie considérable sur leurs transports. Ils sont surpris, dit M. Rocher, de ne rien voir venir encore du côté du Tonkin. On voit bien qu'ils ne nous connaissent pas. La Chine classique, la Chine immobile et routinière ne reste plus accroupie

Au fleuve Jaune où sont les cormorans,

mais les Français restent chez eux.

IV

Les premiers témoignages recueillis dans ce volume par M. Sentupéry remontent à près de deux siècles. Les premiers rapports officiellement noués entre la France et l'Empire d'Annam ont plus de cent ans de date. C'est un évêque français, M. Pigneau de Béhaine, c'est le roi Louis XVI, si judicieusement préoccupé, après le honteux abandon dont sa couronne portait le poids, de reconstituer la grandeur maritime de la France et la politique coloniale de Richelieu et de Colbert, qui signe avec le jeune roi d'Annam, l'aïeul de Tu-Duc, le traité de 1787. Ce sont des officiers français qui fortifient Hué, Tuan-An et Hanoï. Soixante-dix ans plus tard, l'attraction de ces souvenirs, aidés un peu par le hasard, conduisait à Tourane, puis à Saïgon, l'amiral Rigault de Genouilly, et la Cochinchine était conquise. S'il est donc dans le monde une entreprise française, ayant ses racines dans le passé de la France, dans la tradition nationale, dans cet instinct qui pousse les peuples sur les routes ouvertes par leurs ancêtres, c'est sans contredit la conquête de l'Indo-Chine.

Et pourtant les frénésies de la passion politique sont poussées si loin parmi nous que l'esprit de parti a senti le besoin d'expliquer cette entreprise par l'action occulte et les conseils machiavéliques d'une grande puissance continentale ! Il faut s'attendre à tout de la part des sycophantes de carrefour qui dénonçaient, il y a cent ans, les meilleurs citoyens comme des complices de Pitt et de Cobourg, et qui jouent aujourd'hui, dans la troupe du plus méprisable des conspirateurs, les Marat et les Père Duchesne. On ne discute pas avec les détrousseurs de grand chemin. Mais quand de pareilles billevesées se retrouvent sous la plume de diplomates en disponibilité, qui ont passé par les grandes affaires et qui prétendent écrire l'histoire contemporaine, il faut bien en dire un mot.

C'est le propre des esprits médiocres, qui ont des prétentions à la finesse, de chercher aux choses simples des explications compliquées, d'attribuer aux combinaisons secrètes, aux rouncries diplomatiques un rôle démesuré et souvent imaginaire. Ce sont de dangereux historiens, que ces collectionneurs d'anecdotes, ces colporteurs de révélations prétendues, qui pullulent aujourd'hui, les écouteurs aux portes de la politique.

Dans cette posture on s'expose à entendre de travers. C'est ainsi que certains anecdotiers du Congrès de Berlin ont composé cette scène absolument romanesque, où l'Allemagne apparaît comme un Don Juan colossal, coquettant avec l'Italie d'un côté, et de l'autre avec la France, et leur offrant à l'une et à l'autre le gâteau de la Tunisie. Je me suis expliqué ailleurs sur cette légende. J'ai dit, pièces en main, qu'il y avait eu, en effet, à Berlin une entente à deux, en dehors du Congrès, un accord éventuel entre l'Angleterre et la France, M. Waddington ayant saisi fort à propos l'occasion du traité qui livrait l'île de Chypre à la Grande-Bretagne, pour obtenir de lord Salisbury la reconnaissance formelle de notre situation sur la côte africaine.

Et ce billet à vue serait resté, sans doute, longtemps en portefeuille, si les menées du cabinet de Rome, les intrigues du consul Maccio, l'acquisition de la ligne de la Goulette, par le gouvernement italien, sous le couvert de Rubattino, au mépris d'une promesse formelle (1), si tant d'empiétements

---

(1) Il avait été convenu entre les deux cabinets de Rome et de Paris, lorsque la première adjudication de la ligne de la Goulette à la Compagnie de Bône-Guelma eut été annulée par le juge anglais, que la nouvelle adjudication aurait lieu en dehors de toute intervention de l'un ou de l'autre gouvernement.

de détail, de menaces grandissantes qu'il est inutile de rappeler, mais qui appartiennent à l'histoire, n'avaient précipité les événements.

Voilà la vérité en regard du roman.

Mais pour le Tonkin, c'est pure absurdité, sans prétexte, sans excuse. M. de Bismarck nous a « poussé habilement » dans les expéditions du Tonkin et de Madagascar : c'est un ancien ambassadeur qui l'assure. Il le croit peut-être, tant est grande la badauderie qui sévit en ce monde et qui fait plus de ravages qu'on ne croit chez les gens d'esprit. Il y a aussi une badauderie diplomatique, qui ne veut voir dans tous les hommes d'État d'Europe, depuis vingt ans, que des marionnettes dont le grand Chancelier tenait les ficelles. Il faut donc le trouver aussi dans les affaires du Tonkin... Mais où ? Est-ce quand l'amiral Dupré signait le traité de 1874, ce traité boiteux qui fut le principe et la source de toutes nos épreuves ? Peut-être dans le cabinet Duclerc-Jauréguiberry, quand l'illustre marin préparait le projet d'expédition restreinte que nous ne fîmes que reprendre trois mois après, au mois d'avril 1883 ? Il ne serait pas impossible non plus que ce Machiavel formidable fût pour quelque chose dans l'audace et dans les malheurs du noble Rivière, dans le soulèvement des Pavillons-Noirs aussi,—dans la catastrophe enfin qui changea en une guerre en règle une campagne engagée malgré nous ! En vérité, il est humiliant d'avoir à balayer de l'histoire contemporaine de tels contes à dormir debout.

Il est tout à fait exact que ni au Tonkin, ni dans les mers de Chine, ni à Formose, ni à Madagascar, l'Allemagne n'a entravé, contrarié, gêné, en quoi que ce soit, l'action militaire de la France. Il est très vrai que ces deux années de politique coloniale comptent parmi celles où la France eut le moins à se préoccuper de sa sécurité sur le continent. On a beaucoup dit, naturellement, que le prince de Bismarck se réjouissait de nos embarras. Dans tous les cas, le Chancelier ne fit rien pour les prolonger. Quand nous dûmes recourir, pour triompher des dernières résistances de la cour de Pékin, au blocus des riz, qui pouvait être considéré, dans l'état du droit maritime international, comme une nouveauté juridique, il fut le premier à adhérer à notre doctrine. Pourquoi? Parce que le commerce des neutres, que nous avions eu grand soin de ménager, même au risque de nous rendre à nous-mêmes la tâche plus longue et plus difficile, aspirait ardemment à la paix. Il n'est besoin, pour expliquer toutes ces choses, de supposer des engagements inavouables, on ne sait quel pacte secret. N'est-ce pas au même mobile qu'obéissait le ministère Gladstone, quand il nous offrait spontanément, en octobre 1884, une médiation qui, malheureusement, n'aboutit pas? Dans ce long épisode militaire et diplomatique, j'ose dire que la France a trouvé l'Europe constamment équitable, respectueuse de notre droit et plutôt bienveillante que tracassière. Il y avait de la confiance dans cette neutralité. On eût fait moins bon visage, à coup sûr, à un gouvernement capricieux, sans majorité et sans lendemain, ou à une politique vantarde et agressive, comme celle dont se targue une faction heureusement désarmée. La confiance de l'Europe n'est point chose banale ; on peut être fier de l'avoir méritée.

Il existe au milieu de nous beaucoup d'agités, pour qui ces idées sont lettre close. Ils forment une secte intolérante autant que tapageuse, où l'on rencontre beaucoup de bateleurs et quelques gens sincères. A leurs yeux, l'honneur, la dignité nationale, le patriotisme, consistent en des manifestations stériles, puériles parce qu'elles sont impuissantes, dangereuses parce qu'on les exploite au dehors contre notre bonne renommée. Ces turbulents, pour qui l'univers est tout entier compris entre la Bastille et la place de la Concorde, sont incapables de comprendre qu'un pays qui travaille à son relèvement ne saurait se passer de l'estime du monde. Si la France suivait leur aveugle impulsion, elle n'aurait plus qu'à choisir entre la folie ou l'abdication. Les plus fous ont, au fond, peu de goût pour cette folie, mais l'effacement systématique a ses doctrinaires et ses apôtres. Je les tiens, je les ai toujours tenus pour des conseillers détestables.

La France républicaine ne saurait commettre de plus grande faute que de se renfermer dans un isolement découragé ou menaçant. Elle n'y gagnerait ni en sécurité, ni en dignité, ni en puissance. Quand ses plaies n'étaient pas pansées, quand elle n'avait qu'un commencement d'armée et des finances incertaines, elle pouvait demeurer seule à son foyer de veuve. Mais un peuple qui représente une force organisée de quinze cent mille baïonnettes, au centre de l'Europe, ne peut se désintéresser des affaires du monde.

Il n'y a plus d'Europe, dit-on; mais ne voit-on pas que c'est là justement notre faiblesse? Notre intérêt est qu'il y ait encore une Europe et d'être partout où elle se rassemble. Délibérant sans nous, il y aurait péril que ce fût contre nous. C'est pourquoi il fut souverainement politique d'aller, dès 1878, au premier Congrès de Berlin. C'est pourquoi nous n'avons fait aucune difficulté de prendre notre part d'initiative et de direction dans la Conférence africaine de 1884, destinée à régler pacifiquement la répartition progressive du continent noir entre les puissances européennes. Et la France n'en est pas revenue les mains vides... Dans le même temps, la diplomatie française avait pu grouper dans la question d'Égypte les trois grands Empires du continent, la Russie en tête, marchant d'accord avec la France. La Russie, devenant garante d'un emprunt égyptien, entrait pour la première fois, par la commission de la dette, dans les affaires d'Égypte comme partie prenante. La question du canal de Suez se posait devant le concert européen reconstitué, en face de l'Angleterre, engagée par ses promesses. Derrière la neutralisation du canal, l'Égypte neutralisée apparaissait en perspective.

Les procès-verbaux de la Conférence, dite du canal, ouverte à Paris le 30 mars 1885, — qu'on a pu lire dans les livres jaunes, — montrent à quel point la partie était liée, et combien l'entente franco-continentale pouvait devenir féconde. Malheureusement deux événements fortuits, le renversement du cabinet français sur un incident militaire dépourvu de réelle importance et, peu après, la chute du ministère de M. Gladstone, changèrent la trame de l'histoire.

Labuntur anni ! En cinq ans, que d'aspects modifiés dans les affaires du monde. Il semble qu'en rappelant cette histoire d'hier on évoque un passé oublié et lointain. Le présent, l'avenir surtout, appartiennent sans doute à d'autres combinaisons. Un grand pays comme le nôtre doit savoir profiter diplomatiquement de toutes celles que le temps fait surgir. C'est là le fond et l'essence de la Politique d'action.

Quant à la doctrine de l'effacement, elle a donné sa mesure en 1882, le jour où la Chambre des députés, sous la parole ardente de M. Clémenceau, laissa l'Angleterre seule en Égypte en tête à tête avec le khédive. Ce fut là le grand naufrage. On le voit plus clairement de jour en jour ; et lorsque le rêve nouveau de la grandeur anglaise se sera réalisé, lorsque le pavillon britannique, protecteur ou conquérant, flottera sur toute la vallée du Nil, d'Alexandrie aux grands lacs africains, et des grands lacs au Chiré et au Zambèze, la légèreté française comprendra peut-être quel dommage irréparable il a été fait à notre avenir, à notre race, à nos droits dans le monde par une politique à courte vue.

Pour nous, et pour tous ceux qui avaient gémi de cette faute irréparable, — pour Gambetta notamment, — l'occupation du Tonkin était d'abord une revanche de l'affaire d'Égypte.

V

Un mouvement irrésistible emporte les grandes nations européennes à la conquête des terres nouvelles. C'est comme un immense steeple-chase sur la route de l'inconnu. De 1815 à 1850, l'Europe était casanière et ne sortait guère de chez elle. L'expédition d'Alger n'était, à l'origine, qu'un acte de haute police méditerranéenne. Les archipels de l'océan Pacifique, les rivages de l'Afrique occidentale, se colonisaient pied à pied, timidement, et comme au hasard : c'était l'époque des annexions modestes et à petits coups, des conquêtes bourgeoises et parcimonieuses. Aujourd'hui, ce sont des continents que l'on annexe, c'est l'immensité que l'on partage, et particulièrement ce vaste continent noir, plein de mystères farouches et de vagues espérances, que la papauté divisait il y a trois siècles d'un trait de plume et d'un signe de croix entre les deux couronnes catholiques d'Espagne et de Portugal, et sur lequel la diplomatie d'aujourd'hui trace avec une activité fiévreuse ce qui s'appelle, en jargon moderne, « la limitation des sphères des intérêts respectifs. » Cette course au clocher date de cinq ans à peine, et d'année en année se précipite, comme poussée par la vitesse acquise. Sur les pas des Livingstone, des Barth, des Brazza, des Stanley, des Gérard Rohlfs, de la nuée de héros connus et inconnus qui ont juré d'arracher à l'Afrique équatoriale tous ses secrets, l'Allemagne, l'Angleterre, l'Italie, se lancent au triple galop des bords dévastés et brûlants de la mer Rouge aux grands plateaux de l'Afrique centrale, des rivages plantureux et empestés de l'océan Indien à la région presque fabuleuse des grands lacs, entrevus hier à peine, d'où s'échappent ces artères colossales qui mettent la vieille Europe en rapport avec les mondes inconnus : le Nil, le Congo, le Zambèze ; la rivalité de l'Allemagne et de l'Angleterre remplit l'Océanie ; elles se partagent les archipels ; en Nouvelle-Guinée, en Polynésie, aux Carolines, aux îles Samoa, au risque de s'aliéner l'Espagne, ou de se faire une querelle avec les États-Unis, elles rivalisent de vitesse et d'audace, de ruses diplomatiques et de capitaux, se poussant, se dépassant, se jouant l'une l'autre, se brouillant et s'accordant tour à tour.

La politique coloniale, et non pas seulement la politique de conservation coloniale, telle que nous l'avons pratiquée nous-mêmes à Tunis pour garder l'Algérie, au Tonkin pour sauver la Cochinchine, à Madagascar pour veiller sur des droits séculaires, mais la politique d'expansion hasardeuse et systématique, la politique mégalomane — comme on dit en Italie — s'est emparée des États les plus sages, de ceux qu'on croyait le moins portés aux aventures par leurs doctrines et par leurs traditions, le plus attachés par destination à la politique continentale, le moins bien outillés du côté des finances et des soldats pour ces lointaines entreprises. Sans trop savoir où elle allait, l'Italie s'est jetée sur Massaouah, et de cette plage inhospitalière, elle a bondi jusqu'au plateau pastoral et féodal de la vieille Abyssinie. Quelle puissance semblait plus rivée, plus scellée au vieux continent que le jeune empire allemand, tout entier fondé sur l'hégémonie militaire d'un grand État central, pauvre en débouchés maritimes, pesant de tout son poids sur les territoires qui l'environnent? Qui mettait à plus haut prix que M. de Bismarck les os d'un grenadier poméranien! Et le jour où le fondateur de l'unité allemande, conduit par la force des choses, arriva à son tour à la politique coloniale, de quelles réserves, de quelles illusions n'avait-il pas paré cette politique, à ses yeux essentiellement germanique et complètement originale, qui devait prendre le contre-pied de la colonisation « à la française », et ne pousser devant elle, au lieu de soldats et de canons, que des comptoirs pacifiques et des compagnies de marchands? Cette utopie a peu duré : les compagnies privilégiées ont déjà fait leur temps, mangé leur capital, engagé le drapeau de l'Empire, exaspéré les populations qu'elles exploitaient sous prétexte de les civiliser, et c'est avec le concours du budget de l'État, avec des vaisseaux et des troupes d'Empire que l'Allemagne fera triompher sur le continent noir, en dépit de la barbarie furieuse et soulevée, son drapeau, sa civilisation et ses alcools.

Dans un fait aussi général, aussi caractéristique, ne doit-on voir que le caprice ambitieux, les fausses conceptions des hommes ou des peuples, ou, au contraire, la manifestation impérieuse, la loi fatale d'un état économique commun à l'Europe entière? La politique coloniale est fille de la politique industrielle. Pour les États riches, où les capitaux abondent et s'accumulent rapidement, où le régime manufacturier est en voie de croissance continue, attirant à lui la partie sinon la plus nombreuse, du moins la plus éveillée et la plus remuante de la population qui vit du travail de ses bras, — où la culture de la terre elle-même est condamnée pour se soutenir à s'industrialiser, — l'exportation est un facteur essentiel de la prospérité publique, et le champ d'emploi des capitaux, comme la demande du travail, se mesure à l'étendue du marché étranger. S'il avait pu s'établir entre les nations manufacturières quelque chose comme une division du travail industriel, une répartition méthodique et rationnelle des industries, selon les aptitudes, les conditions économiques, naturelles et sociales des différents pays producteurs, cantonnant ici l'industrie cotonnière et là la métallurgie, réservant à l'un les alcools et les sucres, à l'autre les lainages et les soieries, l'Europe eût pu ne pas chercher en dehors de ses propres limites les débouchés de sa production. C'est à cet idéal que tendaient les traités de 1860. Mais tout le monde aujourd'hui veut filer et tisser, forger et distiller. Toute l'Europe fabrique le sucre à outrance et prétend l'exporter. L'entrée en scène des derniers venus de la grande industrie : les États-Unis, d'une part ; l'Allemagne, de l'autre, l'avènement des petits États, des peuples endormis ou épuisés, de l'Italie régénérée, de l'Espagne enrichie par les capitaux français, de la Suisse si entreprenante et si avisée, à la vie industrielle, sous toutes ses formes, ont engagé l'Occident tout entier, en attendant la Russie, qui s'apprête et qui grandit, sur une pente que l'on ne remontera pas.

De l'autre côté des Vosges comme au delà de l'Atlantique, le régime protecteur a multiplié les manufactures, supprimé d'anciens débouchés, jeté sur le marché de l'Europe de redoutables concurrences. Se défendre à son tour en relevant les barrières, c'est quelque chose, mais ce n'est pas assez. M. Torrens a fort bien démontré, dans son beau livre sur la colonisation de l'Australie, qu'un accroissement du capital manufacturier, s'il n'était pas accompagné d'une extension proportionnelle des débouchés à l'étranger, tendrait à produire, par le seul effet de la concurrence intérieure, une baisse générale des prix, des profits et des salaires. (Torrens, *Colonisation of South Australia* (1).

Le système protecteur est une machine à vapeur sans soupape de sûreté, s'il n'a pas pour correctif et pour auxiliaire une saine et sérieuse politique coloniale. La pléthore des capitaux engagés dans l'industrie ne tend pas seulement à diminuer les profits du capital, elle arrête la hausse des salaires, qui est pourtant la loi naturelle et bienfaisante des sociétés modernes. Et ce n'est pas là une loi abstraite, mais un phénomène fait de chair et d'os, de passion et de volonté, qui se remue, se plaint, se défend. La paix sociale est, dans l'âge industriel de l'humanité, une question de débouchés. La crise économique qui a

(1) Cité et appuyé par M. Leroy-Beaulieu, dans son savant ouvrage sur la *Colonisation chez les peuples modernes*, 2º partie, chap. II.

si lourdement pesé sur l'Europe laborieuse, depuis 1876 ou 1877, le malaise qui s'en est suivi, et dont des grèves fréquentes, longues, malavisées souvent, mais toujours redoutables, sont le plus douloureux symptôme, a coïncidé en France, en Allemagne, en Angleterre même avec une réduction notable et persistante du chiffre des exportations. L'Europe peut être considérée comme une maison de commerce qui voit depuis un certain nombre d'années décroître son chiffre d'affaires. La consommation européenne est saturée, il faut faire surgir des autres parties du globe de nouvelles couches de consommateurs, sous peine de mettre la société moderne en faillite et de préparer pour l'aurore du vingtième siècle une liquidation sociale par voie de cataclysme, dont on ne saurait calculer les conséquences.

C'est pour avoir, la première, entrevu ces lointains horizons, que l'Angleterre a pris la tête du mouvement industriel moderne. C'est en vue des mécomptes que pourrait, quelque jour, réserver à son hégémonie industrielle le détachement de l'Australie et des Indes, après la séparation des États-Unis de l'Amérique du Nord, qu'elle fait le siège de l'Afrique sur quatre faces : au sud par le plateau du Cap et le Bechuana, à l'ouest par le Niger et le Congo, au nord-est par la vallée du Nil, à l'orient par Souakim, la côte des Somalis et le bassin des grands lacs équatoriaux. C'est pour empêcher le génie britannique d'accaparer à son profit exclusif les débouchés nouveaux qui s'ouvrent pour les produits de l'Occident, que l'Allemagne oppose à l'Angleterre, sur tous les points du globe, sa rivalité incommode autant qu'inattendue. La politique coloniale est une manifestation internationale des lois éternelles de la concurrence.

J'entends l'objection :

« Ces grandes entreprises ne sont permises qu'aux peuples forts. La France porte au flanc une plaie toujours ouverte; c'est là qu'est le péril, la faiblesse et le devoir. Les luttes de l'Allemagne et de l'Angleterre pour la conquête des mondes inconnus ne sont dangereuses ni pour l'une ni pour l'autre; elles peuvent les distraire, non les affaiblir. On peut leur appliquer le mot même de M. de Bismarck sur la rivalité de la Russie et de l'Angleterre : le combat de l'éléphant contre la baleine. Quant à l'Italie, elle ne s'avance dans les aventures coloniales qu'avec l'appui de la triple alliance. Mais la France, accessible par tant de points, sans frontières assurées, sans alliances européennes, a-t-elle le droit de distraire, pour des conquêtes lointaines, peut-être chimériques, un soldat de son armée, un million de son trésor de guerre? »

Le thème est connu, et il est facile. Il caresse quelques-unes des fibres les plus profondes de l'âme française. Aussi devant la multitude assemblée, il réussit presque à coup sûr. Le démagogue le plus épais, l'intrigant sans idées, le factieux sans scrupule, s'y taillent à l'envi des succès retentissants. La crédulité populaire est grande en toute matière ; en fait de politique étrangère, elle n'a ni fond ni rives. La foule a d'ailleurs l'oreille toujours ouverte à ceux qui crient à la trahison. C'était l'enfance de l'art de persuader aux patriotes échauffés de la salle Wagram ou de l'Elysée-Montmartre que l'expédition du Tonkin avait dégarni notre frontière de l'Est, et que c'était même pour cela que les « opportunistes » l'avaient entreprise. Car on ne dit plus à présent : c'est un mauvais ministère, c'est un ministère ennemi du peuple, — ces douceurs appartiennent à un autre âge, — on dit tout simplement : c'est un ministère prussien!

Il n'y a rien à dire aux faiseurs, aux tartufes de patriotisme. Mais à ceux qui sont sincères dans leurs appréhensions, je réponds : Vous doutez trop de la France!

Il semble, en vérité, que de l'extrême présomption dont on a fait montre en d'autres temps, et que le pays a payée si cher, on soit tombé trop bas dans la défiance de soi-même et dans la peur des autres. Chaque fois que la politique française a fait mine, depuis dix ans, de reprendre son rang dans le monde, des voix françaises se sont élevées pour exagérer le péril, agiter le spectre de l'Europe armée et menaçante, troubler les esprits et glacer les cœurs. Derrière chaque campagne coloniale on a montré la guerre européenne. On reculait devant les bandes d'Arabi, que peu de temps après les bataillons anglais dissipaient, d'un geste, à Tell-el-Kébir. Aujourd'hui encore, à travers les verres grossissants de ces politiciens effarés, l'horrible nègre qui règne au Dahomey prend figure de puissance sérieuse, et la horde sanglante qui préside à ses boucheries entre en ligne comme une grande armée. Est-ce ainsi qu'on relève le moral d'un grand peuple impressionnable, déprimé par ses désastres? Quand, à la nouvelle d'un accident de guerre, advenu sur la frontière chinoise, à quatre mille lieues de la mère-patrie, prodigieusement grossi, d'ailleurs, par une dépêche imprudente, la foule se ruait sur le Palais-Bourbon, poussant des cris de mort, aussi éperdue que si l'on eût signalé les bandes chinoises sur les hauteurs de Montmartre, quelle idée Paris donnait-il au monde de son bon sens, de sa clairvoyance, de son sang-froid, s'il avait un jour à subir de nouvelles et formidables épreuves? Cette politique nerveuse, toujours aux aguets, cette politique de lièvre au gîte, qui voit gros et qui voit trouble, peut-elle être celle de la France?

Il n'est pas vrai que la France soit faible. Elle l'a été jusqu'en 1875-1876, quand la grande mutilée n'avait encore refait ni son armée ni ses finances. Elle pouvait se croire à la merci d'un coup de main ou d'un guet-apens. Même alors, comme on l'a si bien dit, elle demeurait une des plus grandes personnes morales qui soient dans le monde; sa résurrection, après sa chute, fit l'admiration de l'Europe, et sa grandeur morale lui servit de bouclier.

Mais aujourd'hui la France est forte, et sa défensive est invincible. C'est parce qu'elle est forte qu'elle est respectée. C'est parce qu'elle est forte qu'on lui fait injure en jetant aux quatre vents de la polémique cette opinion, que personne au dehors, par bonheur, ne prend au sérieux : que ce grand État militaire ne peut, sans péril, entretenir dix mille hommes en Indo-Chine! C'est parce que la France est forte qu'elle ne doit abdiquer ni dans la Méditerranée ni dans l'Océan indien son rôle et ses droits de grande puissance.

On n'est pas une grande puissance en restant terré chez soi.

Gambetta l'avait bien compris. Quand, au mois de mai 1881, nous parvint la nouvelle du traité du Bardo, il en fut le premier avisé, et, en me félicitant « du fond du cœur », il ajoutait : « *Il faudra bien que les esprits chagrins en prennent leur parti un peu partout. La France reprend son rang de grande puissance.* »

Aujourd'hui, l'épreuve est faite.

Sans compromettre la sécurité du pays, sans rien abandonner de ses souvenirs ni de ses espérances, les républicains ont donné à la France, en moins de dix ans, en Asie et en Afrique, quatre royaumes. Trois d'entre eux se rattachaient par le droit des contrats et par la tradition au patrimoine national. Le quatrième représente notre part de conquête pacifique et d'apostolat par la civilisation au cœur de l'Afrique équatoriale. Si la République avait professé, comme les doctrinaires de l'école radicale, que la patrie française finit à Marseille, en quelles mains seraient, à l'heure présente, la Tunisie, l'Indo-Chine, Madagascar et le Congo?

Tunis est la perle de la Méditerranée ; — Bizerte, au prix de quelques millions habilement dépensés, deviendrait quelque chose comme le port de Malte doublé du port de Toulon. L'Italie à Tunis ou à Bizerte n'eût songé assurément ni à Massaouah ni à la pauvre Abyssinie.—Assise sur la grande route des Indes, en face de cette côte de Zanzibar qui suscite tant de convoitises, Madagascar a sur sa voisine l'avantage d'élever à peu de distance du rivage enfiévré ses hauts plateaux tempérés, où s'acclimate l'Européen. La baie de Diego-Suarez, même à côté de celle de Delagoa, que vise le chauvinisme britannique, est la plus belle et la plus spacieuse des stations de la grande route des Indes. Il est probable que les grandes puissances qui pratiquent l'annexion à toute vapeur dans ces parages n'auraient pas plus respecté la reine des Hovas que le sultan Saïd Bargasch. Le Tonkin conviendrait à l'Angleterre au même titre que la Birmanie, et la possession de la voie du Song-Koï eût fait aux chambres de commerce britannique l'économie des chemins de fer de pénétration projetés vers le Yun-Nan, soit par Campbell, soit par Colquhoun. Il y aurait eu, d'ailleurs, au besoin d'autres preneurs, s'il faut en croire — et nous l'en croyons sans peine — l'amiral prussien Livonius, un des initiateurs de la politique coloniale allemande, qui a écrit, en 1884, ces

lignes éminemment suggestives : « Au temps de la
« paix de Francfort, on insista de plusieurs côtés, et
« spécialement dans les villes hanséatiques, sur
« l'importance qu'aurait pour l'Allemagne la pos-
« session de la Cochinchine, et si, malgré l'impuis-
« sance de la France, ce vœu n'a pas été réalisé,
« c'est uniquement parce que dans les cercles les
« plus influents régnait alors un esprit d'antipathie
« contre les colonies. »

Enfin il n'est besoin d'aucune conjecture pour savoir de quel empire dépendrait aujourd'hui le vaste territoire du Congo français, découvert par Brazza, reconnu et délimité par l'Europe entière, à la conférence africaine de Berlin de 1884-85. Le Portugal y représenterait le droit historique, l'Angleterre la puissance effective, et tout le cours du bas Congo serait tombé en son pouvoir, Stanley tenant déjà pour elle tout le Congo supérieur. (Traité anglo-portugais du 26 février 1884.) (1).

La politique qui sacrifie les acquisitions présentes et nécessaires aux revendications de l'avenir est une politique de duperie et d'imprévoyance. Elle

---

(1) *Histoire de la colonisation allemande*, par M. Ch. Demay (Ch. Bayle, éditeur), pages 77 et s.

conviendrait à un peuple impétueux, pressé de jouer la partie suprême, et non à la France pacifique et réfléchie, qui n'a pas cessé de croire à la justice immanente des choses, mais qui peut et qui doit attendre que l'heure sonne au cadran de la destinée. Cette heure, nul ne la connaît, nul n'oserait la déterminer. On sait seulement que la France ne la précipitera pas volontairement. Et cependant au dehors le monde marche, les intérêts se déplacent, les positions changent, de nouveaux groupements de forces se préparent ou s'organisent. Au nom d'un chauvinisme exalté mais à courtes vues, devions-nous acculer la politique française dans une impasse, et, les yeux fixés sur la ligne bleue des Vosges, laisser tout se faire, tout s'engager, tout se résoudre, sans nous, autour de nous? La politique des mains nettes, c'était de toute évidence l'Italie à Tunis, nous prenant à revers, l'Allemagne en Cochinchine, l'Angleterre au Tonkin, toutes deux à Madagascar comme en Nouvelle-Guinée, en un mot la banqueroute de nos droits et de nos espérances, un nouveau traité de 1763, sans l'excuse de Rosbach et de la Pompadour. Comment ceux qui ont épargné à la République et à la France cette humiliation suprême auraient-ils démérité de la République et de la Patrie?

Je défends l'œuvre, non les hommes.

Les hommes peuvent attendre, mais l'œuvre presse.

Quelque jour on écrira l'histoire militaire du Tonkin, comme a été écrite, de main de maître, son histoire diplomatique en un beau livre, lumineux et grave, autour duquel la presse hostile, grande et petite, s'est donné pour consigne de faire silence(1).

Cet historien, que j'attends avec confiance, fera la part des responsabilités ; sévère ou bienveillant, il ne me rendra, j'espère, responsable que de ce que j'ai fait. Entre le mois de février 1883 et le 6 avril 1885, depuis la présentation des premiers crédits jusqu'à la paix signée par M. Billot, je suis responsable. A la paix avec la Chine, mon action comme ma responsabilité s'arrêtent. Je demande à cet historien impartial, à ce juge inconnu, qui me lit peut-être à cette heure, de relever avec soin toutes mes fautes, mais de ne pas porter à mon compte celles que d'autres ont commises. Il s'en prendra, j'espère, à d'autres qu'à moi de cette expédition après coup, qui fut conduite par le général de Courcy. La paix étant faite, signée, et, du côté de la Chine comme du notre, loyalement exécutée, on mettait 30,000 hommes et 1,800 marins dans les mains d'un homme

---

(1) *L'Affaire du Tonkin*, chez Hetzel, par un Diplomate.

de guerre qui n'était point, hélas ! un diplomate, et qui, ne trouvant plus de Chinois à combattre, imagina cette marche sur Hué, si désastreuse par ses suites, car elle devait mettre tout l'Annam en feu, et infliger aux soldats de la France un an de guerre et d'épreuves de plus.

Je n'en suis pas, du reste, dans cette affaire, à un jugement inique de plus ou de moins.

Quand un homme politique laisse après lui quelques œuvres durables, il doit savoir passer sa popularité par profits et pertes.

Malgré les hésitations, les incohérences, les changements incessants de personnes, de systèmes, de ministères, malgré la malveillance des uns, l'incapacité des autres, le peu de durée des meilleurs et des plus sages, le Tonkin se consolide et vit, ce qui prouve qu'il a la vie dure.

Un pays qui a vu s'accroître, à travers toutes les épreuves, les chiffres de son commerce extérieur de 11,500,000 francs en 1884 à 44,490,452 francs pour 1889, — un pays qui exportait en 1883 pour 4,440,211 francs (je laisse à dessein de côté les années de guerre), et qui a exporté en 1888 pour

9,379,744 francs, en 1889 pour 18,370,485 francs, doublant ainsi d'une année à l'autre le montant de ses exportations, — peut envisager l'avenir avec une robuste confiance.

Depuis qu'elle l'a conquis, la mère-patrie ne l'a pas gâté.

C'est grâce à la tenacité de ses colons, si peu encouragés, si mal soutenus, et parfois de Paris même entravés, grâce à l'intelligente énergie de trois ou quatre résidents civils, à l'ouverture d'esprit d'un certain nombre de chefs militaires, qui ne sont pas seulement des hommes de guerre, et qui savent être aussi des administrateurs et des colonisateurs, c'est grâce enfin à une certaine force des choses, au tempérament essentiellement gouvernable d'une race paisible et laborieuse, que l'ordre s'est peu à peu rétabli, que le problème de la pacification a été résolu, et que la colonisation en est à ce point où un coup d'épaule suffirait pour lui faire prendre tout son essor.

Ce coup d'épaule, ce n'est pas même à la métropole qu'on le demande.

L'administration métropolitaine, en quelques mains qu'elle se trouve, a le tort de trop agir, de trop vouloir, de trop administrer. C'est une véritable infortune, pour une colonie naissante, d'être au bout du télégraphe d'un ministre des colonies.

Il faudrait lui laisser beaucoup de liberté, beaucoup d'initiative, parce qu'elle a beaucoup d'expériences à faire sur une quantité de choses qui n'ont pas été révélées aux bureaux de la rue Royale.

Le Protectorat demande une seule chose à la mère-patrie : c'est le droit d'emprunter, sans garantie de la métropole, et sur ses propres ressources. On parle de cent millions : cinquante suffiraient pour exécuter les voies de communications nécessaires, construire les casernes et les hôpitaux, ouvrir à cette population trop dense, chez qui la piraterie n'est qu'une forme de la lutte pour la vie, et qui échange volontiers le fusil du bandit contre la pioche du travailleur, des chantiers de travaux utiles : les travaux publics, voilà la pacification durable, la véritable et définitive occupation.

On y viendra, comme on revient toujours, après avoir beaucoup piétiné, beaucoup tâtonné, beaucoup pataugé, au bon sens et à la raison.

C'est pourquoi je crois, j'attends et j'espère.

Et je revendique fièrement le titre de Tonkinois, dont les méchants et les sots croient me faire outrage !

Avril 1890.

LES TÉMOIGNAGES

Documents recueillis par LÉON SENTUPÉRY

I

LES PREMIERS EXPLORATEURS

Ce n'est pas d'hier, mais bien depuis plus de deux siècles, que des Français ont mis le pied sur cette terre lointaine.

L'Indo-Chine orientale était à peine connue de nous en Europe, lorsqu'en 1650 un Français, le père jésuite Alexandre de Rhodes, publia sa première carte du « royaume d'Annam ».

(Résumé des travaux géographiques sur l'Indo-Chine orientale, par M. Dutreuil de Rhins; *Bulletin de la Société de géographie* de Paris, 1880.)

Le père Alexandre de Rhodes parcourut la Chine, le Tonkin et la Cochinchine pendant plusieurs années consécutives, et il a raconté très minutieusement ce qu'il y a vu et observé. Il insiste sur la fertilité du Tonkin, sa richesse minérale et « la disposition des Annamites à entrer en rapport avec les Européens », remarques que ne cesseront de confirmer tous les récits postérieurs. C'est en 1627 qu'il arriva en Annam, d'après la relation de voyage qu'il a publiée à Lyon en 1652, sous le titre suivant : *Tunkinensis Historia, libri II, quorum altero status temporalis hujus regni, altero mirabilis evangelicæ prædicationis progressus referuntur, ab anno 1627 ad 1646. — Lugduni 1652.*

Le célèbre voyageur Tavernier était au Tonkin en 1650. Le récit qu'il a laissé de son séjour dans le pays, et auquel nous ferons plusieurs emprunts, est des plus minutieux.

Mgr Pallu, évêque d'Héliopolis, visita lui aussi le Tonkin, et en 1669, dans une lettre pressante adressée à Colbert, il définissait la politique que la France devait suivre, selon lui, dans ces parages : il recommandait ardemment l'occupation.

Au xviie siècle, les négociants européens avaient déjà des comptoirs à Hanoï.

A cette époque, un autre missionnaire, le père Joseph Tissanier, de la Compagnie de Jésus, passe trois années au Tonkin (1658-1660), et de retour en France il réunit en un volume les notes prises durant sa mission. Il décrit le pays sous les couleurs les plus favorables.

On fait état qu'il y a dans le royaume plus de 20,000 villages entièrement peuplés. La nourriture ordinaire est le riz... La soie n'y manque pas, puisque les Hollandais en chargent leurs vaisseaux pour l'aller vendre dans le Japon. Il n'y a pas d'argent monnayé, celui qui a cours est ordinairement en barre... Le printemps y semble durer toujours, et l'on n'y sent jamais le froid, si ce n'est quand le vent du nord y souffle avec beaucoup de violence. Néanmoins le temps est estimé ici fort inconstant.

(*Relation du voyage du père Joseph Tissanier*, de la Compagnie de Jésus, au Tunquin, avec ce qui s'est passé de plus mémorable dans cette mission durant les années 1658, 1659, 1660.)

Les missions catholiques, d'ailleurs, existaient au Tonkin depuis 1625, en Cochinchine depuis 1610, et au Cambodge depuis 1615.

En 1685, un personnage né au Tonkin, « Tonquinien, » comme il le dit lui-même, Baron, écrivait une relation assez complète du pays. Cette publication parut en anglais dans le recueil de Churchill, en 1732 ; puis elle fut traduite en français et reproduite au tome XXXIII de l'*Histoire générale des Voyages* de l'abbé Prévost (édition Didot, 1751). Entre autres indications utiles, Baron parle du fleuve Rouge, qui

Prend sa source en Chine, traverse Cacho (Hanoï) après un très long cours, et va se jeter dans la baie d'Aynam (Haïnan) par plusieurs embouchures praticables aux vaisseaux médiocres. Une multitude de bateaux circulent sur le fleuve, mais tous ceux qui vivent sur ces barques ont en même temps un domicile dans les villages.

Il parle ensuite de l'industrie de la soie, très florissante alors ; de l'agriculture, des mines abondantes dans tout le pays, etc.

Les nombreuses cartes de la contrée, plus ou moins exactes, jusqu'à la publication de celles des Missions catholiques, en 1879, et de celles émanant de l'hydrographie française, montrent que cette région n'a point cessé d'être étudiée, on pourrait dire : guettée par la France. Les travaux originaux de géodésie ou de topographie, les plans, les reconnaissances et les explorations dont le Tonkin a été sans interruption l'objet viennent le confirmer.

Il en a été de cette partie de l'Indo-Chine à peu près comme de l'Afrique équatoriale. Il y a cent cinquante ans, et même de 1790 à 1825, les missionnaires traversaient le Tonkin pour aller en Chine ou en revenir. A cette époque, ils mettaient environ deux mois pour se rendre ainsi d'Hanoï à Tching-ton-fou, capitale du Ssetchuen. Tout cela s'était enveloppé du voile de l'inconnu, récemment soulevé par un voyageur français, M. Dupuis (1870-74).

(*Résumé des travaux géographiques sur l'Indo-Chine centrale*, par DUTREUIL DE RHINS, 1879.)

Les missionnaires n'étaient pas seuls à jeter les

yeux sur cette vaste région. Les hommes de négoce cherchaient eux aussi à prendre pied au Tonkin.

Dès l'année 1684, ainsi qu'il est aisé de s'en rendre compte en compulsant les Archives du ministère de la marine, la *Compagnie des Indes* (dont la correspondance commerciale existe encore), envoyait un de ses agents, Le Chappelier, avec mission d'explorer le Tonkin et d'examiner les profits qu'on pourrait en tirer. D'autres y vinrent après lui; en 1735, Dumas y fut nommé gouverneur par la Compagnie, et, deux ans plus tard, il engageait instamment les directeurs à faire occuper le pays.

Dupleix, dont le nom se retrouve dans toutes les grandes entreprises coloniales, n'oubliait pas le Tonkin; il était très disposé à reprendre les projets de Dumas. La *Compagnie des Indes* continuait, du reste, à se renseigner : en 1748, elle déléguait encore, du côté du fleuve Rouge, deux de ses meilleurs agents, Friell et Dumont, qui, au retour, firent des rapports concluant à la richesse de l'Indo-Chine et à l'utilité d'y créer un courant commercial. En 1749, nouvel envoi d'un agent, Poivre, qui poussa les choses plus avant et réussit à conclure un traité de commerce et d'amitié avec la cour de Hué, pendant que, de son côté, Dupleix négociait avec l'abbé Saint-Phalles, qui habitait depuis longtemps le Tonkin.

Peu après, en 1753, l'abbé adressait à Dupleix un mémoire très complet sur le pays et ses produits. Ce mémoire a, du reste, été publié vers 1766, sous le titre d'*Histoire naturelle, civile et politique du Tonkin*.

Malheureusement, la disgrâce de Dupleix et la guerre de Sept ans firent oublier ces projets, et tout notre empire colonial s'écroula, comme l'on sait. Mais il y a là un fait de nature à frapper l'esprit : si la *Compagnie des Indes*, après de longues années d'études des ressources du Tonkin, s'était décidée à y fonder des établissements, c'est que cette association essentiellement pratique avait reconnu la richesse de cette contrée et l'utilité de sa conquête; cela, juste cent ans avant nous! (1784-1884).

Le Père Le Pavec, qui séjourna dans les Missions de Chine de 1790 à 1797, parle lui aussi en termes formels de la voie qu'offre le fleuve Rouge pour gagner le Yun-nan.

Puis précisant, il ajoute :

Les missionnaires traversent maintenant (1800 à 1825) le Tong-king pour aller en Chine et en revenir, et mettent environ deux mois pour se rendre d'Hanoï à Tching-tou-fou.

Les uns suivent le Thao, d'autres les deux branches principales du Chong-ca (fleuve Rouge).

(*Nouvelles lettres édifiantes*, parues en 1820. — Compte rendu des Missions de Chine.)

Les missionnaires sillonnaient d'ailleurs tout l'Annam et le Tonkin.

Vers 1787, l'un d'entre eux, l'évêque Pigneau de Béhaine, revenant d'Indo-Chine à Paris, présenta au roi Louis XVI un jeune prince annamite qu'il amenait de Saïgon : Nguyen-Anh, futur aïeul de l'empereur Tu-Duc. Ce prince venait solliciter le secours de la France pour l'aider à rétablir en Annam la dynastie dépossédée à laquelle il appartenait ; il nous offrait en échange de sérieux avantages. La Cour commençait malheureusement à avoir d'autres soucis. Néanmoins, Nguyen-Anh passa un traité avec la France, le 28 novembre 1787. Mais, à la suite d'incidents divers, il n'obtint guère qu'un secours en argent et l'autorisation d'emmener plusieurs officiers de fortune, hommes courageux et résolus. Avec leur aide, il remporta de rapides succès, reconquit une partie du pays, et sa puissance fut bientôt telle qu'il rêva de l'étendre sur les contrées voisines. En 1802, il s'emparait ainsi du Tonkin, qui, placé sous la domination chinoise depuis 111 ans avant Jésus-Christ, avait réussi, en 1428, à chasser les Chinois du pays et à retrouver son indépendance. Les Tonkinois n'acceptèrent pas volontiers le joug annamite; on peut même dire qu'il leur pesa toujours. Aussi le roi d'Annam dut-il s'établir solidement dans le pays, en édifiant des citadelles, et, dit M. Hippolyte Gauthier, dans son intéressant ouvrage *les Français au Tonkin* :

> Ce furent encore nos compatriotes qui en devinrent les ingénieurs. Ils ne se doutaient guère, ces Français, que leurs travaux feraient un jour obstacle à d'autres Français, que nos marins devraient emporter ces forts savamment construits et bastionnés, entourés de fossés, garnis de redans, munis d'artillerie; que le feu de ces canons, heureusement semblables à ceux des Invalides, serait dirigé sur nous, et que la possession de ces parapets nous coûterait le plus pur de notre sang.
>
> C'est, en effet, contre ces mêmes citadelles que s'exercèrent les héroïques efforts de nos soldats, de 1883 à 1885!
>
> Ces citadelles sont très bien faites; elles sont dues aux travaux de la mission française envoyée par Louis XVI à l'empereur d'Annam, vers 1786, je crois.
>
> (Souvenirs du Tong-King, par le Dr Harmand, 1873; *Bulletin de la Société de géographie*, mars 1875.)

En 1817-19, quelques reconnaissances sur mer

furent exécutées dans le golfe du Tong-King par M. de Kergariou.

Sous la Monarchie de Juillet, les grandes conceptions coloniales n'étaient guère en faveur, et l'Algérie ne se laissait pas conquérir aisément. C'est assez dire que le gouvernement ne portait pas ses vues du côté de l'Extrême-Orient. Il y eut une sorte de réveil pourtant, lorsque l'Angleterre engagea, dans le seul intérêt de ses négociants, la guerre de l'opium (1839-1842). Guizot fit même entendre sa grande voix : « Il ne convient pas à la France, dit-il, d'être absente dans une si grande partie du monde où déjà les autres nations de l'Europe ont pris pied. » Poussé par l'opinion, le gouvernement finit par envoyer en Chine une petite mission, avec M. de Lagrené, qui obtint, par le traité du 24 octobre 1844, l'ouverture de plusieurs ports à la marine française.

Puis arrive l'Empire; les missionnaires font de nombreuses démarches auprès du pouvoir pour appeler son attention sur l'Annam et le Tonkin. Les évêques viennent à la rescousse. Mgr Besson, évêque de Nimes, raconte, dans la *Vie du cardinal de Bonnechose*, comment ce Prélat intervint auprès de Napoléon III.

Au dehors, disait-il en 1857, il faut soutenir nos missionnaires, se prévaloir des anciens traités avec les royaumes d'Annam, du Tonkin et de la Cochinchine, s'établir solidement dans les ports et sur les côtes.

En 1858, un premier effort fut tenté ; le gouvernement chercha à s'établir sérieusement du côté de la presqu'île indo-chinoise. Il se souvint, pour les faire valoir, des droits que nous avait donnés le traité de 1787, et tira parti de certaines vexations subies par des missionnaires. On vit alors la corvette à vapeur *le Primauguet* explorer les côtes du Tonkin, puis en relever l'hydrographie ; quelques semaines plus tard, le *Prégent* étudiait les mêmes parages, ce qui fit croire que nous allions nous y établir.

Le gouvernement de Napoléon III, qui faisait guerroyer nos soldats en Crimée, puis en Chine, pour le compte des Anglais, songea qu'on pourrait peut-être bien les employer pour nos propres intérêts.

La flotte française paraît devant Tourane, sans être très fixée sur ce qu'elle y va faire :

Nous débarquons en Annam, dit M. le Dr Harmand, sans aucune ligne de conduite arrêtée d'avance, uniquement peut-être avec l'arrière-pensée nébuleuse de fonder à Tourane un comptoir, appuyé d'une station navale. On n'avait fait aucune étude du pays ; on ne savait rien de ses habitants, de leurs mœurs, de leur caractère, et l'on ne se rendait compte en aucune façon des conséquences...

L'amiral Rigault de Genouilly, après avoir guerroyé inutilement au fond d'une rade qui n'aboutissait nulle part, après avoir vu ses troupes décimées par une grave épidémie de choléra... se trouvait dans un grand embarras... C'est alors que, par l'effet d'un hasard complet et sur les vagues rapports de missionnaires et de quelques-uns de ses officiers qui lui avaient vanté la position de Saïgon, il rembarqua son monde, fit route vers les bouches du Mé-kong, enleva en quelques jours les défenses de Saïgon...

Alors s'agitent en France les idées les plus singulières, les plus étonnantes. Pendant cinq ou six ans, nous avons passé notre temps à chercher ce que nous voulons faire en Cochinchine, et tous les ans le Conseil des ministres mettait en délibération le rappel de nos troupes et de nos marins, et l'abandon de nos conquêtes.

... En un mot, la situation d'alors rappelait, trait pour trait, tout ce qui s'était passé sous Louis XV à l'égard de l'Inde, ce qui s'est passé sous la Monarchie de Juillet à l'égard de l'Algérie; car, pendant vingt-cinq ans, une nation comme la nôtre, intelligente pourtant, s'est répétée : « Gardons-nous l'Algérie? L'évacuons-nous? »

(*Conférence faite à l'Association républicaine du Centenaire de* 1789, par M. J. HARMAND, consul général de France, ancien commissaire général civil au Tonkin et en Annam, publiée en 1887.)

La basse Cochinchine venait d'être conquise par la flotte française et les troupes espagnoles de Manille, sous les ordres du colonel Palanca.

Ce fut seulement en mettant le pied sur ce beau

territoire que l'on constata avec étonnement sa richesse.

On guerroya quelque temps encore; mais l'empereur Tu-Duc, menacé dans sa capitale de Hué, consentit à traiter le 5 juin 1862.

Peu après, était établi notre protectorat sur le royaume de Cambodge, qui limite la Cochinchine au nord-ouest.

II

L'EXPLORATION DU ME-KONG

Dès cette époque, le gouvernement de la Cochinchine songea à se mettre plus directement en rapports avec les pays du nord, à attirer, par voie fluviale, le trafic de la Chine dans le port que nous venions d'occuper. Mettre en communication les provinces occidentales de la Chine avec un point de la côte annamite soumis à la domination française : tel était le problème.

L'idée première semble appartenir à l'amiral de la Grandière, gouverneur de la Cochinchine, administrateur éminent.

> On n'a peut-être pas oublié que le dessein de relier les provinces occidentales de la Chine à notre Établissement annamite fut un des motifs qui déterminèrent, en 1866, l'amiral de la Grandière à proposer à M. de Chasseloup-Laubat, alors ministre de la Marine, de faire explorer le Me-kong.
>
> (*Voyage en Indo-Chine et dans l'Empire chinois*, par le vicomte L. DE CARNÉ, paru en 1869.)

Une première mission pour explorer le Me-kong fut organisée en 1866. Dirigée par le capitaine de frégate Doudart de Lagrée, esprit des plus distingués, elle comprenait : Francis Garnier, lieutenant de vaisseau ; les docteurs Thorel et Joubert, l'enseigne de vaisseau Delaporte et le vicomte de Carné, attaché au Ministère des affaires étrangères. Son but était de rechercher la possibilité d'attirer au Cambodge et en Cochinchine le commerce de la Chine, par le Me-kong, et d'explorer ce fleuve, de manière à savoir si, comme on le pensait alors, il offrait au trafic des éléments de navigabilité suffisants sur tout son parcours, s'il constituait, en un mot, la voie la plus pratique pour gagner ces régions.

Dans un rapport officiel, daté de Ssu-mao, 30 octobre 1867, Doudart de Lagrée s'exprimait ainsi :

> Amiral,... étudier les voies commerciales qui nous intéressent et les contrées qui, dans l'avenir, peuvent entrer en relations avec nous, particulièrement reconnaître le Haut Song-coï et la frontière du Tong-king, tel est le but que nous allons poursuivre.
>
> (*Bulletin de la Société de géographie*, juin 1880.)

Grâce à l'intrépidité, à la décision et au courage des membres qui la formaient, la mission donna des résultats précieux.

C'est, sans contredit, la plus grande entreprise scientifique qui ait eu lieu jusqu'à présent dans l'Indo-Chine, et l'une des plus marquantes dans l'histoire géographique de l'Asie.

(M. Vivien de Saint-Martin.)

Doudart de Lagrée et ses compagnons remontèrent le Me-kong qui traverse tour à tour la Cochinchine, le Cambodge, le royaume de Siam, le Laos et la Chine ; ils ne tardèrent pas à constater qu'il fallait renoncer à l'idée d'en faire la voie principale de notre trafic.

Ainsi que j'ai eu l'honneur de vous l'écrire de Ssu-mao, ce n'est pas sans un vif regret que nous avons abandonné le Me-Kong. A la vérité, la question de navigabilité n'était plus en cause, car dès le 20° degré (bien avant la frontière chinoise), les difficultés sont trop nombreuses et trop fréquentes.

(*Rapport officiel du commandant Doudart de Lagrée au gouverneur de la Cochinchine*, daté de Yun-nan, 6 janvier 1868.)

L'exploration ne s'arrêta point là cependant. Tantôt par terre, tantôt par le fleuve, elle gagna le Laos, franchit la frontière chinoise, et malgré une grave insurrection qui mettait le pays à feu et à sang, elle s'avança au nord du Tonkin, dans la province du Yunnan, l'une des plus riches de la Chine. Elle réunit le plus de renseignements possible sur les ressources, le commerce, les mœurs des habitants, la configuration du terrain, etc. Et bientôt elle acquit la certitude absolue que la véritable voie qu'il fallait faire suivre à notre trafic avec la Chine était celle du fleuve Rouge (ou Song-koï) qui, partant du Yunnan, descend directement à Haïphong, à travers tout le Tonkin. Le but était atteint, la route trouvée : l'honneur en revenait à la mission Doudart de Lagrée, et les auteurs dévoués de la publication posthume de sa correspondance, comprenant l'importance de cette découverte de leur ami, ont apporté un soin tout particulier à bien préciser qu'il a le premier affirmé la navigabilité du fleuve Rouge. (*Explorations et missions de Doudart de Lagrée*, note, page 365.)

Les indications sur lesquelles il se basait, recueillies en parcourant le Yunnan, comme en explorant la partie supérieure du fleuve Rouge lui-même, ne pouvaient laisser aucun doute.

Le gouverneur de Yuen-Kiang nous confirma que le fleuve qui baigne la ville (le fleuve Rouge) se jette à la mer après avoir traversé le Tong-Kin.... A partir du premier marché annamite qui ne serait éloigné de Mang-Kho, le dernier marché chinois, que de trois jours de marche, les marchandises se rendraient en seize jours par la voie fluviale, à Ke-Tcho, capitale du Tong-Kin, sans avoir à subir aucun transbordement.... Il se faisait avant la guerre, entre le Yun-nan et le Tong-Kin, un commerce très considérable, qui semble avoir été surtout alimenté par les métaux..... Cette communication si ardemment cherchée, ce déversoir par lequel devra s'écouler un jour dans un port français le trop plein des richesses de la Chine occidentale, c'est du Song-Koï (fleuve Rouge) et non du Me-Kong qu'il faut l'attendre. C'est là une vérité désormais hors de doute et qu'imposerait certainement à tous les esprits l'exploration complète du Tong-Kin. Il s'agit, pour le moment, de rétablir le courant commercial qui existait autrefois entre deux pays qui, l'un et l'autre, bien qu'à des degrés divers, souffrent de l'interruption du trafic.

(*Voyage en Indo-Chine et dans l'Empire chinois*, par le vicomte L. de CARNÉ, publié en 1869 dans la *Revue des Deux Mondes*, puis en volume, en 1872.)

Et dans le même récit, M. L. de Carné, qui faisait partie de la mission, qui avait vu le pays, noté ses observations, ajoutait :

J'ai déjà montré l'importance des renseignements que nous avons recueillis sur le fleuve du Tong-Kin.... Le Song-koï mérite une attention particulière. Par ce que nous avons pu voir, plus encore que par ce qu'on nous a dit, il semble appelé à réaliser les espérances que le Me-Kong a déçues. *(Id.)*

Francis Garnier, dont la mort héroïque sur cette terre du Tonkin qu'il voulait, coûte que coûte, rendre française, dont il pressentait l'avenir, est encore présente à toutes les mémoires, formulait aussi nettement son opinion, en 1868, dans ses rapports officiels.

J'arrive, écrivait-il, à une des questions du voyage qui présente le plus vif intérêt. Pourrions-nous trouver un accès commercial facile dans la Chine méridionale, et détourner à notre profit une partie des productions que les Anglais veulent s'efforcer d'attirer à Calcutta et à Rangoon?... Aujourd'hui, le coton nécessaire au Yun-nan vient par le fleuve Bleu, et par des routes impraticables, pénètre jusqu'à Ta-ly, Ssu-mao, Liu-ngan, aux frontières du Tong-King. Que l'on suppose ce même coton apporté aux embouchures du Song-Koï et remontant en barque, moyennant deux ou trois transbordements faciles jusqu'à Yuen-kiang, et l'on restera frappé de l'économie de ce dernier trajet.....

En résumant, je dirai..... (qu'il faut) 1°, 2°, 3°, imposer à Hué des conditions commerciales qui permettent de tenter l'introduction de nos marchandises dans le Laos moyen, et par le Tong-Kin, dans la Chine méridionale.... Faire explorer soigneusement le cours du Song-Koï, etc., etc.

(*Rapport de Francis Garnier, au ministre de la marine et des colonies*, 1ᵉʳ octobre 1868.)

Loin d'avoir été inutile, la mission de Lagrée avait donc eu un double résultat. Elle avait constaté : 1° l'impossibilité d'établir le trafic par le Me-Kong ; 2° la possibilité de lui faire prendre la voie du Song-Koï ou fleuve Rouge.

De là s'ensuivait forcément tout un plan nouveau à tracer. La Cochinchine, située à l'embouchure du Me-Kong, ne pouvait plus être, comme on l'avait espéré, le siège de notre entrepôt commercial ; c'est le Tonkin qui devait nécessairement nous l'offrir ; c'est de ce côté qu'il fallait voir et agir : tout l'indiquait, le conseillait, l'imposait.

Telle est l'origine de tous les efforts tentés depuis, et qui fatalement, par la force des choses, devaient aboutir à l'occupation définitive du Tonkin par la France.

Ainsi qu'un publiciste a pu le dire : *On n'a pas été au Tonkin, on a été amené à y aller.*

Dès cette époque, dès le retour de la mission de Lagrée, en 1868, le sort en était jeté : la conquête devait se faire. L'occupation de la Cochinchine imposait celle du Tonkin. Doudart de Lagrée, M. de Carné, F. Garnier, en avaient la perception très nette, comme plus tard, l'amiral Dupré, Dupuis, et sans exception aucune, tous ceux qui visitaient ce pays. Dès cette époque, les projets naissent, les idées se font jour ; on pense à l'occupation et on le dit sans détour :

Un protectorat exercé directement comme au Cambodge, ou tout au moins une complète liberté commerciale obtenue dans les ports du Tong-King, et garantie par l'installation à Hué d'un représentant officiel relevant du gouverneur de la Cochinchine, on ne voit pas d'autre moyen pour sortir de l'impasse où nous acculeraient une timidité sans excuse, aussi bien que des scrupules par trop naïfs.

Lorsqu'on observe attentivement les efforts persévérants que fait l'Angleterre pour attirer sur ses marchés de l'Inde ou de la Birmanie le commerce de la Chine occidentale, on demeure confondu de notre indifférence à profiter d'une situation exceptionnelle et de circonstances qui ne seront pas toujours aussi opportunes. Arriver les premiers et créer aux négociants des habitudes, c'est là un avantage plus précieux encore en Orient qu'en Europe, et que la guerre actuelle semble nous offrir à un degré inespéré...

Si l'on songe qu'il s'agit de diriger vers une terre française les produits d'une vaste région qui comprend, sans mentionner le Laos septentrional, quatre des plus riches provinces de la Chine, et d'ouvrir en retour à notre industrie nationale des marchés où les consommateurs se comptent par millions, on accordera certes qu'un tel résultat vaudrait bien pour nous une peine égale à celle que nos rivaux se donnent pour l'obtenir...

L'ouverture du Tong-King est une suite nécessaire de notre établissement dans les six provinces de la basse Cochinchine. Cette partie de l'Empire annamite paraît être un des pays les plus riches du monde. »

(*Voyage en Indo-Chine et dans l'Empire chinois*, par le vicomte L. de CARNÉ, op. cité.)

De même, Francis Garnier voit clairement que l'occupation de Tonkin ne saurait tarder; il le déclare dans ses rapports, et cette conviction va devenir si forte dans son esprit que la question sera pour lui l'objet d'une sorte d'apostolat, qu'il s'y consacrera tout entier, qu'il y sacrifiera sa vie.

J'ai développé dans mon rapport d'ensemble *les avantages immenses que pourrait retirer notre commerce* de relations directes avec le Yun-nan et le Ssu-tchouen, établies par le moyen du fleuve du Tong-King... Il serait facile, je crois, d'obtenir de la cour de Hué qu'elle n'y mette aucun obstacle... En même temps, une exploration de la vallée du Song-Koï devrait venir compléter les renseignements obtenus déjà par la commission lors de son passage au Yun-nan. »

(*Rapport du 2 février* 1869, de Francis GARNIER, lieutenant de vaisseau, sur le voyage du Me-Kong.)

Nous voici donc à l'année 1869, avec un programme nettement défini : étudier le cours du fleuve Rouge, en vue de l'ouverture du Tong-King à notre commerce.

III

EXPLORATIONS, ÉTUDES, VOYAGES
DE 1870 A 1884

Pour bien montrer avec quelle ardeur, quel esprit de suite le Tonkin a été exploré, parcouru, étudié sous tous ses aspects, depuis 1870, c'est-à-dire dès que l'expédition du Me-kong eut attiré sur lui l'attention des voyageurs et des commerçants, il suffira d'énumérer les reconnaissances scientifiques, commerciales, militaires ou autres qui ont été faites au Tonkin, jusqu'en 1884, date de l'expédition réellement sérieuse qui en 1885 nous en assura la possession.

— En 1871, le négociant Jean Dupuis explore le haut fleuve Rouge, jusqu'à Laokaï, et 60 milles plus loin que cette ville située dans le Tonkin. Il accomplit ce voyage, accompagné d'un seul domestique, du 25 février (départ du Yunnan) au 28 avril 1871 (arrivée à Laokaï). Là, ayant recueilli des renseignements considérables, et notamment la preuve que le fleuve Rouge était navigable de Manghao (Chine) jusqu'à la mer, il rebrousse chemin. En route, il s'enquiert des besoins du commerce, relève le cours du fleuve, visite les mines, etc.

Il importe de remarquer que, loin d'être exagérées ou marquées au coin d'un enthousiasme trop grand, comme il arrive souvent aux observations d'un premier explorateur, — celles de Dupuis, dont on a cherché à contester la valeur, ont été *pleinement et de tous points* confirmées par les récits qui suivirent le sien. Dès 1877, M. Dupuis publiait une relation de son *Voyage au Yunnan*, déjà conté par un de ses futurs compagnons, M. Ducos de la Haille, en 1874 : *Notices sur le voyage de M. Dupuis.*

Francis Garnier, appréciant l'importance de cette exploration, pouvait justement écrire :

> Ainsi, à la démonstration théorique, vient se joindre une éclatante sanction pratique : un homme, sans fatigue, sans alarmes, a pu reconnaître seul et sans secours la plus grande partie du fleuve sur l'importance commerciale duquel j'ai attiré toute votre attention. Ce fleuve, il le juge très facilement navigable jusqu'à très peu de distance des frontières de la Chine. Les populations indépendantes qui occupent les confins du Yunnan du Tong-King ne demanderaient pas mieux que de voir s'ouvrir devant elles une voie commerciale qui déculperait la valeur de leurs produits métallurgiques ou forestiers... Un chef cantonais s'est rendu maître depuis quelques années d'un poste douanier établi

sur le fleuve, et s'est constitué ainsi un revenu mensuel évalué à 16,000 taels, c'est-à-dire à 1 million et demi de francs par an. Ce chiffre prouve déjà l'existence d'une circulation commerciale active et se chiffrant par dizaines de millions. Ces renseignements que nous devons à l'intelligente tentative d'un Français courageux et entreprenant... sont de nature à faire concevoir les plus grandes espérances sur l'avenir qui attend les relations commerciales nouvelles ouvertes avec cette contrée. Il n'y a dans cette nouvelle voie ni exclusions politiques à craindre, ni hostilités des populations à redouter, ni déserts, ni cataractes infranchissables.

(*Des nouvelles routes de commerce avec la Chine*, communication à la *Société de géographie*, janvier 1872.)

— En 1872, la corvette de guerre le *Bourayne*, commandant Senez, effectue une reconnaissance hydrographique sur la côte du Tonkin; ses officiers explorent le Delta.

— En 1872, au mois de novembre, M. le docteur Harmand, qui l'année suivante allait si vaillamment seconder Francis Garnier, passait tout l'hiver au Tonkin, étudiant la climatologie, le sol, les fleuves, la population, l'industrie, l'agriculture, les produits, etc.

— En 1872 encore, presque en même temps que le *Bourayne*, le *Duchaffaut* reconnaissait le golfe du Tonkin et les côtes voisines du Delta.

— En 1872 également, Dupuis remontait tout le fleuve avec deux canonnières et une jonque chargée du matériel de guerre qu'il s'était engagé par traité à faire entrer dans le Yunnan pour l'armée du maréchal Mâ. Parti en décembre 1872, il est à Manghao le 4 mars 1873, avec ses marchandises, après avoir tout le long de la route pris le plus de renseignements possible.

Enfin, écrit-il, un grand pas était fait, la navigabilité du fleuve était démontrée, une nouvelle route vers la Chine était trouvée, et une telle découverte était en soi une source d'incalculables avantages.

(*Voyage au Yunnan*, par J. Dupuis, 1877.)

— En 1873, encouragé par ce succès, Dupuis redescend immédiatement le fleuve. Le 21 avril, il quitte Manghao avec ses bateaux chargés de l'étain et du cuivre qu'il a reçus en payement des autorités chinoises, et il opère la descente dans d'excellentes conditions : au bout de neuf jours, le 30 avril, il débarquait à Hanoï.

Il n'était plus permis de douter, dès lors, de la navigabilité du fleuve Rouge, ni de la possibilité de s'en servir pour le trafic : *la preuve était faite.*

— En 1873, Francis Garnier, parti de Shanghaï à ses frais, pendant un congé, remonte le fleuve Bleu, et va jusqu'au Yunnan, qu'il explore. Puis il revient en toute hâte à Saïgon, appelé par l'amiral Dupré (juillet 1873).

C'est ainsi que commence la première expédition du Tonkin. On peut dire que l'amiral Dupré en fut l'apôtre, Francis Garnier le héros, Dupuis l'occasion et la victime.

Revenu à Hanoï, fin avril, avec 150 Chinois bien armés, de la garde du vice-roi du Yun-nan, Dupuis s'y voit arrêté par la résistance des mandarins annamites. On lui refuse l'autorisation de faire remonter vers la frontière chinoise une cargaison de sel. Pour protéger les bateaux qu'il a amenés de Lao-Kaï et ceux qu'il voudrait y expédier, Dupuis est obligé d'organiser à terre une véritable défense militaire.

Impuissant à le chasser de Hanoï, le gouvernement annamite s'adresse au gouverneur de la Cochinchine et lui demande d'expulser Dupuis. Celui-ci introduit, de son côté, une demande d'indemnité pour le dommage qu'on lui a fait subir.

Appelé par le gouvernement annamite lui-même à trancher l'affaire, l'amiral donnait à Francis Garnier la mission d'ouvrir une enquête sur les actes de Dupuis et sur ses réclamations, — de peser sur Dupuis pour obtenir sa retraite et celle du petit corps d'aventuriers chinois dont il était entouré. — « Pour y arriver, il s'établira solidement sur le point qu'il choisira ; il fera choix d'un point pouvant servir au besoin de base d'opérations. »

Dans la pensée de l'amiral, le protectorat était le but ; pour faire adopter sa conviction, sa foi profonde dans l'avenir et la richesse du Tonkin, il entretenait avec le Ministère de la marine une correspondance active.

Notre établissement dans ce riche pays, limitrophe de la Chine, et débouché naturel de ses riches provinces sud-occidentales, est selon moi une question de vie ou de mort pour l'avenir de notre domination dans l'Extrême-Orient.

(*Lettre au ministre de la marine*, 19 mai 1873.)

Puis il insistait de façon plus pressante par le télégraphe :

Le Tonkin est ouvert, en fait, par le succès de l'entreprise Dupuis... Effet immense dans commerce anglais, allemand, américain ; nécessité absolue d'occuper Tonkin avant la double invasion dont ce pays est menacé par les Européens et les Chinois, et assurer France cette route unique. Demande aucun secours, ferai avec mes propres moyens, — succès assuré.

(*Télégramme au ministre de la marine*, 28 juillet 1873.)

Ayant ainsi préparé les voies et signalé l'opportunité de l'action armée, l'amiral Dupré adressait le même jour, au ministre, une longue lettre explicative. Sa confiance dans la richesse du Tonkin et sa conviction qu'il était nécessaire de nous y établir étaient telles, qu'ayant exposé le plan diplomatique qu'il désirait appliquer à Hué, et dont le but était de donner à la cour des prétextes, sauvant les apparences, — il ajoutait courageusement :

Mais je suis prêt, s'il reste un doute dans votre esprit et dans celui du gouvernement, à assumer toute la responsabilité des conséquences de l'expédition que je projette, à m'exposer à un désaveu, à un rappel, à la perte d'un grade auquel je crois avoir quelques droits. Je ne demande ni approbation ni renforts; je vous demande de me laisser faire, sauf à me désavouer, si les résultats que j'obtiens ne sont pas ceux que je vous ai fait entrevoir.

(*Lettre au ministre de la marine,* 28 juillet 1873.)

Ce noble langage fit peu d'impression à Paris, où le duc de Broglie tenait le pouvoir. La conquête pourtant se fût faite alors sans les difficultés rencontrées plus tard.

Mais l'amiral Dupré ne se décourage point. Il apprend d'ailleurs que la cour de Hué sollicite le secours de l'Angleterre; il en informe le ministère, en même temps qu'il envoie à Hanoï l'héroïque Francis Garnier, qui, lui aussi, demande à l'amiral Dupré de ne pas hésiter à le désavouer, si cela lui paraît nécessaire.

Enfin le ministère finit par céder: il consent à l'établissement éventuel d'un protectorat au Tonkin.

C'est le 27 septembre 1873 que Francis Garnier se met en route avec une petite troupe de 180 hommes. Détail à noter : d'après une lettre de Garnier à sa femme (1873), les Chinois établis à Saïgon faisaient des vœux pour l'expédition, et remirent même à l'intrépide soldat des chèques importants pour en assurer le succès.

Profitant des démêlés de Dupuis avec les mandarins annamites, Garnier opère un hardi coup de main ; secondé par des officiers de valeur, il prend Hanoï, occupe le Delta, y établit ses hommes, et déclare le fleuve Rouge ouvert au commerce. Mais presque aussitôt, le 21 décembre 1873, il est tué dans une embuscade.

— En 1874, la situation est donc très critique. Le Delta est occupé par une poignée d'hommes éparpillés dans les forteresses, et secondés par les gens de Dupuis, qui lui aussi prend part à ces combats. Mais la mort de Garnier compromet tout. A Paris, le gouvernement se prononce contre toute occupation militaire ; à Saïgon on est si vivement impressionné qu'un haut fonctionnaire, M. Philastre, inspecteur des affaires indigènes, est expédié au Tonkin avec pleins pouvoirs. Il fait tout évacuer, sauf quelques postes du Delta ; il désavoue Garnier, ordonne à Dupuis de s'éloigner et le ruine. Il recule en somme sur toute la ligne, et conclut les traités de Hué, des 5 janvier et 6 février 1874, qui ont donné naissance à d'inextricables difficultés. Un consulat de France est créé à Hanoï ; mais la situation du consul, M. Rheinart, devient bientôt telle qu'il demande lui-même son rappel.

Les traités de Hué ouvraient théoriquement le fleuve Rouge à notre commerce, mais sans nous laisser la faculté de stationner et de trafiquer au delà d'Hanoï! Cette clause eut du moins pour résultat de nécessiter un traité de commerce, signé le 31 août 1874, pour régler la perception des droits de douane. En effet, à la suite de la campagne de Cochinchine faite en 1859 de concert avec l'Espagne, cette dernière était restée créancière de l'Annam, et, en 1874, il lui restait dû 5 millions de francs. Cette indemnité ayant été garantie par la France et devant être prélevée sur les douanes annamites des ports ouverts au commerce européen par le traité de 1874, on établit dans ces trois ports: Thinaïen (Annam), Haïphong et Hanoï (Tonkin), un service de *douane mixte*, administré par des fonctionnaires annamites, sous la surveillance d'un personnel français qui tint en double la comptabilité. C'est ainsi que, dès le mois de septembre 1875, la France a pu être renseignée d'une façon relativement exacte sur l'importance du courant commercial, les produits importés et exportés, etc., au Tonkin.

— En 1875 s'acheva la reconnaissance hydrographique du Delta, faite par MM. Héraud et Bouillet, ingénieurs. Puis, MM. de Banières et Gouin, lieutenant de vaisseau, exploraient et relevaient le cours du fleuve Rouge jusqu'à la rivière Claire.

— En 1875-76, le *Courrier de Saïgon* publia un *Aperçu sur la géographie, les productions, l'industrie, les mœurs et les coutumes du royaume d'Annam*, qui est peut-être l'œuvre d'ensemble la plus complète et la plus exacte qui ait paru jusqu'ici ; l'administration des Colonies y a fort souvent recouru, notamment pour la rédaction des *Notices coloniales* pour l'Exposition d'Anvers, en 1878. Les renseignements contenus dans l'*Aperçu* ont été recueillis sur les lieux mêmes par des personnes différentes, mais toutes également compétentes, et c'est vers 1859 que M. Le Grand de la Liraye les réunit en une seule étude, publiée seulement en 1875. C'est ce même travail que M. J. Silvestre a eu l'excellente idée de tirer de l'oubli et de reproduire entièrement dans un volume paru en 1889, et que nous aurons à citer plusieurs fois (1).

— En 1876, premier voyage de M. de Kergaradec, lieutenant de vaisseau et consul de France à Hanoï. En 25 jours, sur un canot à vapeur, sans avoir à subir aucune attaque ni à faire usage de ses armes, il remonte le fleuve Rouge depuis Hanoï à Laokaï, en recueillant de très utiles infor-

---

(1) *L'Empire d'Annam et le peuple annamite*. J. Silvestre, chez Alcan, 1889.

mations. La relation de ce voyage est aussitôt l'objet d'un long rapport rendu public.

— En 1877, second voyage de M. de Kergaradec ; sur deux barques très légères, il remonte le fleuve Rouge d'Hanoï à Manghao (Chine) sans être inquiété. Les négociants chinois sont très favorables à l'ouverture du fleuve Rouge. Cette fois il a mis 18 jours seulement pour aller d'Hanoï à Laokaï. Il visite et étudie le Yunnan, et constate sa richesse ainsi que son activité commerciale.

Ce voyage, dont le retentissement fut considérable dans le monde colonial, est le quatrième fait sur le fleuve Rouge jusqu'à Laokaï, et le troisième jusqu'à Manghao (Chine).

— En 1878, l'effet produit par ces explorations et les rapports concluants qui en ont détaillé les résultats est si grand que le Congrès de géographie commerciale et internationale, réuni au Trocadéro, à l'occasion de l'Exposition universelle, émet le vœu suivant, sur l'initiation de M. le marquis de Croizier, président de la Société académique indo-chinoise :

Considérant que la voie du Tonkin, découverte par M. Dupuis, est la voie la plus courte et la plus facilement accessible pour pénétrer dans les provinces du Sud-Ouest de la Chine, et qu'un traité du 15 mars 1874 entre a France et l'Annam ouvre cette voie au commerce de toutes les nations.

Le Congrès émet le vœu:
1° Que cette voie soit signalée à l'attention du commerce international; 2° que la France *prenne des mesures* pour assurer l'exécution du traité.

(*Journal officiel*, 10 octobre 1878.)

C'est également à cette époque que le docteur Harmand, toujours préoccupé d'ouvrir des routes commerciales nouvelles, réussit à passer du Laos dans l'Annam. — En même temps, M. le docteur Maget commence ses tournées dans le pays, et observe le climat, les productions, les mœurs, etc.

— En 1879, les travaux hydrographiques et topographiques sont menés avec un redoublement d'activité. Le lieutenant de vaisseau Delmont remonte la rivière Claire jusqu'à Tuyen-Quan; — le lieutenant de vaisseau Gros-Devaud, avec la canonnière la *Massue*, explore la rivière Noire, la rivière Claire et le fleuve Rouge, qu'il remonte jusqu'au rapide d'O-Ga (à 210 milles de la mer, 156 d'Hanoï et 70 seulement de Laokaï); — M. Mourin d'Arfeuilles, capitaine de frégate, consul à Haïphong, entreprend l'examen des affleurements houillers; — M. Escudier, capitaine de frégate, sur l'*Hamelin*, continue cette étude en fouilles profondes; — le *Bourayne*, capitaine Maire, puis le *Ducouédic*, capitaine Besnard, secondent M. Joseph Renaud, ingénieur hydrographe, qui relève la carte du Tonkin septentrional entre le mouillage de la Cac-Ba et le port de Pak-Hoï ; — de son côté, M. Mallard, lieutenant d'infanterie de marine, dresse une carte administrative et routière.

— En 1880, M. Joseph Renaud continue, à bord de la *Surprise*, capitaine Blot, ses travaux hydrographiques sur la côte ; — M. Cabanes, officier, explore la région voisine de Bac-Ninh ; — M. Lesoufaché, officier de marine, fait des relevés hydrographiques sur le Thong-Gian et le Song-Kao (qui passe à Thaï-Nguyen et Cao-Bang) ; — la *Carabine*, avec le capitaine Broussais, poursuit ces explorations.

— En 1881, MM. Villeroy d'Augis et Courtin explorent la rivière Claire ; M. Aumoitte atteint la frontière chinoise du nord-est et va à Lang-Son ; — M. de Kergaradec, à bord de la *Massue*, visite les territoires qui avoisinent Bac-Ninh.

— En 1882, les explorations continuent et les événements se précipitent. …. H. Viénot, conseiller colonial à Saïgon, et Schrœder, entrepreneur, reçoivent du gouverneur de la Cochinchine mission d'étudier les conditions d'établissement éventuel de lignes ferrées au Tonkin ; ils relèvent en passant tout le terrain entre Haïphong, Hanoï et Bac-Ninh ; — en même temps s'effectue l'importante mission de MM. Fuchs, ingénieur en chef des mines, et Saladin, ingénieur des mines, dont le but est d'étudier à fond les gisements houillers et métallifères existant au Tonkin ; — à leur retour, ils publient un rapport extrêmement détaillé, qui met en lumière la richesse minière considérable du Tonkin ; ils font, dans de grandes usines des environs de Paris, des expériences pratiques couronnées de succès, avec les charbons du Tonkin.

— En 1883, ont lieu les reconnaissances hydrographiques de MM. Joseph Renaud et Rollet de l'Isle, ingénieurs, sur la côte nord-est du Tonkin.

— En 1884, diverses missions scientifiques ou commerciales étudient encore le Tonkin, notamment celle de M. Paul Burnat qui, depuis dix-neuf ans, résidait en Extrême-Orient, et qui fut chargé par les principales chambres de commerce de France de rechercher spécialement les intérêts du commerce français dans ce pays. Son rapport figure au *Journal officiel* du 12 février 1885.

A partir de ce moment, les opérations militaires, dont nous parlerons plus loin, deviennent plus sérieuses ; elles entravent à peu près complètement les recherches et les efforts des explorateurs.

Puis, l'année d'après, en 1885, le traité de Tien-Tsen fait du Tonkin une terre française.

IV

ÉTAT DE LA QUESTION
A L'ÉPOQUE DE LA CONQUÊTE

Nous venons d'énumérer rapidement la série des voyages, explorations, reconnaissances, missions scientifiques et hydrographiques, etc., dont le Tonkin entier n'a pas cessé une seule année d'être le théâtre et l'objet, avant et depuis 1871 (premier voyage de Dupuis), jusqu'en 1883-84, date à laquelle a commencé la conquête.

On a pu voir que le pays a été visité, exploré, étudié, reconnu soustous ses aspects. Il était pour ainsi dire impossible d'accomplir avec plus de soins ce travail préliminaire, cette préparation d'une expédition qui fatalement devait se produire, et que tout le monde militaire et colonial attendait.

Ces nombreuses missions, ces voyages ont tous

été l'objet de rapports officiels, de travaux écrits, de publications diverses. Par le nombre des publications de cette nature, antérieures à 1884, et citées au cours de cette étude, on se rend compte de l'activité avec laquelle les voyageurs et les savants ont accompli leurs recherches dans cette partie de l'Asie. Il serait fastidieux d'énumérer les livres, brochures, conférences, récits, articles de revue, etc., traitant la question du Tonkin *depuis plus de deux siècles :* il y en a partout, et principalement depuis 1871. Tous nos agents, tous nos consuls, tous les ingénieurs hydrographes, les officiers de marine, les ingénieurs des mines, les négociants, les médecins, les entrepreneurs, les missionnaires, etc., ayant visité le Tonkin, ont publié le résultat de leurs observations. Il suffit, pour s'en convaincre, de parcourir les collections des journaux spéciaux, comme la *Revue maritime et coloniale*, le *Bulletin de la Société de géographie de Paris*, le *Bulletin de la Société de géographie commerciale*, l'*Exploration*, la *Revue de géographie*, les *Voyages et reconnaissances* et, en général, les Revues géographiques des sociétés de Paris et des départements, — puis les *Annales des mines*, le *Bulletin de la Chambre syndicale des négociants commissionnaires*, les journaux de médecine et d'hygiène, les *Annales de la propagation de la foi*, le

Bulletin de la Société académique indo-chinoise, les notices insérées au *Journal officiel*, etc., etc.

A l'étranger, les sociétés de géographie ou d'études coloniales, comme les journaux sérieux ou purement politiques, ne cessaient, elles aussi, de signaler à leurs gouvernements l'intérêt commercial offert par le Tonkin. Les Allemands et les Anglais s'en préoccupaient surtout, les uns et les autres jaloux de nous voir un pied dans ce pays, et guettant l'occasion de s'en emparer si on la leur fournissait. Écoutons, par exemple, ce que disait, après les voyages de Dupuis, M. le baron de Richthofen, explorateur et ancien président de la Société de géographie de Berlin; il ne perd pas son temps, comme nous autres Français, à discuter la valeur du Tonkin, ou l'importance de la voie du fleuve Rouge; il sait à quoi s'en tenir et comprend le parti énorme que l'on peut en tirer :

On doit désormais considérer comme résolu le problème qui, depuis si longtemps, occupait beaucoup d'esprits, et qui consistait à savoir si une route commerciale directe pouvait être établie avec la partie sud-ouest de la Chine, et quelle était la direction qu'elle devait suivre. Celui qui étudie la question avec impartialité ne doutera pas un seul instant, après un examen suffisant, que tous les avantages ne soient pour la route qu'offre le fleuve du Tonkin, et tous les désavantages, non seulement pour la voie anglaise de l'Iraouaddy, mais pour toutes les autres routes qui ont été ou qui peuvent être projetées pour pénétrer dans le Yun-nan par sa partie ouest ou sud-ouest. »

(Le baron de Richthofen, cité par M. E. MILLOT, 1882.)

Les journaux anglais considéraient eux aussi avec une attention particulière les expéditions de Dupuis, auxquelles les journaux français ne prenaient pour ainsi dire point garde ; ils suivaient la marche de l'explorateur et surveillaient nos efforts ; ils signalaient la valeur de la voie commerciale du fleuve Rouge, reliant le Tonkin aux provinces occidentales de la Chine ; ils l'entrevoyaient même comme la grande voie de communication pour tout le transit entre la Chine d'une part, la Birmanie et les Indes de l'autre.

Les Anglais ne se bornaient pas à observer, ils agissaient et agissent encore : leur but était de pénétrer en Chine par la Birmanie, avant que nous n'y pénétrions nous-mêmes par le Tonkin. Nous les avons devancés, évincés peut-être, mais ils ne se découragent pas. Une nation comme l'Angleterre, qui a cherché querelle à la Chine et soutenu contre cette puissance une guerre laborieuse, dans le but unique de la forcer à consommer un produit commercial dont elle ne voulait pas, l'opium, — n'est pas de celles que les difficultés rebutent. Elle n'est point de celles non plus qui chercheraient si patiemment à s'ouvrir une route commerciale vers les provinces occidentales de la Chine, s'il n'y avait au bout de ces efforts un profit certain et considérable : la race anglo-saxonne réfléchit avant d'agir. Ce n'est donc point à la légère que des expéditions anglaises ont été lancées sans discontinuité depuis plus de vingt ans du côté du Laos Birman, du Thibet et du Yu-Nan, pour essayer de frayer aux produits chinois un chemin rapide et sûr vers Calcutta ou Rangoon.

Faut-il rappeler les principales explorations ou expéditions qu'ils ont dirigées dans ces parages, les jalons successifs qu'ils y ont plantés?

En 1829, le docteur Richardson va de Mandalay à Xien-Maï.

En 1835, Mac Leod visite le Laos birman.

Vers 1865, le capitaine Richard Sprye propose l'ouverture d'une gigantesque voie ferrée de 150 lieues, allant de Rangoun à Kiang-Lung.

En 1866, MM. Villiams et Luard font sur le terrain les études techniques de ce chemin de fer.

A la même époque, le major Sladen cherche les moyens de prolonger la navigation à vapeur de l'Iraouaddy jusqu'à Bamo.

En 1873, d'autres Anglais visitent la Birmanie; ils font même des offres d'appui à Francis Garnier qui voyage au Yunnan, et qui écrit à son ami Hippolyte Gautier :

> Suivez le mouvement de l'opinion en Angleterre : les chambres de commerce (300 environ) ont pétitionné à l'envi pour la construction d'un chemin de fer du Yunnan à Rangoun. On veut établir un consulat anglais à Taly. On dénonce l'ambition (!) de la France. On agit à Pékin pour pousser la Chine à la conquête du Tong-King, et pour faire bénéficier ainsi Hong-Kong du commerce du Song-Coï au détriment de Saïgon. A côté de tout ce mouvement nous restons inactifs..... A Paris, une demande d'explication de l'Angleterre fait perdre la tête à M. de Broglie.
>
> (*Lettre de M. Francis Garnier,* 2 octobre 1873.)

L'année d'avant, déjà, Garnier, frappé des efforts de l'Angleterre, en avait mesuré exactement la portée :

> Il s'agit pour l'Angleterre, écrivait-il, de s'ouvrir un débouché dans une population de plus de 400 millions d'hommes et de continuer à prélever une commission sur les centaines de millions de soie, thé, etc., dont le marché de Londres est jusqu'à présent l'intermédiaire entre la Chine et le continent européen. *C'est peut-être là que gît la question économique et sociale la plus importante du siècle.*
>
> (*Des nouvelles routes de commerce avec la Chine,* par Francis GARNIER, 1872.)

En 1874, M. Margary part de Pékin, remonte le fleuve Bleu et descend par le Taping jusqu'à Bamo.

En 1875, l'expédition du colonel Brown le rejoint dans cette ville.

En 1875, un consul anglais, M. Colborne-Baber, s'installe officiellement à Tchong-King-Fou.

En 1877, deux explorateurs anglais, Mac-Carthy et Gill, gagnent encore Bamo par le Yunnan.

En 1880-81, MM. Stevenson et Solteau vont de Bamo à Kan-Kao.

En 1882, MM. Colquhoun et Wahab partent de Canton et atteignent Bamo. M. Archibald Colquhoun, adversaire déclaré de l'influence française, pousse de toutes ses forces le gouvernement britannique à s'emparer de la Birmanie, et soutient qu'il est possible de créer une grande voie commerciale vers la Chine, en empruntant le cours de l'Iraouaddy.

En 1885, les Anglais terminent la conquête de la haute Birmanie, et occupent Mandalay.

En 1886 (1ᵉʳ janvier), ils s'annexent complètement le pays et signent une convention avec la Chine, qui revendique le droit de suzeraineté sur la Birmanie, comme jadis sur le Tonkin.

En 1889 arrive à Yunnan Fu, passe par Mongtzé et se rend à Teug-Yunh un commissaire anglais chargé d'une soi-disant mission diplomatique auprès du Céleste-Empire, mais qui en réalité observe l'importance des marchés, les marchandises échangées, et transporte avec lui des caisses d'échantillons destinés à faire connaître sur son passage les produits fabriqués en Angleterre.

En un mot, les Anglais n'ont pas cessé de chercher une voie qui attirât vers Calcutta ou Rangoun les productions de la Chine occidentale. Ils n'y sont point parvenus. Et nous, au contraire, en occupant le Tonkin, nous avons mis la main sur la route commerciale la plus directe et la plus sûre pour gagner cette contrée.

De l'aveu des voyageurs allemands et anglais, tels que Richtofen, Colquhoun, Baber, la voie du fleuve Rouge offre tous les avantages qu'on ne saurait trouver nulle part ailleurs; tout récemment encore, d'après le *Courrier d'Haïphong* (avril 1889), M. Norman, correspondant de la *Pall Mall Gazette*, après avoir visité le Tonkin, déclarait qu'il avait sur ce pays la meilleure opinion et qu'il serait aisément « *la plus belle des colonies françaises.* » — Les étrangers sont unanimes à vanter le Tonkin, et nous, nous le nions sans le connaître.

LES RESSOURCES DU TONKIN

Quelles ressources offre le Tonkin ?

Que sait-on de ses produits, de son trafic commercial et de sa population ?

De quel avenir est-il susceptible ?

En un mot, la conquête de ce pays sera-t-elle profitable pour la France ?

Telles sont les questions qui se posent naturellement à tous les esprits. Nous allons y répondre, en suivant la marche adoptée au début de cette étude, c'est-à-dire en nous bornant pour ainsi dire à citer les opinions émises par **ceux qui ont vu.** Il suffira de grouper méthodiquement ces nombreuses citations et d'examiner tour à tour : 1° *l'aspect et les ressources du Tonkin* en général; 2° *les produits divers* (agriculture, règne végétal et animal ; mines, industrie, commerce, pêche) ; 3° *les voies* *de communications* (fleuves et leur navigabilité ; arroyos, routes et projets de chemins de fer) ; 4° *le trafic avec la Chine* (par le fleuve Rouge ; dans le Yunnan) ; 5° *la population* (qualités de la race, facilité d'assimilation) ; 6° *les développements déjà constatés ou prochains* de la colonie.

I

ASPECT ET RESSOURCES DU TONKIN

EN GÉNÉRAL

Tout ce pays arrosé par de nombreux cours d'eau, dont trois principaux, est fertile en grains, fruits ; couvert de forêts et riche en mines d'or, argent, cuivre, plomb, étain, etc.

(*Lettre* du P. LE PAVEC, missionnaire au Tonkin, 1790-97.)

A partir de Kouen-ce, écrit J. Dupuis dans la relation de sa première excursion sur le fleuve Rouge, les collines qui, sur chaque rive, bordent le fleuve vont s'abaissant de plus en plus, pour se terminer à la limite des forêts.. Au-dessus de Hung-hoa, la plaine, sur l'une et l'autre rive, s'élargit de plus en plus... A la limite des forêts, la culture fait son apparition et se propage le long du fleuve ; les villages sont d'abord petits et pauvres d'apparence, mais bientôt ils se multiplient et prennent de l'importance pour devenir très populeux ; ils semblent aussi jouir d'une certaine aisance. Cela tient à deux causes : d'abord les terres sont plus fertiles dans le bas, ensuite les rebelles ont fait moins d'incursions dans ces parages que dans le Haut-Fleuve, plus à portée de leur repaire.

Le pays produit en première ligne le riz, puis vient le sucre, ensuite le tabac, le coton, le ricin et toutes les espèces de graminées. Les montagnes sont également riches en cannelle et plantes tinctoriales.

(*Voyage au Yun-nan*, par J. DUPUIS, 1871, paru en 1877.)

Avec le *Bourayne*... c'est surtout dans le Tong-king que nous avons pénétré... Nous sommes allés dans les villes de quatre provinces... Nous avons vu par conséquent le plus beau pays du monde, et nous avons pu penser à loisir à nos anciennes factoreries d'il y a plus de cent ans, et à la grande ligne commerciale du Yunnan avec le Golfe, par le fleuve qui doit se rouvrir sans doute un jour.

(*Expédition du* Bourayne, lettre de M. LEGRAND DE LA RAYE, qui en faisait partie, à la Société de géographie; datée de Saïgon, 21 décembre 1872).

Quand nous fîmes notre entrée au Tong-king, c'était l'époque de la moisson. L'immense plaine qui se développait à nos yeux, couverte à perte de vue de riz mûr et doré, semée de gros villages disparaissant dans la verdure des palmiers à arecs, offrait le spectacle d'une richesse et d'une abondance incomparables. Ce simple coup d'œil nous permettait de juger combien la population était compacte, et quelle différence il y avait, à cet égard, entre certains points de la Cochinchine et le Tong-king.

(*Souvenirs du Tong-king*, par le Dr HARMAND, 1873.)

Si la fertilité, les ressources de toute nature offertes par le Tonkin étaient signalées dès les premières explorations, on ne se dissimulait pas

non plus comme certains se l'imaginent, les difficultés que rencontrerait l'occupation prévue et souhaitée. Voici qui le prouve :

Si le Tonkin est, comme il y a lieu de l'espérer, destiné à prendre plus tard la place prépondérante dans nos établissements de l'Extrême-Orient, il ne faut pas se dissimuler que de longues années se passeront encore avant que notre établissement y soit bien assis, et avant que nous puissions en tirer les avantages qu'il y a lieu d'en attendre... L'immense population du Tong-king, son étendue, son état de désorganisation politique, ses discordes civiles, nous préparent une lutte dont nous ne sortirons vainqueurs qu'avec du temps et des sacrifices.

(*Le Cambodge et les régions inexplorées de l'Indo-Chine centrale*, par L. DELAPORTE, lieutenant de vaisseau, chef de la mission d'exploration des ruines de Khmers, 1873.)

On s'accorde à reconnaître que c'est la population de Hanoï qui offre le plus de ressources sous le rapport du caractère. Cette province peut assurément prétendre à être la première et la plus belle des royaumes du Tonkin et de la Cochinchine, à tous égards. Ninh-Binh lui est bien inférieure, mais elle a de remarquable des atterrissements prodigieux qui l'ont augmentée presque du double depuis 50 à 60 ans. Ces terrains nouveaux donnent de doubles moissons qui peuvent, les bonnes années, nourrir à elles seules tout le Tonkin.

(*Aperçu sur la géographie, les productions, l'industrie, les mœurs et les coutumes du royaume d'Annam*, paru dans le *Courrier de Saïgon*, 1873-1876.)

Le pays produit de la soie, et en produirait certainement en quantité suffisante pour l'exportation, mais je la crois d'une qualité peu estimée en France. Malgré tout cela, des Français ou des Européens tireraient vingt fois plus de ce pays que n'en tire le gouvernement annamite. Autrefois, ce gouvernement retirait environ un million par an de la basse Cochinchine, qui, aujourd'hui, malgré les frais de la colonie, rapporte de 14 à 15 millions.

(*Note sur l'Annam*, par DUTREUIL DE RHINS, capitaine au long cours, au service du roi d'Annam; Hué, 9 novembre 1876.)

Le Tonquin est un pays fertile et admirablement cultivé. Le riz, qui en est le principal produit, y vient en abondance et est de première qualité ; il rivalise avec celui de Siam, et il est de beaucoup supérieur à celui de la basse Cochinchine.

(*Une mission au Tonquin*, sur la canonnière la *Massue*, par le lieutenant de vaisseau GROS-DEVAUD, 1879.)

Le Tonkin est un pays très riche à tous les points de vue. Je ne parlerai pas de ses immenses forêts, de ses mines de toute espèce dont l'exploitation facile sera une source de revenus. Les mines de charbon de terre sont d'une exploitation facile... Les bœufs existent en grand nombre et produisent une viande de bonne qualité. A Hanoï, un marché a été passé par l'administration, et le fournisseur livre la viande au prix de 75 centimes le kilo. Je suis persuadé qu'on pourrait l'obtenir à moins. J'ai vu, à la mission d'Hanoï, du blé qui, semé en novembre, a donné en février des épis de belle qualité.

Le Tonkin, par ses mines, ses productions de toute espèce, est appelé à devenir un pays riche et prospère, où viendront affluer par le fleuve Rouge tous les produits du Yunnan et du sud de la Chine, lorsqu'il sera ouvert au commerce de l'Europe.

(*Rapport sur les conditions d'installation des garnisons au Tonkin*, par M. Ch. HAMON, médecin aide-major au 2ᵉ régiment d'infanterie de marine, 1880.)

Les vivres abondent : le poisson, le gibier, les œufs, la volaille, une viande de bœuf de qualité médiocre sont à vil prix ; peu de légumes et peu de céréales indigènes appropriés au goût de l'Européen, mais quelques fruits.

D'après une appréciation très autorisée, le Tonkin, entre les mains d'une administration régulière, pourrait, dès la première année, fournir une valeur de 40 millions de francs en nature, étant donné que l'Annam pour le même temps en retire 20 millions.

(*Etude d'ensemble sur le Tonkin*, par le Dʳ MAGRT, chef du service de santé au Tonkin, 1880.)

Après le riz, la culture principale est la badiane, dont le fruit donne l'huile de badiane... Les Chinois, seuls ou à peu près, se livrent à l'extraction de cette huile à l'aide d'un alambic primitif. 60 kilogrammes de graines sèches donnent 5 à 6 kilogrammes d'huile qui se vendaient de 11 à 1,200 francs les 60 kilogrammes. Un impôt assez fort pèse sur ce produit.

La canne à sucre est cultivée... Le coton, le ouatier sont cultivés dans certains terrains secs et sablonneux... Le maïs... Le sésame...

Les animaux domestiques sont le buffle, le bœuf, la vache, le porc, le chien.

Cette région, et surtout celle de Cao-Bang, produit une race de petits chevaux excellents. Les chèvres existent, mais en très petite quantité. La volaille est commune et à bon marché.

Les animaux sauvages habitent en grand nombre les montagnes : le tigre, l'ours, le cerf, le chevreuil, la loutre et le chat tigre.

Les serpents y sont communs ; aucun n'est venimeux, ou, du moins, nous n'avons jamais entendu parler, pendant notre séjour, d'accidents causés par leurs morsures.

En fait de gibier à plume, on y trouve des faisans, des paons, des coqs et poules sauvages, des perdrix, des cailles, des bécassines, des tourterelles.

(*Onze mois de séjour à Lang-Son*, par le Dr F. DIACRE, 1888).

Le Tonkin est un pays des plus fertiles et des plus peuplés ; il s'y fait une production de riz considérable ; on y cultive le tabac, le café, la canne à sucre, l'indigo. Ce pays est essentiellement agricole.

(*Voyage dans l'Indo-Chine*, par M. A. PETITON, ex-ingénieur en chef du service des mines au Tonkin, 1883).

Le Tonkin est un pays qui ne réclame pas de bras. Il y faut, d'une part, des capitaux ; d'autre part, des industriels, des contremaîtres, des mécaniciens, etc..., des gens, en un mot, qui puissent servir de guide à une population déjà nombreuse et au sein de laquelle la main-d'œuvre est à trop bas prix pour que les Européens qui ne seraient que de simples manœuvres et n'auraient pas un métier spécial y puissent trouver à vivre.

En définitive, le Tonkin est bien la colonie la plus convenable à l'état actuel de la France, en ce sens qu'elle ne demande pas une émigration considérable que nous serions hors d'état de fournir ; mais elle offre des débouchés sérieux à nos produits, si nous avons la précaution d'entrer dans la voie de la production à bon marché, et de faire ce qu'ont fait nos rivaux en venant, chez nous, surprendre tous nos procédés de production élégante.

(*Le Tonkin*, notice géographique par M. A. GOUIN, lieutenant de vaisseau, résident de France à Nam-Dinh, 1884).

Vous connaissez le fleuve Rouge : tous les explorateurs et voyageurs ont parlé de la couleur de ses eaux et de ses rives basses et fertiles; je ne m'étendrai donc pas sur ce sujet; permettez-moi cependant de vous dire qu'en France, n'importe où, on ne trouve pas de pays aussi bien cultivé que celui qui le borde.

(*Haïphong et Hanoï, les expéditions de marchandises au Tonkin*. Lettre adressée d'Hanoï à la Société de géographie commerciale de Paris, par M. CH. LETOURNEUX, négociant, 1884-85).

Quels trésors renferme le Tonkin, je l'ignore... Ce que j'ai vu, ce qui frapperait un voyageur qui regarderait simplement autour de lui en traversant ce beau pays, c'est la densité de sa population qui dénote déjà une terre fertile.

Eh bien, je me contenterai de soumettre les chiffres suivants aux partisans de l'abandon, à ceux qui pensent que le Tonkin ne peut être pour nous qu'une charge ruineuse. Ces chiffres, je les dois à M. Bonnal, l'un des résidents au Tonkin. Lorsque nous avons pris la Cochinchine, le roi d'Annam en tirait à grand'peine 15 à 1,600,000 francs ; aujourd'hui le budget s'élève à 35 millions d'après M. Bonnal, et à 42 millions suivant les renseignements puisés à bonne source par M. de Chabannes ; 42 millions qui se décomposeraient ainsi : 28 millions de budget ordinaire, et 14 millions de budget d'arrondissement. Or, la Cochinchine n'a que 1,800,000 habitants, population seulement agricole, nullement industrielle ; le pays plat et marécageux ne produit que du riz ; c'est son unique produit ; on a essayé en vain d'y faire d'autres cultures.

Au Tonkin, au contraire, et en Annam, le sol accidenté se prête à toutes les cultures intertropicales. Ce n'est pas une supposition, c'est un fait constaté. Le Tonkin offre même des produits spéciaux, comme la laque, qui ne se trouve pas sur des points plus rapprochés de l'Équateur. La population de l'Annam et du Tonkin est de 15 à 16 millions d'habitants, peut-être faudrait-il dire 20 millions. Le roi d'Annam enfin tire aujourd'hui (1884) 15 à 16 millions par le système d'impôt qu'il appliquait autrefois à la Cochinchine. Voit-on maintenant par le calcul le plus élémentaire des probabilités quel chiffre pourrait atteindre le budget du Tonkin et de l'Annam entre les mains d'une administration qui a porté les revenus de la Cochinchine de 1,600,000 francs à 42 millions, dans des conditions infiniment moins favorables que celles où elle serait placée au Tonkin !

Ainsi parle un homme d'une compétence toute particulière, M. Brau de Saint-Pol Lias, directeur des colons européens, en rendant compte d'une mission officielle, commerciale et scientifique accomplie par lui, en 1884-85, au Tonkin. Il conclut :

Voilà ce que le Tonkin nous donnera par les moyens les plus simples, sans qu'il soit besoin de vérifier s'il contient des placers d'or ou des mines de diamant, et quand même les merveilleuses richesses minières qu'on nous y a signalées seraient purement imaginaires (ce que nous n'avons aucun motif de supposer). Ce serait donc le cas de nous rappeler la fable du bon La Fontaine : *le Laboureur et ses enfants*, et de nous dire que « le trésor caché dedans » peut nous être sûrement donné par cette patience, cette persévérance, cette énergie calme, cet esprit de suite qui nous fait trop souvent défaut, et qui ont fait et continuent encore de faire la puissance et la fortune coloniale de l'Angleterre.

(*Au Tonkin, en Cochinchine et au Cambodge*, compte rendu de la mission de M. Brau de Saint-Pol Lias, 1884-1885.)

La rivière Noire me paraît appelée à un grand avenir comme exploitation agricole et forestière. La terre est très riche, le pays très peuplé, et l'on prétend que tout viendrait ici, le cacaoyer, les épices, le café, etc. L'amidon donné par le riz de ce pays est d'une qualité tellement supérieure que l'on croit dans l'avenir à un débouché énorme. Il est probable, de plus, que la rivière Noire sera une des routes vers le Laos. Et l'homme de labeur trouvera ici, chose rare au Tonkin, un pays pittoresque, montagneux, splendide de végétation, et dont les élévations lui permettront de se créer des *sanatorium* pendant les chaleurs.

(*Vingt-cinq milles dans la rivière Noire*, par G. Baudens, lieutenant de vaisseau, 1885.)

D'après tout ce que nous venons de voir précédemment, il s'ensuit que le Tonkin est un pays très riche; son sol se prête à toutes les cultures, ses nombreux cours d'eau peuvent fournir la force motrice nécessaire pour actionner un grand nombre d'usines, et, certes, elles ne manqueront pas, lorsque le pays sera en pleine exploitation. Que ne peut-on espérer d'un pays où toutes les matières premières se trouvent contenues?

(*Le Tonkin industriel et commercial*, par Calixte Imbert, négociant à Haïphong, 1885.)

Le Tonkin et l'Annam rendaient, autrefois, avant les derniers événements, plus de vingt millions, entrant dans les coffres royaux. Les cahiers des villages le prouvent; dans ces revenus ne sont compris ni les produits de la douane, qu'administraient les Européens et dont la destination était déterminée d'avance; on n'y comprend pas davantage les impôts illégaux perçus par des mandarins : par exemple, les douanes qu'au mépris des traités certains d'entre eux avaient établies de province en province. Les vingt millions, mieux perçus, sans coulage, seraient doublés, triplés, mieux encore peut-être, si ces pays étaient bien organisés, s'ils étaient administrés.

(*Discours de M. Blancsubé*, député de la Cochinchine; Saïgon, octobre 1886).

Devant la commission des crédits pour le Tonkin, en 1885, M. le lieutenant de vaisseau Hautefeuille faisait la déclaration suivante :

Cette opinion que j'ai eue dès 1873 sur le Tonkin, je l'ai encore. Le Tonkin est une terre riche et admirable ; elle donne jusqu'à trois récoltes de riz par an. On en exportera considérablement un jour, mais il faut protéger notre industrie. Les Chinois, pendant que nous leur faisions la guerre, venaient, avec des frais de déplacement quatre fois moins coûteux que pour les Français, prendre part aux adjudications.

(*Procès-verbaux de la commission des crédits du Tonkin*, déposition de M. HAUTEFEUILLE en 1885. Voir l'*Officiel* de juillet 1886.)

Sur la rive droite de la rivière Noire, dans les montagnes, j'ai trouvé, à côté de camélias de la taille de nos beaux cerisiers d'Europe, des tiges de fougère mesurant 6 mètres et plus de hauteur, des châtaigniers sauvages en grand nombre, des frênes, des peupliers, des chênes, etc., et enfin des fraisiers et des framboisiers. Toutes ces collines sont superbes ; leurs vallons, arrosés par de délicieux petits cours d'eau, rappellent ceux de nos montagnes d'Europe. Quels superbes champs à cultiver pour les travailleurs !

(*Les rives du fleuve Rouge et de la rivière Noire*, par M. CROZAT DE FLEURY ; lettre adressée d'Hanoï à la Société de géographie commerciale, décembre 1886.)

Le Tonkin sera-t-il jamais une riche colonie ? Évidemment le Tonkin n'est pas le Pérou ; mais il est certain que si la France trouve utile de faire des sacrifices pour posséder la Guyane ou le Sénégal, elle doit être très satisfaite d'avoir le Tonkin. Les Anglais, avec leur esprit de suite et leur méthode pratique, en auraient déjà tiré meilleur parti que nous... Le Tonkin, au point de vue de la colonisation, peut se diviser en trois zones : le bas Delta, le Delta central (vache à lait des mandarins) et le haut Tonkin... Terres libres, fécondes, avec des moyens de communication et de la main-d'œuvre, toutes conditions nécessaires pour l'agriculture, se trouvent réunies dans le haut Tonkin. Ce pays, fait de montagnes et de vallons encore couverts de forêts, traversé par trois grands fleuves : la rivière Claire, le fleuve Rouge et la rivière Noire, est appelé certainement, dans un avenir plus ou moins long, à attirer les planteurs et les capitaux nécessaires pour l'exploiter. On pourra y entreprendre les cultures les plus riches et les plus diverses.

(*La Vérité sur le Tonkin*, par M. LAFFITTE, directeur du *Voltaire*, 1886.)

Ce témoignage de M. Laffitte mérite doublement

l'attention : il émane d'un journaliste hostile dès l'abord à l'expédition ; il vient d'un homme de bonne foi. Ayant des doutes sur la valeur du Tonkin, M. Laffitte a donné un exemple bien rare ; il a voulu voir par lui-même, il s'est embarqué pour l'Indo-Chine. Il a vu ce pays si discuté, et comme tant d'autres adversaires du Tonkin inconnu, il est devenu partisan du Tonkin exploré. Ce sont ses impressions qu'il a loyalement résumées dans la brochure que nous venons de citer.

> Vous voudrez bien nous permettre de vous donner quelques détails sur ce beau pays si peu connu dont on écrit, dont on dit de si étonnantes choses. Par une mauvaise fortune, il sert d'enjeu aux fractions qui divisent notre grand parti républicain… Nous savons, nous voyons qu'il peut, s'il est intelligemment administré, rendre à la France les sacrifices déjà faits et ceux que nous sommes obligés de réclamer encore d'elle. (1885-86.)

C'est en ces termes que s'expriment, dans une lettre adressée aux Loges maçonniques de France, les membres de la Loge *la Fraternité tonkinoise*, qui habitent tous le pays, en apprécient les ressources et l'avenir depuis plusieurs années.

> Les évaluations que nous avons discutées dans notre ouvrage l'*Indo-Chine française contemporaine* portent à 50, 80 et 150 millions les ressources que nous pourrons tirer du Tonkin, sans pressurer les habitants. Avec le Cambodge et la Cochinchine, on aura un budget de 75 à 200 millions :

c'est là un heureux augure et une excellente présomption pour l'avenir.

(*De l'organisation de l'Indo-Chine française*, par A. PAULUS, professeur agrégé de géographie, et A. BOUINAIS, chef de bataillon d'infanterie de marine, membre de la commission de délimitation des frontières du Tonkin, 1887.)

Un correspondant de la Société de géographie commerciale de Paris lui écrit d'Hanoï, 29 mars 1887 :

Le pays est réellement d'une grande fertilité. Je ne veux pas parler des entreprises industrielles qui prospéreraient sans doute en d'autres mains que les nôtres... Ce pays-ci est certainement plein d'avenir ; son climat, sa fertilité, la diversité de ses terrains et la densité de la population sont des garanties suffisantes.

(*Bulletin de la Société de géographie commerciale*, n° 7, 1887.)

Le Tonkin, dit M. le Dr Harmand, a beaucoup plus de valeur que la Cochinchine.

En outre, le Tonkin possède une supériorité inestimable sur le sud de la presqu'île et même, remarquons-le bien, sur les pays les plus favorisés de l'Inde et de la Birmanie : c'est qu'il n'a pour ainsi dire que de la saison sèche... Il en résulte qu'au Tonkin, toutes sortes de cultures qu'on ne peut entreprendre au Bengale, par exemple, qu'au prix d'irrigations extrêmement coûteuses sont possibles avec des frais exceptionnellement bas... Puis il y a les mines...

... Pour toutes ces raisons, en faisant même abstraction du transit avec le Yunnan et les deux Quang, je ne crains pas d'être démenti par l'expérience en affirmant que *si le Tonkin est bien administré*, il nous fournira à lui seul environ 200 millions ; et il ne nous sera sans doute pas nécessaire d'attendre pour cela 20 années, comme en Cochinchine.

(*L'Indo-Chine française*, conférence faite à l'association républicaine du Centenaire de 1789, par M. le Dr HARMAND, ancien commissaire général civil au Tonkin, 1887.)

La flore de ce pays est vraiment inépuisable ; voilà plus d'un an que j'explore le mont Bavi, et je suis loin d'avoir tout découvert. Dans aucun de mes voyages antérieurs, je n'ai vu une semblable variété. A superficie égale, le Tonkin est bien certainement le pays du globe ayant la flore la plus riche, surtout si on considère la faible hauteur de ses montagnes.

(*Lettre* adressée à M. Poisson, professeur au Muséum, par M. BALANSA, savant envoyé en mission officielle au Tonkin ; datée de Fu-Phap, juillet 1887.)

Parti sans passion, j'ai essayé de regarder sans passion, sans parti pris, et je suis revenu sans passion comme sans parti pris, ayant pour les hommes qui ont accompli une part quelconque de l'œuvre nationale le respect qui appartient à tous ceux qui ont mis en avant leur responsabilité et qui n'ont pas craint de signer leurs actes...

... Voilà pour les conditions géographiques. Pays riche en somme. Vous avez le Delta de la Cochinchine et le Delta du Tonkin, d'une fertilité à laquelle aucun autre pays ne peut porter envie, ou plutôt à laquelle tout autre pays peut por-

ASPECT GÉNÉRAL

ter envie ; l'Annam, riche lui aussi, quoiqu'on l'ait considéré jusqu'à ce jour comme pauvre...

(*L'Indo-Chine française*, conférence de M. DE LANESSAN, député, revenant d'un mission au Tonkin, devant la Société de géographie commerciale, 1887.)

La région montagneuse a été la plus décriée, la plus calomniée ; puis, peu à peu la lumière s'est faite sur cette partie du Tonkin comme sur les autres. Un journal d'Hanoï, très sérieux, et comme il nous en faudrait beaucoup en France, dit à ce sujet :

Nous nous souvenons encore du temps où nos avant-postes gardaient les entrées du Delta, et où l'on élaborait à l'état-major le projet de campagne de Lang-Son, avoir lu sur un journal des mieux informés (*Figaro*) un article intitulé : *Le Tonkin où l'on mange et le Tonkin où l'on ne mange pas...* Le Tonkin où l'on ne mange pas était, suivant l'expression d'une sommité militaire dont la gloire fut éphémère, la montagne boisée et inaccessible... Aujourd'hui que la pacification est complète, nous voyons, par les renseignements surgissant de tous côtés, que le complément de la région ajouté au Delta, tant vanté, est le clou de la colonie, en ce sens que les principaux produits, qui font la richesse du commerce tonkinois, sont tirés de là, que toute une brillante perspective s'ouvre devant les nombreuses mines qui y sont renfermées.

(*Étude sur le haut Tonkin*, parue dans *l'Avenir du Tonkin*, 27 octobre 1888.)

Écoutons M. Constans, ancien gouverneur général du Tonkin, député, ministre de l'intérieur, qui connaît bien la colonie et l'Extrême-Orient ; à la Chambre des députés, voici comment il s'exprimait le 20 novembre 1888, au cours de la discussion du budget des colonies.

... Je ne me pardonnerais pas d'être monté à la tribune... sans terminer en vous donnant mon opinion sur un pays dont on a dit beaucoup de mal et dont, moi, je pense beaucoup de bien.

Je sais qu'il n'est pas de mode de dire du bien du Tonkin. Je ne crois pas qu'il faille un bien grand courage pour dire ce que l'on pense ; et le bien que je pense de ce pays, j'aurai l'honneur de le dire à cette tribune.

Messieurs, je crois que le Tonkin peut et doit vivre. Je crois qu'il ne demande qu'à se développer et qu'il se développera si nous voulons y mettre du nôtre, lui donner une administration civile et débarrassée de tous les ennuis et de toutes les difficultés qu'on lui a créés jusqu'à ce jour. Je dis que le Tonkin peut vivre, parce que je le crois riche. Toute la partie comprise dans les bras des fleuves est absolument cultivée et partout cultivable. Personne ne contestera, parmi ceux qui ont visité le Tonkin, que le Delta ne soit une grande source de richesse pour le pays. Il en est de même de l'Annam.

En dehors du Delta, vous trouvez une population beaucoup moins dense.

... Le Tonkin est en état de guerre depuis dix ans. Tous les habitants des montagnes sont descendus dans les vallées pour éviter soit les attaques des étrangers, soit les incursions des rebelles, et se sont groupés en villages nombreux aux environs des rivières et des fleuves qui leur donnent la sécurité. Voilà pourquoi le Delta a du trop-plein et pourquoi la montagne n'est pas assez peuplée. Mais il est absolument certain que lorsque les Annamites comprendront qu'ils n'ont rien à craindre de nous... ils se répandront sur les territoires qu'ils ont abandonnés, que j'ai visités, qui sont des territoires où l'on peut faire toutes les cultures, et dans lesquels on les fera certainement et avec beaucoup de profit.

... J'ai la confiance que l'œuvre entreprise, la colonisation du Tonkin, réussira pleinement ; je suis convaincu que d'ici à deux ans, si vous voulez, vous n'aurez plus à parler à cette tribune de dépenses pour le Tonkin, qui pourra se suffire à lui-même avec l'effort que fera la Cochinchine, dont vous pourrez bientôt diminuer la contribution.

Vous ne pouvez pas, dans tous les cas, mes chers collègues, incriminer le sentiment que j'exprime à cette tribune. Il est basé sur les faits : c'est une conviction profonde, j'ai la foi que le Tonkin vivra et prospérera si nous le voulons, et voilà pourquoi je me suis fait un devoir de le dire.

Je n'ai aucun intérêt à le proclamer, et vous me rendrez au moins cette justice que mon intervention dans cette affaire, dût-elle me valoir le surnom de *Tonkinois*, n'a été motivée que par mon attachement à notre colonie et le désir de voir la France mieux éclairée sur son avenir. (*Applaudissements prolongés à gauche et au centre.*)

(*Journal officiel* du 21 novembre 1888.)

Le 9 février 1889, en installant le Conseil supérieur de l'Indo-Chine, M. le gouverneur général Richaud a fait l'exposé des budgets des protectorats ; nous y relevons ce qui suit :

Nous demandons environ 20 millions à une population de plus de 8 millions d'habitants ; ce n'est pas 2 fr. 50 par habitant. En Cochinchine l'impôt moyen est de 16 francs... Nous pouvons espérer que chaque année (au Tonkin) nos ressources iront en augmentant ; mais pour arriver à nous passer du secours de la métropole, il faut que nous ayons une politique suivie, que nous pénétrions chaque jour davantage dans les rouages de l'administration annamite, que la pacification surtout soit achevée, ce qui permettra à ce peuple laborieux de tirer de ce merveilleux pays toutes les ressources qu'il offre.

(*Discours de M. Richaud*, gouverneur général de l'Indo-Chine, février 1889.)

II

PRODUITS DIVERS

Agriculture. — Mines. — Industrie. — Commerce. — Pêche.

AGRICULTURE

Renseignements généraux. — La fertilité du sol, la diversité de ses produits, sa parfaite culture sont constatées unanimement et depuis fort longtemps, ainsi que vont l'établir les citations suivantes, classées comme celles qui précèdent, dans l'ordre chronologique.

Le document le plus intéressant auquel on peut se reporter tout d'abord est l'*Aperçu* dont nous avons parlé déjà, et dans lequel ont été résumés vers 1859, les renseignements recueillis sur le Tonkin et l'Annam, par nombre de personnes autorisées. Cette étude est importante en raison de sa date, de son origine et de son extrême précision. On ne saurait donc hésiter à en donner ici d'assez long extraits.

Le riz... C'est donc le riz qui, comme chez tous les peuples de l'Extrême-Orient, est ici le grand aliment, l'aliment par excellence et le soutien de la vie... La grande quantité de riz du royaume vient dans les marécages, et certains endroits peu élevés qu'on peut irriguer à volonté, ou que l'on dispose de manière à retenir les eaux des pluies, qui sont abondantes aux mois d'août et de septembre; ces deux espèces de terrains donnent lieu aux deux principales moissons de l'année : la moisson du cinquième et la moisson du dixième mois lunaire (juin et juillet, novembre et décembre). A la fin du mois de janvier, quand les eaux de l'inondation commencent à diminuer, on remue avec la charrue les tourbes et les herbes des terrains dont on peut disposer, et l'on pique aussitôt le plant de riz que l'on a fait germer dans un endroit à part, et qui a déjà de 20 à 30 centimètres de haut. Il en faut un dixième d'arpent pour planter un arpent... On distingue beaucoup d'espèces ou qualités de riz, entre autres le riz rouge et le riz blanc ; mais surtout le riz ordinaire « luà-thé » et le riz gommeux « luà-nép. » Ce riz gommeux sert aux sacrifices et aux plats d'honneur des festins. Il sert aussi à faire du vin, c'est-à-dire un alcool dont l'usage n'est que trop répandu... Cet alcool a une certaine force à la seconde distillation, qui peut donner, je pense, 15 à 18 degrés. On en obtient de plus concentré qui sert à faire des liqueurs aromatiques, très bonnes pour la santé... Le riz se conserve longtemps avec facilité; plus il vieillit et plus il a de qualité.

Le maïs n'est pas de très ancienne date dans le pays; mais sa culture a pris de l'extension partout, dans les provinces peu favorisées de marécages et de rizières. Il est très beau, et il est devenu d'une grande ressource pour les pauvres gens... On se contente de le faire bouillir dans l'eau...

Le millet est en petite quantité; sa culture n'offre pas assez d'avantages pour qu'on l'entreprenne en grand...

Le sésame a beaucoup plus de succès, parce qu'il est beaucoup plus précieux par sa qualité huileuse, et qu'il sert à plusieurs usages; on en voit des cultures remarquables.

Les tubercules. Il y en a qui viennent sur les terrains secs et sablonneux : ce sont les *ignames*, dont on voit deux espèces, l'une rouge et l'autre jaune. Elles sont d'un bon rapport et de bonne qualité. Les 100 livres coûtent dix et quinze sous de notre monnaie... Il y a d'autres tubercules qui viennent dans les marais; l'espèce de ceux-ci, la plus répandue et la meilleure, est le « *Cù-ao* », dont un arpent se vend sur place jusqu'à 100 ligatures... Outre ces deux espèces, il y a le *navet*... Ensuite viennent les racines, dont la plus remarquable est le « *Cu-mai* »; on peut l'entretenir dans les jardins, mais elle vient dans les montagnes... Elle est très farineuse et d'excellente qualité, soit pour la simple nourriture, soit pour la médecine... Pour les *pommes de terre* d'Europe et les *patates*, les Annamites ne les connaissent pas. Au Tong-King, on a essayé d'en planter à plusieurs reprises; les essais, pour ces fruits comme pour d'autres graines, n'ont pas réussi. Quelquefois on a une première récolte, et l'année suivante rien. J'ai semé beaucoup de graines et de pépins de toutes sortes, et je n'ai jamais pu avoir un bon résultat (1)... *Légumes.* On voit soigner le *gingembre*, la *mélisse*, le *pouliot*, la *menthe*, le *safran*, la petite *ciguë*, les *oignons* et les *échalottes*, et le « *cù-riềng* », tubercule dont le goût est très âpre, très aromatique et très gommeux... On voit aussi des *moutardiers* dont on fait de bonnes salades, quelques *laitues* très rares, une espèce de *pois vert* et deux espèces de *pois ronds* (noir et vert). Dans deux ou trois localités du Tong-King, il y a de beaux *choux pommés* qu'il est impossible de se procurer ailleurs. Il y a

---

(1) Ces renseignements ont déjà trente années de date; on verra plus loin que des essais de culture maraîchère tentés depuis 1885 ont au contraire donné d'excellents résultats.

partout une grande quantité de *melons, citrouilles, coloquintes* et *mélongènes.*

Fruits. — Les Annamites ne sont pas jardiniers; cependant on trouve dans les provinces des fruits excellents et en abondance :... le fruit du *bananier* dont on voit bien huit ou dix espèces ;... des *oranges,* des *limons.*

Les oranges du Tong-King sont réputées les meilleures du monde..., c'est le fruit d'honneur pour les présents du premier de l'an. Ensuite vient le fruit du *jaquier,* espèce de laurier et d'arbre à pain... Il n'y a rien à dire, je crois, des *ananas, papayes, mangues, yeux de dragon, goyaves, carambolles, grenades, litchis* et autres fruits du pays... Pour tout fruit européen, les Annamites ont la *pêche* en plein vent, quelques *fraises* et *framboises,* quelques mauvaises *châtaignes* et des *macres.*

Thé. — Les Annamites se servent, comme leurs voisins de Chine, de plusieurs espèces de feuilles pour pallier l'eau qu'ils boivent, et ils ont, comme eux, leur thé de luxe et leur thé ordinaire. On ne peut recevoir quelqu'un chez soi sans lui offrir une tasse de thé; aussi la théière est toujours en permanence sur l'âtre de l'habitation. La grande quantité de thé de luxe qui se consomme dans le pays vient du Fo-Kien et de Canton, et coûte de 2 à 3 et 5 francs la livre; il n'y a que les riches particuliers qui boivent en certaines circonstances de la qualité de 20 à 30 francs. Les Annamites ne savent pas préparer ce produit. On ne voit chez eux, en fait de conserves de thé : 1° que le thé en pain, appelé « man-hao », qui vient des parages avoisinant le Yun-nam,... 2° le thé simplement séché au soleil,... 3° le thé en graine... Il ne faut pas oublier le bon thé vert que l'on voit cultivé avec soin dans un grand nombre de localités, surtout en Ninh-Binh, et chez les Muongs...

Huiles. — Les Tongkinois ne se doutent même pas, je crois, qu'on fasse de l'huile avec le coco... L'huile dont on se sert dans la grande majorité de la population pour l'éclairage est l'*huile de ricin ;* comme partout on en distingue deux espèces : le blanc et le violet (ce dernier ne sert qu'à la médecine). Le ricin donne une très facile, très prompte et très abondante récolte ; il vient dans les marécages comme sur les montagnes, et on en voit partout pour l'exploitation ou pour les simples besoins domestiques. La livre de son huile se vend deux sous environ, et la lumière qu'il donne est suffisante, quoique souvent jaune et fumante, comme notre résine de Bretagne. Pour l'apprêt de leurs mets, les Annamites ont l'*huile de pistache* et de *sésame* ; l'huile de sésame, un peu gommeuse, n'est pas agréable pour un usage continuel ; mais l'huile de pistache vieillie est aussi bonne, à mon avis, que l'huile d'olive.

(*Aperçu sur la géographie, les productions, l'industrie, etc., du royaume d'Annam ;* notes réunies en 1859 et publiées en 1875) (1).

La principale culture est celle du riz ; vient ensuite la soie. On cultive le mûrier dans les terres élevées,... de préférence dans le haut Delta. La culture du mûrier coïncide presque partout avec celle du coton. Partout où croît le mûrier, on élève des vers à soie, mais la vallée de Thaï-Nguyen est surtout le centre de cette industrie...

(*Voyage au Yunnan*, par J. Dupuis, 1873.)

Outre le riz, on cultive beaucoup de légumes, des patates surtout... La canne à sucre, le mûrier viennent ensuite. Les Tong-Kinois cultivent à la houe et à la herse traînée par un ou deux bœufs. Les buffles sont moins nombreux et moins indispensables qu'en Cochinchine, où le sol est formé d'une boue noire liquide, que le buffle seul peut travailler. Au Tong-

---

(1) Rééditées par M. Silvestre dans son livre déjà cité : l'*Empire d'Annam et le Peuple annamite*. 1889.

King le sol reste relativement solide, même recouvert par l'eau...

(*Souvenirs du Tong-King*, par le Dr HARMAND, 1873.)

La province de Thanh-Hoa est une des plus favorisées et des plus riches de tout le royaume annamite ... Thanh-Hoa ne manque pas de terres cultivables : le riz, le coton, le mûrier, la canne à sucre, le maïs, le thé, le bétel, etc., y réussissent fort bien ; mais cette province vit moins de l'agriculture que de l'exploitation de ses bois de construction qui couvrent tout le haut pays. Une dizaine d'espèces de ces bois sont incorruptibles et très recherchés ; dans ce nombre figure, mais non au premier rang, le bois de fer.

Dans la plaine et les vallées, on rencontre tous les arbres fruitiers du Tong-King : le bananier, le jaquier, le goyatier, le papayer, le néflier du Japon, de nombreuses espèces d'oranger, le citronnier, etc., et surtout, en abondance, l'aréquier et le cocotier. Une des productions les plus renommées de Thanh-Hoa est la cannelle, d'une qualité bien supérieure à celle que l'on récolte dans les autres provinces du royaume... Son prix n'est guère inférieur à celui de l'or, et s'élève jusqu'à 100 francs l'once.

Les forêts qui couvrent les montagnes sont peuplées de toutes les espèces d'animaux et d'oiseaux que l'on rencontre en Indo-Chine. Les principaux sont l'éléphant, le rhinocéros, le tigre, le singe, le porc-épic, etc. Les Chinois établis à la ville de Thanh-Hoa font le commerce de l'ivoire. »

(*Notice sur Thanh-Hoa*, province du Tong-King, par un missionnaire français de la Société des missions étrangères, 1875.)

Les plaines d'alluvion du Tong-King sont d'une extrême fertilité ; leur principale culture est le riz ; il s'en fait deux récoltes par an ; mais presque toutes les cultures des tropiques réussissent au Tong-King, et n'attendent pour recevoir une grande extension que l'impulsion du commerce européen. Toutes les montagnes sont couvertes de forêts immenses, où se rencontrent les plus beaux bois, tant de construction que d'ébénisterie.

(*Notice sur le Tong-King*, par ROMANET DU CAILLAUD, 1880.)

Faites d'argile, les terres du Delta contiennent à peine quelques débris d'humus, si peu qu'elles peuvent presque partout remplacer la terre à briques. Elles donnent cependant deux moissons de riz par année : étrange fertilité qu'on ne peut guère attribuer qu'aux matières amenées par les eaux d'irrigation. Elles sont en perpétuelle mutation.

(*Étude d'ensemble sur le Tonkin*, par le Dʳ MAGET, 1880.)

... Le riz avec deux récoltes par an, le maïs, l'igname, les patates douces ; la canne à sucre cultivée partout au Tongkin ; il n'est pas de maison un peu à l'aise qui n'en ait dans son jardin quelques pieds... Le tabac vient admirablement,... la cannelle se vend à peu près au poids de l'or,... l'indigo abonde,... le ricin, l'arbre à vernis, l'essence de badiane, la muscade, le poivre, les espèces diverses de bois, etc.

(*Le Tongkin et la voie commerciale du fleuve Rouge*, par M. ERNEST MILLOT, second de l'expédition Dupuis, 1882.)

Charrues et herses sont traînées par un seul buffle ou un seul bœuf attelé au moyen d'un joug en bois recourbé, relié à l'instrument par des cordes en fibres de cocotier ou plus souvent en fibres de ramie. Tous ces instruments permettent à peine de gratter le sol, et il faut que la culture du terrain soit d'une fertilité extrême pour que, dans de semblables conditions, il donne d'aussi belles récoltes que nous en avons vu partout.

(*Rapport officiel sur le voyage d'études*, fait au Tonkin par MM. H. Viénot, conseiller colonial, et A. Schroeder, entrepreneur à Saigon, 1882-83.)

Les villages ne laissent d'inculte que l'aire sur laquelle on bat le grain, l'emplacement de la maison, l'étable de la vache ou du cochon, le pigeonnier et le poulailler. Dans les champs comme dans l'enceinte du village, pas un coin de terre sans culture, une récolte succédant à l'autre; le buffle à la charrue dans la rizière, le bœuf attelé dans les terres plus sèches.

(*Communication de* M. Jacquet, négociant au Tonkin, à la Société de géographie de Paris, 1884.)

Les rizières dominent, étendant d'immenses nappes que les vents remuent comme une mer verte. Le coton, cultivé en grand, les arachides, le maïs, auquel sont mêlés des haricots, commencent à naître... Certaines cultures sont fumées avec grand soin et disparaissent sous une couche de paille de riz pourrie.

(*De Paris au Tonkin*, par M. Paul Bourde, correspondant du journal *le Temps* au Tonkin en 1883-84, 1885.)

Le riz est la principale production du Tonkin, où il se fait deux récoltes par an. Sa production annuelle se chiffre de 30 à 40 millions de piculs (le picul égale 60 k.).

(*Le Tonkin industriel et commercial*, par Calixte Imbert, négociant à Haïphong, 1885.)

La culture française trouvera dans le Nord, un champ qui se

prêtera merveilleusement à la production des fruits du Midi.

(*Richesses agricoles et forestières du Tonkin*, par M. ALAVAIL, voyer architecte de la province d'Hanoï, 1886.)

Dans le haut Delta, nous pourrions, à notre gré, faire toutes les cultures. On y pourra introduire les produits précieux des tropiques et les produits européens. On y trouvera surtout, — car c'est un pays très peu peuplé, — beaucoup de terres à défricher, et par conséquent de grands espaces libres pour la colonisation européenne.

(*Le Tonkin et son commerce*, par JOSEPH CHAILLEY, ancien chef du cabinet de Paul Bert au Tonkin; conférence à la Société de géographie commerciale, 1887.)

L'Annamite est essentiellement agriculteur, et sa culture par excellence est celle du riz... Il faut bien le dire, bien que la production du riz soit prédominante dans le pays, elle ne suffit pas aux besoins de tous les habitants... Pour combler le déficit du produit par excellence de cette contrée, celle du riz, les habitants de l'Annam et du Tonkin surtout se livrent à des cultures secondaires... Le Tonkin, l'Annam et la Cochinchine s'ouvrent à nous comme un pays dans lequel la culture secondaire pourrait être développée de façon à donner des résultats excellents. Mais il faut bien le dire, ce n'est pas là une œuvre d'un jour.

(*L'Indo-Chine française*, conférence par M. DE LANESSAN, 1887.)

Le Delta est admirablement cultivé; pas un pouce de terrain n'est perdu. Le fleuve, dans l'intervalle des crues, laisse, en se retirant, de vastes espaces libres : ils sont aussitôt ensemencés, et la récolte ne précède que de quelques jours l'envahissement des eaux. Dans la culture de ces champs si jalousement conquis, les indigènes montrent une ardeur et une vigilance infatigables. On les voit par tous les temps labourer, semer, repiquer, irriguer, et, en somme, grâce à une habilité et une expérience traditionnelles, récolter le plus beau et le meilleur riz de l'Indo-Chine.

(*Paul Bert au Tonkin*, par J. CHAILLEY, 1887.)

Bois et forêts. — La richesse forestière du Tonkin et de l'Annam est considérable; les essences sont extrêmement variées.

On trouve dans tout le royaume annamite, du nord au sud, une ligne de forêts immenses qui, en certains endroits, ne sont pas éloignées de la mer et qui partout, dans chaque province, sont desservies par de nombreux cours d'eau et des fleuves. Ces forêts peuvent fournir les plus beaux bois de la grande et de la petite construction à vingt royaumes comme le royaume annamite. Mais le plus estimé et le plus recherché... est, sans contredit, le *bambou*... On en voit à profusion partout, et l'on dirait qu'il ne suffit pas encore à la consommation; c'est le meilleur rapport en fait de plantations, et son usage est le plus universel que l'on puisse voir. Aussi quand on interroge un Européen et qu'il répond que sa patrie n'a pas cet arbre ou ce roseau, on s'étonne que l'Europe soit un pays où l'on puisse vivre. . Le bambou est très diversifié dans ses espèces. Il y en a qui vient très gros, d'un pied de diamètre et qui, quoique creux, peut disputer de force, comme soutien, avec les meilleurs bois du pays. Aussi beaucoup de maisons l'ont pour colonnes : c'est le *buong*. Il y en a qui est très épineux et très noué; il y en a de très élancé et de très lisse; il y en a qui a la peau bigarrée; il y en a enfin qui ressemble au roseau ordinaire et qui en a toutes les qualités...

Vienn nt maintenant les *bois de fer;* le *xoan* ou espèce de frêne ; le *trac*, bois d'un beau rouge ; le *jacquier* et le *thi*; l'*ébène*, le *sapin* et tous les bois que les naturels du pays désignent *in globo* sous le nom de *tap* ou mêlés. Les bois de fer ont quatre espèces... ils sont réservés au roi pour la construction de ses navires, de ses magasins, des temples et des mandarinats... Il est à remarquer que les lieux où il y a beaucoup de racines de bois de fer sont les plus malsains et qu'on ne peut s'y garantir de la fièvre et de la dysenterie, à moins d'y être né. C'est du moins ce que l'on dit dans le pays.

Le *xoan* est un bois très recherché pour les faîtes des habitations, parce qu'on le dit incorruptible...; il donne facilement une gomme qui sert à l'imprimerie et aux teintures...

Le *trac* est un très beau bois qui est en général préféré à l'ébène pour les incrustations de nacre.

Le *sapin* n'existe, je crois, qu'au Xu-nghé : il fournit à la mâture.....

Je dois encore parler du *rotin* du Tong-King. Les Chinois le préfèrent à tous les autres.

Les *joncs* se rattachent au bambou par la petite espèce *hop*... Il me suffit de parler du genre qu'on appelle *col*, qui sert à faire les belles nattes que nous admirons et les toitures d'un grand nombre de maisons du pays. Il se plante dans les terrains qui avoisinent la mer, et son produit est lucratif, d'autant qu'il sert à épuiser des terrains trop imprégnés de matières salines pour les rendre cultivables ; l'argent de cette plantation peut rapporter 40 à 60 francs par an après les deux premières coupes.

(*Aperçu sur la géographie, etc., du royaume d'Annam;*
 notes réunies en 1839 et publiées en 1873.)

Les *Notices coloniales* publiées en 1885, à l'occasion de l'Exposition universelle d'Anvers, disent :

> La zone des forêts paraît avoir, au Tonkin, une superficie considérable. Elle couvre la plus grande partie du pays qui s'étend au delà du Delta et semble ne cesser qu'en Chine.
> Tous les échantillons exposés (à Anvers) appartiennent à des essences dont les Annamites font un usage constant pour leurs constructions. Les moyens d'exploitation employés par les indigènes sont des plus primitifs. L'absence de routes, en dehors des digues du Delta, les empêche de mettre en coupe réglée la plus grande partie de leurs forêts. Des routes forestières de pénétration doubleraient immédiatement la production et permettraient d'atteindre les endroits secs où semblent se cantonner les essences les plus utiles et les meilleures pour la construction.
>
> (*Notices coloniales* pour l'Exposition d'Anvers, 1885.)

> Les richesses forestières sont, du côté de la rivière Claire, inépuisables. La région forestière et montagneuse est environ cinq fois plus étendue que celle du Delta.
>
> (*Aperçu général de l'histoire naturelle du Tonkin*, par M. Brousmiche, pharmacien de la marine, 1886.)

La cannelle. — Ceux qui connaissent l'Extrême-Orient savent combien est répandu l'usage de la cannelle et les profits que son commerce peut donner.

Cette écorce odorante, que nous employons relativement si peu en France et toujours d'une façon si discrète, entre pour une part des plus importantes dans la thérapeutique et même dans la consommation journalière des Chinois. Les pharmaciens et les médecins l'emploient à haute dose dans leurs drogues, et les gens un peu aisés s'en servent pour leur toilette et pour parfumer la doublure de leurs vêtements. Le cannelier croît surtout dans les régions montagneuses des provinces du Quang-Naï. On en trouve aussi pas mal, même à l'état sauvage, dans les provinces du Thanh-Hoa et du Nghé-An ; mais les amateurs considèrent cette dernière comme étant de qualité inférieure.

(*Lettre de l'Annam*, adressée au *Temps* par son correspondant de Tourane, décembre 1889.)

C'est la Chine qui est le grand débouché ; aussi des Chinois sont-ils venus s'installer dans les centres de production : chez les Moïs, peuplades à demi sauvages, soumises à l'Annam. Ils l'achètent à un prix excessivement bas, en l'échangeant contre des marchandises sans valeur.

On a la preuve que, dans certaines de ces transactions, le bénéfice des Chinois s'élevait à 1,500 ou 1,800 0/0. Achetée dans ces conditions, l'écorce était expédiée sur les marchés de Hong-Kong et de Canton, où elle retrouvait alors son énorme valeur marchande. Le mouvement d'exportation allait grandissant d'année en année, et les statistiques de douane sont là pour le prouver. On aura une idée de son importance lorsqu'on saura que, dans la seule année 1888, l'exportation de ce produit a atteint un chiffre de près de 500,000 kilogrammes. L'année précédente, il avait atteint déjà bien près de 300,000 kilogrammes. De semblables chiffres étonneront sans doute quelque peu le lecteur, et surtout le consommateur français, mais ils n'en sont pas moins exacts, et ils devaient un jour ou l'autre s'imposer à l'attention.

(*Lettre de l'Annam*, adressée au *Temps* par son correspondant de Tourane, décembre 1889.)

Il est utile d'ajouter que la cannelle de tout le royaume appartient exclusivement au roi, en vertu d'un usage très ancien en Annam.

La cannelle est un monopole royal, et personne ne peut la cultiver chez soi ni même s'en servir sans s'exposer à perdre sa fortune et à se faire mettre en prison; cependant on en vend à peu près partout en cachette, et Crawfurd estime de 250 à 300,000 livres anglaises le débit qui s'en fait annuellement.

(*Aperçu sur la géographie, etc., du royaume d'Annam*, rédigé en 1858, publié en 1875.)

Le gouvernement a donc songé à obtenir du roi d'Annam qu'il cède à l'administration des douanes de l'Indo-Chine le monopole de l'achat de la cannelle aux propriétaires des arbres producteurs, ainsi que celui de la vente de ce produit dans les provinces de Quang-Nam et de Quang-Naï. Une convention en ce sens a été signée en novembre 1889; elle est, croyons-nous, soumise à l'approbation du sous-secrétaire d'État des colonies.

D'après cette convention, l'administration des douanes s'engage à verser chaque année au roi une redevance de 50,000 piastres. D'ici peu, des agents de la régie française seront installés à Tra-My, près des plus grands centres de production ; c'est à eux seuls que les producteurs devront vendre la cannelle ; ils y auront intérêt ; car, au lieu de livrer leurs produits aux négociants chinois dans des échanges frustratoires, la Régie les leur achètera à un prix raisonnable. D'après les calculs faits par l'administration, on compte que le Protectorat aura là une recette annuelle de 500,000 piastres environ, soit près de 2 millions de francs, si l'on prend pour base du prix de vente de la cannelle 1 piastre 95 le kilogramme, ce qui est loin d'être excessif.

La canne à sucre. — On vient de voir déjà que la culture de la canne à sucre est très répandue au Tonkin, et qu'elle pourrait aisément alimenter l'industrie sucrière. Voici d'autres indications plus précises encore :

La canne à sucre est cultivée partout en Cochinchine et au Tonkin. Je ne sais pas s'il existe une maison tant soit peu à l'aise où il n'y en ait un petit bouquet dans le petit jardinet, pour servir de dessert après le repas et d'occupation aux enfants. Cette espèce devient très haute et très effilée. Dans quelques endroits elle est belle et forte ; mais dans la grande culture, je ne la crois pas d'un bon rapport parce qu'elle est trop sèche... Tout le sucre de la consommation est indigène; on ne s'en sert point pour édulcorer le thé et les autres boissons... Il se fait une plus grande consommation de mélasse que de sucre, parce qu'elle donne moins de travail à faire et parce qu'il est plus facile de s'en servir pour confire les mélongènes, oranges, etc... La livre de sucre coûte de 3 à 4 sous de notre monnaie, et la livre de mélasse 1 à 2. Les moyens employés pour la fabrication du sucre sont très pauvres et très misérables; cependant, le sucre qui en provient est beau et bien cristallisé... On trouve sur tous les grands marchés du sucre candi qui est très estimé...

Cette culture de la canne à sucre devrait être surveillée et encouragée par le gouvernement, puisqu'elle est connue partout; elle donnerait un des plus grands produits du royaume, et autant elle en pourrait donner, autant la Chine pourrait en absorber; mais le roi annamite n'a rien moins à cœur que d'avoir une population riche et à l'aise.

(*Aperçu sur la géographie, etc., du royaume d'Annam*; notes réunies en 1859 et publiées en 1875.)

Une preuve incontestable que le sol du Tonkin se prête à la culture de la canne à sucre, c'est que celle-ci y croit dans de bonnes conditions, à l'état sauvage. Chaque mandarin en possède quelques pieds dans son jardin.

(*Le Tonkin Industriel et commercial*, par M. CALIXTE IMBERT, négociant à Haiphong, 1885.)

La canne à sucre, dit M. le docteur Rey, cultivée partout, présente deux variétés : l'une, à tiges élevées, violacées, plantées dans tous les jardins; l'autre, à tiges jaunâtres, qui, dans le Delta, couvre de grandes surfaces sur le bord des fleuves et aroyos, et fournit le sucre consommé par la population. Les procédés de fabrication sont rudimentaires;

le rendement minime et la qualité inférieure. En raison du bas prix de la main-d'œuvre, cette culture pourrait être facilement améliorée et devenir plus productive.

(*Le Tonkin*, par le D' REY, ancien chef du service de santé du corps expéditionnaire au Tonkin, 1888.)

L'industrie du sucre est assez développée, et bien que les procédés de fabrication indigènes soient des plus primitifs, elle donne encore pour plus de 300,000 francs de produits à l'exportation. Certainement, des industriels européens, apportant un bon outillage, pourraient encore beaucoup faire dans la production de cette industrie.

(*Les Colonies françaises*, notices publiées par ordre du sous-secrétaire d'État des colonies, sous la direction de M. L. HENRIQUE, 1889.)

Le coton et le chanvre. — Le coton, s'il est cultivé avec méthode, peut donner naissance à une industrie rémunératrice.

Le *coton* du pays provient d'un arbuste de la force du chardon, que nos naturalistes connaissent sans doute. On le cultive dans toutes les provinces sur les terrains hauts et sablonneux, et il demande très peu de soin. Son rendement est très abondant et presque toujours sûr. On le sème au mois de février, et la récolte se fait aux mois de juin et juillet. Les gens du pays se servent, pour l'égrainer, d'un tourniquet à cylindre et en bois assez ingénieux..... Pour le filer ils ont le rouet simple et à un seul fuseau, de notre vieux style celtique ou gaulois.....

La pièce de coton fabriquée dans le pays, avec une laize d'un pied et demi au plus sur 10 mètres de long, coûte de 2 à 3 francs. Le fil pour la tisser ne s'achète pas moins de

1 fr. 50, et il faut une bonne journée de travail avec les métiers que l'on a.....

Ainsi donc, au résumé, le coton est abondant et de bonne qualité. Sa culture est facile et sûre, mais la filature et le tissage sont de peu d'importance. Les Chinois et les Européens feront bien d'enlever aux Annamites tout leur coton brut, qui peut occuper à l'année de nombreuses filatures, ou de leur donner des moyens de travailler mieux qu'il ne le font.

Pour le *chanvre*, ils n'en ont que comme objet de luxe, comme les filets dont on se sert pour porter les voyageurs et qu'on trouve à acheter au Xu-nghê. Les marins n'en connaissent pas l'usage pour leurs cordages, et c'est à peine si les pêcheurs en font quelques ficelles pour leur art.

(*Aperçu sur la géographie, etc., du royaume d'Annam;* notes réunies en 1859 et publiées en 1875.)

Le coton réussit merveilleusement dans ces fertiles alluvions exposées aux brises de mer, et dont la nature et la situation sont analogues à celles de la Louisiane et de la Caroline.

(*Le Tongkin et la voie commerciale du fleuve Rouge,* par M. Ernest Millot, second de l'expédition Dupuis, 1882.)

Le Tonkin produit du coton en assez grande quantité; son sol, meuble et composé de fertiles alluvions exposées aux brises de la mer, s'y prête d'une façon admirable.

(*Le Tonkin industriel et commercial,* par Calixte Imbert, négociant à Haïphong, 1885.)

Peu cultivé actuellement, le coton est certainement appelé à tenir une grande place sur les marchés du Tonkin. Sa culture doit attirer tout particulièrement l'attention de nos compatriotes. Il peut être planté dans la plupart des terrains du Delta; c'est surtout vers la rivière Noire, vers Tuyen-Quan, Thaï-Nguyen, dans la province de Bac-Ninh et une partie du Bay-Saï que les plantations seraient le mieux placées.

En un an, le port d'Haïphong a exporté 526,000 kilogrammes de coton, vendu sur place au prix moyen de 60 à 65 francs le picul (63 kil.)... Il est à souhaiter que la filature et le tissage mécaniques viennent s'implanter au Tonkin. La production actuelle pourrait alimenter 6 à 7,000 broches. C'est là une des industries sur lesquelles on doit fonder le plus d'espérances.

(*Les Colonies françaises*, notices publiées par ordre du sous-secrétaire d'État des colonies, sous la direction de M. L. HENRIQUE, 1889.)

On trouvera plus loin les intéressants calculs établis par M. Perret, en vue de la création d'une filature au Tonkin. Il a poursuivi ses études sur place et les a fait porter sur la production du coton, la main-d'œuvre, le matériel, l'exploitation et les débouchés.

La ramie. — M. Crozat de Fleury a été chargé, il y a déjà plusieurs années par le ministre de la marine et des colonies, d'aller en Extrême-Orient étudier les plantations et le décortiquage de la ramie Il vient d'y arriver encore avec une nouvelle mission touchant le même objet. « C'est, dit M. Napoléon Ney, l'homme qui connaît le mieux la ramie. » Dans ses écrits, il conclut à l'application d'un système particulier.

Ma proposition consisterait à diviser et à généraliser cette culture dans tout le pays, en demandant aux occupants de chaque case d'avoir, *ne fût-ce que quelques mètres carrés* plantés en ramie, de façon à pouvoir chaque jour, aux moments perdus, aller couper quelques tiges et les décortiquer sans pour cela s'imposer le moindre surcroît de travail.

Au Tonkin, grâce au climat spécial dont jouit cette partie de l'Indo-Chine française, la ramie pousse d'un bout de l'année à l'autre, sans aucune interruption... D'ici trois ou quatre ans au plus, en procédant comme je le propose, le Tonkin pourrait très facilement et à son grand avantage produire un *minimum* de 50,000 tonnes d'une matière première n'ayant jamais valu moins de 0 fr. 90 le kil. sur nos marchés européens, et qui a été vendue 1 fr. 80 et même 2 francs... Dans le cas de la mise à exécution de mon deuxième projet, encaissement annuel de 60 millions de francs, représentant une production de 200,000 tonnes de ramie, production annuelle dont je me fais fort de pouvoir démontrer la possibilité.

(*La Ramie au Tonkin*, par M. Ch. Crozat de Fleury, 1887.)

Cette question de la ramie préoccupe vivement le monde industriel et agricole; aussi croyons-nous devoir ajouter sur ce point quelques indications. La ramie s'emploie avec avantage à la place du chanvre, du lin et du coton.

On estime à 1,200 millions la valeur des importations

annuelles que reçoit la France en divers produits et matières textiles. Il est donc permis d'assurer qu'au moins un quart de ces matières pourra être remplacé par la fibre de la ramie. C'est donc un chiffre de 300 millions de francs que la France peut annuellement consommer, ce qui représente 1 million de tonnes de lanières de ramie pour l'industrie française seulement. On le voit, le marché de la métropole seul peut, sans encombrement, consommer plus de ramie que de longtemps nos colonies toutes ensemble n'en peuvent produire.

(*Rapport adressé à l'administration des colonies*, par M. FAWTIER, chargé de mission, juin 1887.)

Quant aux avantages pécuniaires qu'elle peut procurer :

... En Extrême-Orient, au Cambodge, au Tonkin, la ramie est en pleine valeur au bout d'une année, et rapporte un minimum de cinq à six coupes par an, toujours dépassé.. En déduisant les frais de location, de plantation, de culture, de récolte, de décortication et tous les frais généraux, il reste un bénéfice par hectare de 2,000 francs.

(*La Ramie*, communication faite à la Société de géographie commerciale, par M. Napoléon NEY, 1887.)

On voit par là l'intérêt qu'il peut y avoir à introduire dans notre colonie du Tonkin cette nouvelle plante, objet encore de quelques recherches, il est vrai, mais capable de fournir à nos industries les fibres textiles dans d'excellentes conditions.

La soie. — La sériciculture est très ancienne au Tonkin ; elle n'a cessé d'y être prospère.

Il se fait quantité de soie au royaume du Tonkin, et tous ceux du pays, tant riches que pauvres, s'en font des habits.

Les Hollandais, qui pour leur négoce se fourrent partout où il y a des gains à espérer, en enlèvent tous les ans une telle quantité qu'à présent elle fait la plus grande partie de celles qu'ils négocient au Japon, au lieu qu'auparavant ils allaient prendre les soies de Perse, de Bengale ou de la Chine. Ils en prennent bien aujourd'hui dans tous ces lieux-là, mais ils les transportent en Hollande.

(*Voyage de Tavernier*, 1650; publié dans *le Cosmos*, 1883.)

La soie, écrivait le Tonkinois Baron dès 1685, est une des richesses de la contrée ; l'élève des vers à soie ne s'y fait pas avec moins d'habileté qu'en Chine. Une partie des soies écrues est envoyée au Japon. Cette industrie y est si développée que les pauvres comme les riches sont vêtus d'habits de soie. La soie est le seul produit d'exportation ; les Portugais et les Castillans avaient d'abord accaparé ce commerce, mais aujourd'hui ce sont les Hollandais et les Chinois qui portent au Japon la soie écrue.

(*Relation de Baron*, écrite en 1685, parue en 1732.)

De son côté *l'Aperçu* rédigé en 1859, avec un si grand souci de l'exactitude et des détails, donne les indications que voici :

La soie. — Le Père de Rhodes s'étonnait, dès l'année 1624, de l'abondance de la soie au Tong-King et à la Cochinchine, abondance telle que la soie servait à faire des filets pour la pêche et les cordages de galères. Depuis lors, je ne crois pas que cette abondance ait diminué en rien ; je serais même porté à croire qu'elle a augmenté en raison de la population, qui est certainement devenue plus considérable. Non seulement la soie sert à faire beaucoup de filets pour la pêche, mais encore elle sert à faire les tentures de luxe, à confectionner les moustiquaires, à produire à peu près tout le fil de la consommation pour les besoins ordinaires, et à donner au moins la moitié des habillements du pays, sans compter que son exportation est encore considérable, soit à Canton, soit au Yun-Nan, soit à Singapore.

Toutes les maisons un peu à l'aise nourrissent des vers à soie, surtout en Cochinchine et sur les plateaux élevés du Ton-King. J'ai vu des maisons de particuliers ayant des chambres fort grandes, consacrées à la magnanerie et où le jour et l'air étaient ménagés avec soin, par le moyen d'ouvertures et de tapisserie en papier clair et transparent ; ces maisons faisaient quinze et vingt livres de soie par an... Il paraît qu'à certaines époques le ver à soie est très impressionnable et qu'il faut le garantir d'un certain courant d'air qui lui est mortel ; c'est une préoccupation, et l'on n'y réussit pas toujours. Pour le nourrir on a dans le pays une grande quantité de mûriers.

La pièce de soie (avec une laize d'un pied et demi au plus sur dix mètres de long) coûte dans le pays 3 à 5 francs, et je parle du tissu le plus simple et le plus clair. Il y en a un peu plus serré, qu'on appelle « dâu-tu-là » (tête de soie), qui coûte de 6 à 8 francs ; il n'est pas inférieur à nos gros tissus de soie et il fait un très bon profit.

Il y a aussi des tissus à ramages et à fleurs, des satins, des brochures de « sôi », des tissus mêlés d'or et d'argent, du crêpe, quelques velours. La quantité n'en est pas trop considérable, mais la façon en est remarquable et pourrait faire, pour quelques-uns, la fortune de nos tisseurs de Roubaix.

C'est ce que nous appelons foulard et doublure qui fait la

grande consommation, et il y a peu de maisons où il n'y ait plusieurs femmes qui n'en fabriquent.

(*Aperçu sur la géographie, etc., du royaume d'Annam*, notes réunies en 1859, et publiées en 1875.)

La végétation y est constante, et les cultures industrielles peuvent en général se poursuivre toute l'année ; c'est ainsi qu'on y fait des éducations de vers à soie, toute l'année, et généralement deux récoltes de riz, l'une en hiver, l'autre en été. Dans certains terrains élevés, la culture du coton en été, et le riz en hiver... La soie actuellement produite au Tonkin est de mauvaise qualité ; j'estime qu'on pourra en tirer meilleur parti en perfectionnant la filature des cocons, mais ces cocons eux-mêmes sont de mauvaise qualité, et susceptibles de perfectionnement par une culture mieux entendue du mûrier et une éducation plus raisonnée des vers.

(*Rapport de* M. PAUL BURNAT, chargé d'une mission commerciale au Tonkin en 1884, par les Chambres de commerce françaises, 1885.)

...Je vous parlais tout à l'heure des belles soies qu'ils tissent. Ces soies proviennent de milliers de vers à soie qu'ils élèvent, et non seulement ils en récoltent suffisamment pour leur usage, mais ils en exportent encore passablement en Chine.

(*L'Indo-Chine française*, conférence par M. DE LANESSAN ; 1887.)

La quantité de soie que l'on peut tirer du Tonkin est immense ; les montagnes, les mamelons plantés en mûriers, produiraient des milliers de kilog. de soie ; ce serait la richesse la plus certaine du Tonkin.

(*La soie au Tonkin*, étude de M. E. ARNAL, dans l'*Avenir du Tonkin*, 12 mai 1888.)

Il est difficile d'apprécier la quantité de soie employée dans le pays, mais on peut admettre aisément que plus d'un tiers de la population s'habille avec ces étoffes. L'exportation en prend encore cependant pour une valeur considérable ; plus de 500,000 francs en étoffes, plus de deux millions de soie grège, 230,000 francs de soie filée, 600,000 francs de soie redévidée, et 85,000 francs de déchets.

(*Les Colonies françaises*, notices publiées par ordre du Sous-secrétaire d'État des Colonies, sous la direction de M. Louis HENRIQUE, 1889.)

Nous verrons tout à l'heure le parti que l'industrie et le commerce d'exportation peuvent tirer de ce produit si abondant.

Autres cultures. — Les végétaux au Tonkin sont d'une extrême variété, et le sol se prête à merveille à tous les essais d'acclimatement ; c'est dans le but de poursuivre des expériences de ce genre, que Paul Bert a créé une sorte de jardin spécial où diverses cultures sont essayées sous la haute direction de M. le professeur Balansa.

Chaque course me ménage de nouvelles surprises, écrit ce dernier, quoique j'aie déjà recueilli sur ce point 2,000 phanérogames. Je ne crois pas que dans le monde entier, à conditions égales, on trouve une localité offrant dans sa flore une semblable variété..... Je suis seul à Fu-Phap. Le protectorat m'a chargé de faire les essais de culture dans la région du Bavi. Trois fermes, ou plutôt trois champs d'expérimentation ont été créés. Je suis satisfait des résultats acquis. Les quinquinas surtout semblent vouloir bien s'acclimater sur les pentes de la montagne. J'en ai cultivé deux espèces... Ils poussent à souhait. J'ai environ 200 pieds de la première espèce, la plus riche en quinine qui existe. Si l'année prochaine, comme tout le fait supposer, les espérances ne sont pas déçues, on pourra facilement, près de ma *closerie* de quinquina, par 600 mètres d'altitude, dans des terrains d'une grande fertilité, faire une plantation de 400,000 pieds. Je m'occupe beaucoup actuellement des divers *Bœhmeria* pouvant donner des fibres textiles. Le Tonkin est riche en espèces de ce genre.

(*Les Végétaux au Tonkin,* par M. BALANSA ; Fu-Phap, décembre 1887.)

Ma mission au Tonkin, écrit-t-il encore, est loin d'être terminée ; plus j'avance, plus le champ d'exploration semble s'étendre. Outre l'étude de la flore du pays, je dirige encore à Fu-Phap les cultures que le regretté Paul Bert a introduites dans le pays. Je suis satisfait des résultats obtenus. Les quinquinas, les caféiers, les thés (ces derniers cultivés, au reste, depuis un temps immémorial dans le pays) ne tarderont pas à fournir des produits à l'exportation. Je m'occupe maintenant de la ramie. Il y a ici plusieurs espèces croissant spontanément, et c'est plutôt orties du Tonkin qu'orties de Chine, que l'on devrait nommer cette plante textile.

(*Lettre de M.* BALANSA à la Société de Géog. commerciale, datée de Fu-Phap, avril 1888.)

L'*indigo* est abondant en Xu-Nghé, et ce que j'en sais, c'est que le commerce en est lucratif, qu'il est vendu en boules de la grosseur d'une bille de billard, c'est-à-dire à son état le plus brut ; qu'il est regardé comme inférieur à celui de l'importation chinoise, et qu'il sert pour presque toutes les teintures du pays.

...Les productions en rapport avec l'hygiène sont toutes *les plantes médicinales*, et pour s'en rendre très bien compte, il faudrait prendre en main la flore annamite que l'on trouve à la fin du dictionnaire que M⁰ʳ Taberd a fait imprimer à Calcutta. Le pays est riche pour la médecine, et les Chinois l'exploitent largement... *Le gingembre* sert à toutes les potions du pays comme assaisonnement nécessaire.

Comme luxe de la vie, nous avons partout *le bétel* et *l'arec* ; quelques *farines* ; quelques *essences*, comme : *laques, aloès, camphre, cire, encens, opium* ; quelques produits de fabrique ; *du tabac, des fleurs*, etc.

On appelle « manger du *bétel* », se servir d'une feuille de ce nom, qui ressemble au lierre, qu'on râcle avec un peu de chaux, et qu'on mâche avec un quartier de noix d'arec... Il n'y a pas un Annamite qui n'en ait dans une petite bourse à cet usage, ou dans le nœud de son mouchoir, de sa ceinture... Aussi on plante beaucoup de bétel, beaucoup d'aréquiers... On peut comparer la culture de cette liane à celle de la vigne, ou mieux encore à celle de la vanille, qui est de son genre et de son espèce. Les jardins à bétel sont faits au moyen d'échalas et d'une toiture que l'on met ou que l'on ôte suivant les saisons.

...Le produit de dix à quinze pieds carrés d'un terrain planté de bétel donnerait bien, dans de bonnes conditions, de 80 à 100 francs de rente par an. La feuille se cueille au fur et à mesure du besoin que l'on a, pour se faire un peu de monnaie... elle ne peut se conserver fraîche plus de sept à huit jours; après elle ne vaut plus rien.

Pour *l'aréquier*, c'est un arbre qui s'élève à une belle hauteur, et qui est du genre du dattier et du cocotier... c'est sa grappe qui donne la noix qu'on mange avec le bétel... Un aréquier met cinq à six ans à venir avant de donner un rapport ; mais alors on peut compter, en moyenne, sur un franc de revenu annuel par aréquier.

...Les Annamites le plantent autour de leurs maisons.

Un arbuste très abondant dans les hauteurs de Doaï, le rhus verni, donne *la laque*, dont les Chinois exportent la plus grande partie, quoiqu'on en fasse une immense consommation dans le pays. La laque du Tong-King est excellente et préférée à toutes les autres. Mélangée avec l'huile, le so'n ou vermillon et l'or, elle donne ces beaux vases, ces belles boîtes rouges et à illustrations du Tong-King, qui font l'admiration des voyageurs.

...C'est un des beaux revenus du pays, et l'un des plus nécessaires dans l'état actuel des choses.

L'aloès n'est guère récolté qu'en Cochinchine...

Le camphre du pays est mal soigné et on ne sait pas le porphyriser pour en obtenir un beau cristal...

La cire ne sert pas aux Annamites pour l'éclairage..., elle vient du Laos et de quelques provinces du nord-ouest et du midi... elle coûte du reste plus cher qu'en Europe...

L'encens se vend dans tous les grands marchés du Tong-King...

L'opium est acheté des Chinois qui l'apportent en grosses boules du Yun-Nan; cette boule, pesant à peu près dix à douze livres, se vend environ 300 francs... Les Chinois, au lieu de prendre seulement la substance laiteuse, huileuse et gommeuse du pavot comme les Anglais, font tout cuire ensemble : pieds, racines, graines et feuilles...

Le tabac est en général mal séché, mal récolté et mal fermenté pour l'usage du fumeur... Le meilleur que l'on puisse se procurer dans le pays est celui qui vient des frontières du Yun-Nam, et qu'on appelle le tabac « sông-ngau »; il est excellent. Les femmes du pays ne le fument qu'en cigarettes, en petites boulettes d'une ou deux bouffées seulement, que l'on met sur la petite ouverture d'un vase plein d'eau qui a un trou à sa paroi pour aspirer la fumée. Je veux parler de la pipe-écuelle (diêu-bat), la plus en usage, et objet de luxe pour les citoyens ou citoyennes riches...

(*Aperçu sur la géographie, etc., du royaume d'Annam*, notes réunies en 1859 et publiées en 1875.)

Un pharmacien aide-major a fait, en 1887, à Lang-Son, des essais de culture de pavot.

Les pieds ont donné en moyenne 3 centigrammes d'opium sec par capsule ; ce qui, pour l'hectare, donne : 10,000 multipliés par 60 soit 600,000 pieds, qui multipliés par 3, donnent 18 kil. d'opium. Le prix de l'opium étant en France de 80 à 85 francs, on a 18 $\times$ 80, soit 1,440 francs à l'hectare en deux mois.

(*Avenir du Tonkin*, 9 juin 1888.)

Les cultures secondaires ont du reste préoccupé beaucoup d'explorateurs et de fonctionnaires. Voici par exemple M. Halais, administrateur d'Hanoï, qui appelle l'attention sur la culture maraîchère :

Les produits de la culture maraîchère, dit-il, sont assurés d'un écoulement rémunérateur et immédiat. La colonie européenne manque véritablement de légumes ; aucun Européen ne s'occupe de cette culture. Cependant les légumes se vendraient à merveille, ainsi que les fleurs... N'y a-t-il pas là de quoi tenter quelques-uns de nos cultivateurs ? Ils trouveront aux portes d'Hanoï, dans une région très saine, du terrain à 0,20 centimes le mètre carré.

(*Communication de M. HALAIS, résident de France, au Bulletin des renseignements coloniaux*. 1889.)

Dans la vice-résidence du Haï-Ninh, près de la province chinoise de Canton :

Toute cette région est admirablement fertile et bien cultivée..... Le riz, le maïs, le mûrier pour les vers à soie, les patates, les cannes à sucre y viennent parfaitement. On trouve de très belles essences de bois; beaucoup de montagnes situées sur les bords des cours d'eau en sont couvertes, ce qui rend l'exploitation facile. Enfin l'arachide, dont on se sert pour faire de l'huile, est cultivée sur une vaste échelle.

(*Les Annales économiques*, étude de M. DE GOY, vice-résident de France au Tonkin, 1889.)

Dans la province de Lang-Son :

Comme fruits, on trouve tous ceux du Delta : la banane, le letchi, l'ananas, la mandarine, le citron; nous avions en outre à Lang-Son, des poiriers, des pêchers et surtout des pruniers dont les fruits crus étaient peu agréables, mais cuits avec du sucre donnaient une compote excellente.

(*Onze mois de séjour à Lang-Son*, par le docteur F. DIACRE, 1888.)

En s'en référant aux divers travaux des savants et des botanistes, on peut citer encore parmi les produits végétaux ou agricoles du Tonkin :

Les légumes, les plantes maraîchères qui, pendant la saison fraîche, poussent presque toutes avec vigueur et produisent un rendement considérable (*Rey et Brousmiche*); les ressources alimentaires suffisantes et variées : bœufs du Than-Hoa, petits mais de bonne qualité; porcs très communs et dont la chair se digère plus facilement que celle du porc d'Europe ; volailles dont les villages regorgent; œufs à bas prix ; gibier d'eau et poissons abondants.

M. le gouverneur général Richaud dit, lui aussi :

Depuis que la période de guerre est terminée, le Tonkin demande de moins en moins à la Cochinchine le riz nécessaire à la nourriture de ses habitants. Les renseignements que je reçois de la récolte de cette année nous donnent l'assurance que, dès l'année prochaine, il pourra presque se suffire...

... Dans ces régions (montagneuses) et dans celles du côté de Lang-Son, toutes les cultures peuvent réussir. Le coton y pousse à l'état sauvage. Les rares habitants qui y sont, font des haies avec les caféiers; le pavot à opium y a été tenté et il y réussit admirablement.

(*Discours de M. le Gouverneur général* RICHAUD *au Conseil colonial,* 1888.)

Au commencement d'août 1889, le journal *l'Estafette* a publié une intéressante conversation d'un de ses rédacteurs avec un « fonctionnaire fraîchement débarqué du Tonkin ». Bien que ce récit renferme des renseignements très curieux, nous ne le citerions pas ici, si nous n'étions autorisé à dire qu'il est véridique et que le fonctionnaire dont il s'agit est l'honorable M. Dumoutier, l'actif organisateur de l'enseignement public au Tonkin.

Nous avons un sol qui ne demande qu'à produire. Je vous citerai par exemple un de nos compatriotes qui est en train de faire fortune par la seule culture des haricots et des pommes de terre. On pourrait multiplier ces sortes de cultures. L'approvisionnement de l'armée constituerait déjà un sérieux débouché.

On cultive aussi, avec succès, la canne à sucre. La fabrication des rhums a été tentée avec plein succès. Vous en pouvez goûter à l'exposition de M. Denoc, au palais du Tonkin.

Nous récoltons beaucoup de thé. Il suffit, pour tirer parti du produit, d'apprendre aux Annamites à le mieux préparer.

(*L'Estafette*, n° du 3 août 1889, conversation avec un fonctionnaire venant du Tonkin.)

L'opinion de M. A. Perret, un industriel du Tonkin, est identique :

Il est à remarquer qu'au Tonkin, presque tous les légumes de France se cultivent avec succès, alors qu'en Cochinchine, il n'a pas été possible de les acclimater..... Le sol est d'une fertilité extraordinaire et produit, sans qu'il soit nécessaire de lui donner autant de travail et surtout autant d'engrais, que nous en donnons en France.

(*Le Globe*, étude de M. A. Perret, 1889.)

MINES

Premières constatations. — Les missionnaires et les premiers voyageurs qui ont écrit sur le Tonkin signalent tous la richesse de ses mines.

L'expédition du Me-kong a recueilli, sur ce point, des renseignements intéressants, desquels il ressort que tout le bassin du fleuve Rouge, tant en Chine qu'au Tonkin, abonde en gisements de toute nature.

Dès 1685, notamment, Baron déclare que :

Il y a au Tonkin des mines de fer et de plomb; elles fournissent la quantité nécessaire à tous les usages.

(*Relation de* BARON, écrite en 1685, parue en 1732.)

Mais il serait trop long de remonter jusqu'à cette époque, et nous arrivons immédiatement à des documents plus récents :

.....J'aurais pu parler du mercure qui suinte en plusieurs endroits, dans la province de Haï-Duong; j'aurais pu parler encore des marbres et des ambres des terrains nouvellement formés; mais tout cela est peu de chose comparativement à la richesse géologique du haut plateau des montagnes, qui regorge d'or, d'argent, de cuivre, de zinc, de fer, de plomb et de charbon de terre. A en croire les Tonkinois, et ils ont raison, il n'y a pas de pays plus riche que le leur, et au sein de la pauvreté ils s'en font une gloire. Du reste, c'est un trésor qu'ils gardent au *grand Dragon*, et auquel ils ne touchent pas de peur de couper la veine royale, comme ils le disent dans leur langage superstitieux. Autrefois, les Portugais et les Espagnols ont chargé leurs navires des différents métaux du Tong-King, qu'ils exploitaient par plusieurs voies différentes; à présent, ce sont exclusivement les Chinois qui se chargent de l'exploitation des mines pour le service de Sa Majesté, dens les endroits où il n'est pas trop à craindre, à ce qu'il paraît, de couper la veine royale, c'est-à-dire de briser la destinée de la dynastie régnante.

Ces mines d'or et d'argent étaient exploitées, d'après Marini, dès l'époque de 1625 à 1630, et un auteur (Crawford) fait monter le produit annuel de l'argent seulement à 100 piculs ou 6,000 kilogrammes.

... Pour le cuivre, j'en ai vu au Xu-Thanh, près de K'luim, pays natal de la famille Lê, une mine, qui, d'après les gens du pays, aurait bien un gisement de deux lieux de tour, et dont j'ai vu de beaux produits dérobés à la vigilance des mandarins et travaillés en forme de vases pour l'usage domestique. Le métal en paraît naturellement très pur et d'une belle couleur, plutôt jaune que rouge. Du reste, je ne signale cette mine que pour la connaître particulièrement ; tous les vases du pays, chaudrons, cuvettes, cafetières, crachoirs, etc., sont en cuivre, ce qui prouve qu'il doit y en avoir une grande quantité, et qu'il doit être d'un travail facile, vu les faibles moyens de l'industrie annamite.

On dit que dans les montagnes, il y a du charbon de terre en abondance, et c'est en effet la ligne que les Anglais exploitent en Birmanie ; tous les forgerons du pays s'en servent, et je crois qu'il est très bon marché.

(*Aperçu sur la Géographie*, etc., *du royaume d'Annam*, document officiel fait en 1858, publié dans *le Courrier de Saïgon*, 1875-76.)

Dans le récit de son premier voyage, Dupuis fournit des indications identiques.

A Touen-Hia, nous vîmes des mines de cuivre qui s'étendent jusque dans le fleuve Rouge. On nous dit qu'il existe beaucoup de mines d'or chez les Muong, sur la rivière

Noire. On compte treize mines très riches, dont six sont exploitées par les Muong... Le pays des Muong comprend toute la partie située entre le fleuve Rouge et le Mekong, des possessions annamites à la province du Yun-Nan... Dans les environs de ce centre de population, il y a des mines d'or très riches qu'on exploite, et dont les produits sont échangés contre des étoffes ou toute autre marchandise importée par les Chinois.

(*Voyage au Yun-Nan*, par J. Dupuis, 1873.)

Il est certain qu'il y a du charbon au Tong-King, dans la province de Bach-Ninh. Les autorités annamites connaissent bien les propriétés de la houille, et ces mines auraient été exploitées autrefois; mais, depuis, on les aurait fait combler, de peur que la cupidité insatiable des Européens ne fût tentée par ce combustible si précieux pour la marine. Je n'ai pas besoin d'appeler votre attention sur ce fait.

(*Souvenirs du Tong-King*, par le Dr Harmand, 1873.)

Les richesses minérales du Tong-King ne sont pas moins considérables. Le marbre y abonde; parmi ces marbres, il en est une variété fort belle, que les Annamites appellent « pierre à fleurs ». A côté de ce marbre précieux, il faut citer l'ambre et les pierres précieuses, parmi lesquelles la plus commune est la cornaline. On rencontre également beaucoup de sources thermales, surtout dans le Nho-Quan. Le Tong-King est peut-être un des pays les plus riches en métaux qui soit au monde. Le fer se rencontre... le plomb, le zinc, l'étain, dans le voisinage de la Chine; le cuivre dans les mêmes régions... Il y a des mines de mercure... des mines d'argent. L'or n'est pas moins abondant, à en croire la liste des tributs qu'au viie siècle, les diverses provinces du Tong-King payaient à l'Empire de Chine.....
Enfin, le Tong-King possède encore des mines de charbon;

on cite celle de l'île Hon-Gay, à l'est de Quan-Yen, comme étant actuellement en exploitation.

(*Notice sur le Tony-King,* par ROMANET DU CAILLAUD, 1880.)

On a dit que l'Extrême-Orient fournirait un jour à l'Europe le charbon qui lui manquera. Il est certain que le charbon existe presque partout en Chine. Le baron de Richthofen avance même que la Chine est le premier pays houiller du monde, évaluant à 3 millions de tonnes la quantité de charbon qu'elle peut fournir par année. Les gisements anthracifères du Chan-Si donnent déjà un million de tonnes dans le même temps. Le Tonkin participera sans doute à l'aubaine, car on y signale le précieux combustible en plusieurs points.... Le long du haut fleuve Rouge, les Chinois, malgré les entraves du gouvernement annamite, travaillent, non sans profit, à quelques gisements d'or et de poudre d'or.

(*Etude d'ensemble du Tonkin*, par le Dr MAGET, 1880.)

La mission Fuchs. — En 1881, la question des mines fit un pas décisif; le gouvernement résolut de faire étudier par des hommes spéciaux et d'une compétence reconnue, celles que l'on signalait un peu partout. A cet effet, il délégua M. Fuchs, ingénieur en chef des mines, et M. Saladin, ingénieur civil des mines, sur la demande de M. Le Myre de Vilers, alors gouverneur de la Cochinchine. La mission Fuchs avait pour but limité « l'exploration des gîtes de combustibles reconnus ou soupçonnés au Tonkin et dans certaines parties de l'Annam, et l'étude éventuelle des gîtes métallifères de ces régions. »

Auparavant, les mines du Tonkin avaient été l'objet d'observations ou de renseignements précis, recueillis notamment par M. Doudart de Lagrée, Francis Garnier, Dr Harmand, J. Dupuis, Petiton, Sauvage et de Richthofen, Caspari, ingénieur hydrographe, Pavie, de Villeroy, de Kergaradec, Mourin d'Arfeuilles, capitaine de frégate, Escudier, capitaine de frégate, etc., etc.

La mission de M. Fuchs dura de novembre 1881 à fin de mars 1882. Ses observations sont consignées dans un long et minutieux rapport qui ne compte pas moins de 118 pages, et auquel sont jointes de nombreuses cartes géologiques. Ce rapport a été publié dès l'année 1882. A partir de ce moment, la présence de gisements houillers et métallifères au Tonkin était un fait notoire et incontestable — ce qui n'empêcha point du reste les adversaires de la politique coloniale de la contester. Le rapport de M. Fuchs est absolument scientifique. Nous croyons devoir en citer d'assez longs extraits, car, avec celui de M. Sarran qu'on verra plus loin, il fait autorité en la matière.

Les gîtes aurifères de l'Indo-Chine sont connus depuis longtemps, et il y a déjà bien des siècles que les populations riveraines des grands fleuves et de leurs tributaires se livrent au lavage des alluvions aurifères, charriées par la presque totalité des cours d'eau de la péninsule.

Au Tonkin, nous avons exploré nous-même la région de de Mi-Duc, signalée pour sa richesse aurifère, et malgré, le mauvais vouloir absolu des fonctionnaires annamites, malgré la terreur des populations, nous avons pu nous faire une idée des conditions de gisements du métal précieux. Nous avons constaté que les alluvions aurifères étaient assez nettement concentrées dans une série de bassins.... Nous avons parcouru pendant plusieurs jours trois de ces grandes dépressions, et nous avons fait faire dans chaque cours d'eau de nombreuses battues, en prenant sans distinction aucune. La presque totalité de ces battues a été productive et nous a donné une proportion plus ou moins considérable de petites paillettes d'or, souvent à peine visibles à l'œil nu.

Quant aux quartz, nous n'avons pu recueillir qu'un petit nombre d'échantillons sur place..... ils ne présentaient même à la loupe aucune trace d'or visible; leur analyse, faite à l'École des Mines, a pourtant révélé les teneurs fort élevées de 40 grammes d'or par tonne pour les quartz pris sur place, et 26 grammes par tonne pour les galets des ruisseaux.....

Le bassin houiller du Tonkin forme une bande presque continue... et reconnue actuellement (1882) sur une largeur de près de 60 milles, soit 111 kilomètres environ, parallèlement à la côte. Les régions houillères les plus intéressantes et les mieux connues sont les bassins de Hone-Gâc et de Ke-Bao, dont nous avons fait une étude spéciale.

Les charbons du Tonkin appartiennent à quatre types distincts..... En résumé, les analyses montrent que les charbons des gîtes constituent des combustibles de bonne qualité, susceptibles de se prêter aux usages industriels les plus divers.

Des essais industriels de ce charbon ont été faits dans une usine des environs de Paris, ainsi que des analyses variées. MM. Fuchs et Saladin concluent ainsi de ces expériences :

En résumé, les charbons du Tonkin, tant par leur composition chimique, que par les résultats qu'ils donnent à l'essai industriel, nous paraissent aptes à entrer pour une part très importante dans l'approvisionnement des marchés maritimes de l'Extrême-Orient. Ils soutiennent notamment très bien la comparaison avec les charbons d'Australie qui sont souvent inférieurs, et ils sont supérieurs aux lignites pyriteux du Japon, dont on fait une si grande consommation à Hong-Kong et à Shang-Haï.

Enfin, ils se rapprochent tellement des houilles françaises, qu'ils pourront prendre soit en roche, soit en briquettes, sur le marché de Saïgon, une importance comparable à celle qu'y ont actuellement les produits de la Grand'Combe.

Puis, MM. Fuchs et Saladin étudient *au point de vue technique* la mise en valeur immédiate des bassins houillers du Tonkin. Enfin ils recherchent et établissent l'importance de l'exploitation et les débouchés probables et immédiats (1882), qu'ils résument en un tableau :

En réunissant les divers chiffres que nous venons d'établir, on arrive au groupement suivant pour l'importance probable des débouchés immédiats des produits du Tonkin.

Singapore............................	18.000 tonnes.
Saïgon................................	15.000 —
Hong-Kong et Haï-Phong.........	22.000 —
Shang-Haï...........................	45.000 —
	100.000 tonnes.

On voit donc que l'on peut espérer, à courte échéance, un écoulement annuel de 100,000 tonnes pour les produits du bassin houiller de Hone-Gâc. Ce chiffre ne tient aucun compte du développement que prendraient, sous l'influence de la mise en valeur, les ports du Tonkin; il a été également établi en dehors de toutes les hypothèses de création d'industries métallurgiques, notamment celle du fer et de l'étain qui prendra naissance à Saigon, le jour où l'on exploitera le puissant gîte de fer de Ph'nom-Deck au Cambodge.

(*Mémoire sur l'exploration des gîtes de combustibles et de quelques-uns des gîtes métallifères de l'Indo-Chine*, par MM. Fuchs et Saladin, 1882.)

Ajoutons que M. Zeiller, ingénieur des mines, a examiné les plantes rapportées du Tonkin par M. Fuchs (Voir *Ann. des mines*, 1882); qu'un arrêté du 6 septembre 1884 a institué une commission des mines de l'Annam et du Tonkin, sous la présidence de M. Lamé-Fleury, inspecteur général des mines, conseiller d'État; et qu'en 1888 le régime des mines au Tonkin a été définitivement réglé par un décret inséré à l'*Officiel*.

M. Petiton, également ingénieur des mines, et qui a fait un long séjour en Indo-Chine, écrit sur le même sujet :

Les montagnes du Tonkin contiennent des richesses considérables en mines de toutes sortes..... Les richesses minières du Tonkin sont considérables, au dire des missionnaires que j'ai connus et qui sont dignes de foi, comme Mgr Gauthier, provicaire général du Tonkin, où il a exercé son ministère pendant 28 années; Mgr Croc, provicaire général actuellement encore au Tonkin. M. Fuchs, ingénieur en chef des mines, a tout dernièrement entretenu la Société de Géographie de l'étude des gisements importants de charbon et de sables aurifères dans le Tonkin, qu'il avait faite en 1881, pour le Gouvernement français.

(*Voyage dans l'Indo-Chine*, par M. PETITON, 1883.)

Voici encore le témoignage de l'un des hommes qui ont le plus vu et le plus parcouru le Tonkin, M. Ernest Millot, qui fut le second de Dupuis :

Sous le rapport de la *production aurifère...*, l'évêque Retord rapporte qu'en 1853, on découvrit de nombreux placers aurifères dans les montagnes du Tonkin occidental. Dès la seconde année, ces placers occupaient plus de 10,000 chercheurs d'or, presque tous Chinois..... Mais c'est surtout dans les montagnes du haut Tonkin, dans le bassin du fleuve Rouge et de son affluent la rivière Noire, que le précieux métal se rencontra en plus grande abondance..... M. Dupuis a encore remarqué du minerai d'or en plusieurs autres endroits.

Le Tonkin est également très riche en *mines d'argent*; mais les richesses minérales de ce pays sont comme toutes les autres, fort peu et mal exploitées. Un voyageur anglais, Crawford, nous apprend que le Tonkin a eu autrefois une production annuelle de 6,000 kil. d'argent. L'évêque Retord, qui fait autorité par ses 25 ans de séjour au Tonkin, signale des mines d'argent dans les montagnes de la partie occidentale..... M. Dupuis a également signalé des mines d'argent très productives dans les environs de Hoyang.

Quant au *cuivre*, on le trouve partout dans les montagnes du Tonkin. Il semble que cette contrée ainsi que le Yunnan, ne forment qu'un seul et vaste gisement, dont l'importance laisse bien en arrière ceux du Chili et des autres gisements connus d'Amérique.

Le Tonkin possède des mines d'*étain*, principalement dans les environs de Lao-Kaï, qui ne sont pas exploitées faute de capitaux... Le prix de l'étain presque pur est de 10 taels (65 fr.) à la mine..... les derniers cours de la bourse cotent l'étain de 260 à 267 francs les 100 kilos.

Je ne saurais passer sous silence les importantes mines de *houille* qui viennent encore d'être tout récemment reconnues par M. Fuchs, un des ingénieurs des plus distingués. Cette dernière exploitation est certainement appelée à révolutionner les affaires de l'Extrême-Orient. Avec la houille et le fer on est, en effet, maître de toutes les industries..... M. Fuchs l'a exploré sur une étendue de 110 kilomètres, et sur une largeur de 15 kilomètres. En faisant une large part aux éventualités, M. Fuchs a trouvé que la masse de charbon exploitable dans ce bassin jusqu'à 100 mètres de profondeur seulement au-dessous du niveau de la mer, dépasse le chiffre total de 5 millions de tonnes.

(*Le Tongkin et la voie commerciale du fleuve Rouge*, par
M. E. MILLOT, 1882.)

La mission Sarran. — Ainsi que nous l'avons dit, une autre mission que celle de MM. Fuchs et Saladin a été envoyée par le Gouvernement pour étudier les gisements miniers du Tonkin. Elle était dirigée par M. Sarran, ingénieur colonial des mines, et comprenait plusieurs maîtres mineurs brevetés de l'École d'Alais. Elle est restée pendant près d'un an au Tonkin. Ses constatations confirment pleinement, en les complétant au point de vue pratique, celles de

MM. Fuchs et Saladin. M. Sarran s'est attaché à étudier les facilités d'exploitation, la nature du combustible, les débouchés, etc. Le rapport qu'il a publié à son retour a une importance capitale, et nous en reproduisons pour cette raison des passsages complets :

Le terrain houiller forme une longue bande de près de 200 kilomètres; l'épaisseur totale du combustible utile y est d'environ 20 mètres. La proximité de la mer et les cours d'eau du Delta sont pour les futures exploitations une circonstance heureuse qui évitera la construction des voies ferrées autres que celles du service. On trouve, en effet, en plus d'un point de la côte et dans le Song-King-Tay et ses tributaires, à proximité du terrain houiller, des fonds suffisants pour recevoir des bâtiments d'un fort tonnage pouvant être affectés au transport des charbons.

Tous les cours d'eau, sauf ceux de l'intérieur de la baie d'Hone-Gay, de l'île de Kébao et d'Ha-Tou, ont des profondeurs suffisantes pour permettre l'emploi de bateaux d'un certain tonnage pour le transport de la houille.

Tous ces charbons, quoique provenant de galeries ayant de 12 à 25 mètres de profondeur, ne sauraient être considérés autrement que comme charbons d'affleurement. Cependant, telles quelles, les indications que nous fournissent ces essais sont précieuses à noter. Elles nous permettent de conclure que le type est bien celui que nous avons dit : charbon maigre, ayant son équivalent en France, dans le Gard, à la Grand'Combe, et dans le Nord, à Anzin. Nous pouvons, en outre, déduire des opinions exprimées par les rapports faits au sujet de ces essais que cette houille sera utilisable, sous forme de briquettes, aux chaudières marines. Il ne faut pas oublier que les résultats peu satisfaisants obtenus d'abord aux chaudières sont dus à l'état poussiéreux du charbon, favorisé par les nombreux transbordements qu'il a dû supporter pour arriver de la mine au point de consommation. En exploitation normale, le combustible sera rendu aux bateaux dans les conditions habituelles, c'est-à-dire avec une proportion de roche et de fins équivalente à celles de nos meilleures houillières françaises.

Ces expériences font, en outre, ressortir la pureté du charbon, qui donne peu ou presque pas de machefer, son grand pouvoir calorique, et l'absence presque complète de fumée, condition qui n'est pas sans valeur pour la flotte de guerre.

Quant à nous, notre opinion est que *le Tonkin possède une richesse immense en excellent combustible* que la marine de guerre emploiera avec des avantages marqués sur n'importe quel charbon des mers de Chine et d'Australie, rivalisant avec l'Anzin et le Cardiff, par leur extrême pureté, la rareté de la pyrite de fer, et par un développement de calorique, tout au moins équivalent à celui fourni par ces charbons.

Tous les renseignements que nous fournissons aussi complets que possible sont suffisants pour juger, en pleine connaissance de cause, de la valeur d'un gisement qui, sur une étendue de 40,000 hectares, contient un massif de charbon de plus de 12 milliards de tonnes.

C'est, comme on le voit, une *immense richesse en combustible, qui pourrait fournir pendant six cents ans une production égale à celle de toutes les houillères de France*, estimée à 20 millions de tonnes par année.

La marche ascendante dans les ventes, le développement des charbonnages établis, seront les conséquences naturelles des relations de plus en plus grandes que les nations européennes, notamment la France, auront avec l'Extrême-Orient. Mais, sans spéculer sur l'avenir réservé aux premières houillères importantes de ces contrées, il est acquis d'ores et déjà à l'actif des premières mines houillères qui s'ouvriront au Tonkin, un débouché de 100.000

tonnes de consommation locale, se répartissant ainsi qu'il suit : (suit un tableau détaillé).

Pour les personnes versés dans l'art des mines, conclut M. Sarran, ce que nous avons dit des couches de charbon, de leur mode de gisement, de la nature du combustible, etc., est largement suffisant pour permettre de reconnaître que l'exploitation sera placée dans des conditions ordinaires des houillères françaises, notamment de celles des départements du Gard et de la Loire.

..... C'est à ce moment, moment peu éloigné si l'on active la mise en valeur des mines du Tonkin, que tomberont d'elles-mêmes toutes les critiques peu raisonnées et plus ou moins malveillantes qui se sont produites à l'occasion de notre nouvelle possession..... On ne saurait trop encourager l'industrie minière dans les parties montagneuses du Tonkin, de même qu'on ne saurait trop favoriser les établissements agricoles et industriels qui pourraient s'établir dans les nombreuses vallées qui aboutissent au delta. C'est en encourageant et favorisant les industries diverses qui peuvent donner du travail aux indigènes qu'on pacifiera le pays, en apportant en outre une somme de revenus considérable au budget. La piraterie cessera d'exister le jour où le travail sera distribué en abondance à tous les bras inactifs, et où chaque indigène sera sûr de recueillir sa part de bien-être en consécration d'un travail journalier.

(*Étude sur le bassin houiller du Tonkin*, par E. SARRAN, ingénieur colonial des mines, 1884-85.)

Opinion d'un Anglais. — Sur ce point comme sur tous les autres, l'attention des étrangers semble s'être plus sérieusement éveillée que la nôtre. Voici par exemple la conclusion d'une intéressante étude parue en octobre 1889, dans la *Pall Mall Gazette*. Elle vient d'un correspondant de ce journal, qui a fait en Extrême-Orient un séjour prolongé. Il apprécie, comme on va le voir, les richesses naturelles de l'Indo-Chine, et en particulier les mines de charbon de Hone-Gay, de Campha et de Hatou (Tonkin) :

En résumé, en ce qui concerne les métaux, la richesse du Tonkin n'est pas douteuse. Il y a deux ans, l'ingénieur des mines envoyé en mission spéciale par le ministère de la marine et des colonies pour faire un rapport sur les gisements de charbon du Tonkin, dressa une liste des autres mines exploitées par les indigènes, au nombre de 117, parmi lesquelles 32 mines d'or, 13 mines de cuivre, 29 de fer, 7 d'antimoine et 6 de zinc. Ici je commence à parler d'après ma propre expérience.

Sur la concession de la Société française des charbonnages du Tonkin, en un lieu appelé Campha, j'ai vu un filon d'antimoine d'une pureté remarquable, long de 3,000 yards sur une épaisseur moyenne de 20 pieds, et j'ai rencontré un bloc compact de pur oxyde d'antimoine pesant 16 tonnes...

Infiniment plus importants, ajoute le correspondant anglais, sont les charbonnages qui s'étendent tout le long des côtes orientales du Tonkin. Depuis des années, l'existence de ces dépôts était connue et maintes fois les commandants des canonnières françaises, frappés de la multitude des affleurements, avaient envoyé en France des rapports signalant les avantages énormes qui résulteraient pour la France de l'exploitation régulière de ces gisements.

Enfin, la compagnie que j'ai mentionnée plus haut fut formée il y a deux ans, pour exploiter une concession obtenue par M. Bavier-Chauffour, et un grand nombre d'actions furent placées à Hong-Kong. A cette époque, l'affaire paraissait aventureuse et bien des capitalistes français et étrangers se tinrent sur la réserve...

Maintenant la Société emploie déjà mille ouvriers indigènes, deux ingénieurs et une douzaine de maîtres mineurs. Sa concession s'étend sur quelques vingtaines de milles carrés, dont un dixième à peine est encore exploré. Elle se compose des trois districts de Hone-Gay, Hatou et Campha, les deux premiers exclusivement houillers. J'ai parcouru deux fois l'ensemble des chantiers et pénétré dans chacune des galeries : j'ai même pris des photographies des mineurs à l'ouvrage. Ainsi j'en puis parler avec quelque compétence. Pour la quantité de la houille, elle est en réalité inépuisable. Il y en a 3 millions de tonnes en vue, et personne ne peut prédire ce qu'on en trouvera au-dessous.

J'ai pénétré dans une vingtaine de galeries, dont chacune traverse une veine compacte, épaisse de 10 à 20 pieds. A Hatou, il y a sept veines côte à côte, formant une masse de houille épaisse de 54 pieds. Et encore est-ce là simplement le résultat des recherches préliminaires. La « Mine Marguerite », à Hone-Gay, est une grande montagne de houille. Quant à la qualité, les résultats sont également bons. Les travaux faits jusqu'à présent ont eu surtout pour objet de découvrir les points favorables pour l'établissement de puits profonds, et, en conséquence, le charbon extrait était surtout du charbon de surface. Cependant l'analyse a donné des résultats excellents. On a essayé le charbon avec succès à bord de la canonnière *l'Arquebuse*. J'ai moi-même voyagé pendant deux jours dans une chaloupe de 50 tonneaux avec des machines à vapeur à haute pression brûlant constamment de ce charbon.

Un premier contrat pour la vente de 500 tonnes a déjà été passé ; et, dans la dernière semaine, on a extrait de la « Mine Marguerite » du charbon donnant à l'analyse 16 pour cent de matières volatiles. C'est justement ce qui manquait dans les analyses précédentes pour donner au charbon indigène une légère supériorité sur celui de Cardiff. Chose curieuse, c'est exactement ce dernier résultat qu'avait prévu, il y a deux ans, l'ingénieur des mines français dont j'ai parlé plus haut. « Notre opinion, concluait son rapport, est que le Tonkin possède des richesses immenses en excellent combustible, capable de rivaliser avec le charbon d'Anzin et de Cardiff par son extrême pureté, par l'absence de pyrites de fer et par un calorique au moins égal à celui que fournissent ces charbons. »

Je demandai à l'ingénieur en chef quelle était son opinion : « *C'est une richesse immense* », me répondit-il. Et il paria sa réputation — et il jouait gros jeu — que dans quatre mois d'ici il fournirait une quantité de charbon égale à celle que donne Cardiff.

En Europe, dix compagnies se formeraient pour exploiter ce qu'on a déjà découvert sur cette seule concession. Quand elle aura pris tout son développement, la Société aura besoin d'une petite armée permanente de mineurs et d'un état-major d'ingénieurs.

Comme preuve de l'importance qu'on y attache dans l'Extrême-Orient, je puis ajouter qu'aujourd'hui on trouve à Hong-Kong des acheteurs des actions de 500 francs de la compagnie à 700 dollars l'action, — 400 pour cent de prime, — et pas de vendeurs, bien qu'il y ait des milliers de ces actions placées dans la colonie.

Si les charbonnages du Tonkin tiennent leurs promesses, conclut le correspondant anglais, il est impossible d'exagérer leur importance pour l'Indo-Chine. Au port de Hong-Kong seul, on consomme 50,000 tonnes de houille par mois.

(*Pall Mall Gazette*, octobre 1889.)

Autres opinions. — Poursuivons nos citations :

S'il est au Tonkin un minerai qui possède une grande

richesse, c'est sans contredit *le cuivre*. Il est reconnu que tous les cours d'eau qui descendent des plateaux du Thibet roulent des paillettes d'or. Sur les marchés de Thanh-hoa, l'or sert d'échange. Le Tonkin est également très riche en *minerai d'argent*.... dans les marchés de Thanh-hoa, l'argent est, de même que l'or, une matière à échange.

(*Le Tonkin industriel et commercial*, par CALIXTE IMBERT, négociant à Haï-Phong, 1885.)

Les plus importantes (mines) sont à Hong-Haï (Hone-gac) et les autres à Kébao, où elles affluent vers le sol, à 10 mètres environ au-dessus du niveau de la mer..... L'utilité de ces exploitations résultera des chiffres suivants : Au Tonkin, nous avons payé le charbon 84 francs la tonne et nous en avons envoyé à l'amiral Courbet qui est revenu à 216 francs. Une Compagnie qui demandait la concession des mines, offrait de nous livrer le charbon à 22 francs.

(*Procès-verbaux de la commission parlementaire des crédits du Tonkin*, déposition de M. le lieutenant de vaisseau HAUTEFEUILLE, le 1er décembre 1885; *Officiel* 1886.)

Un récit très intéressant et très probant à la fois, est celui que fait M. Crozat de Fleury ; c'est un explorateur expérimenté, connaissant bien l'Extrême-Orient, et qui voit surtout le côté pratique des choses. En 1886, il a passé plusieurs mois à explorer les rives du fleuve Rouge entre Hanoï et Lao-Kaï et celles de la rivière Noire jusqu'à Cho-Bô, marché indigène situé à la hauteur du barrage.

Grâce aux basses eaux du fleuve, dit-il, j'ai pu sur certains points examiner un peu les couches inférieures de ces terres. J'ai trouvé là des terrains d'ancienne formation, et comme l'aspect seul de ces terres m'a fait de suite songer à la présence possible de l'or, j'ai fait, séance tenante, l'expérience suivante : J'ai pris à peu près le volume d'un litre de cette terre, je l'ai lavée, c'est-à-dire que j'ai fait une « battée » pour employer, je crois, le terme des chercheurs d'or. Eh bien, cette poignée de terre contenait une très belle paillette d'or, et plusieurs autres morceaux très fins alors, mais très visibles dans le sable en employant une loupe. Je conserve le sable de cette « battée ».

Du reste, dans la dernière partie de mon voyage, j'avais aussi fait de fréquentes recherches. J'ai effectivement trouvé de l'or sur plusieurs points, et j'ai ainsi acquis la conviction que les terrains aurifères, au Tonkin, s'étendent sur de très grands espaces. Je n'estime pas à moins de 2 francs à 2 fr. 50 la quantité d'or qui peut être extraite d'un mètre cube de ces terrains. Et, cependant, je n'ai jamais lavé que des poignées de terre prises toujours à la surface du sol pour ainsi dire, alors qu'il faudrait aller à 5, 6 et même 14 mètres, disent les Muongs, pour trouver les grosses pépites. La plus grosse que j'aie trouvée égale à peu près le volume d'un grain de blé noir ou sarrasin, je crois, ou encore, si vous aimez mieux, la grosseur d'une petite lentille.

Les Muongs qui ont eu chez eux des Chinois chercheurs d'or, ne finissent jamais par l'avouer qu'après de longues réticences, et lorsqu'on leur a prouvé le fait, par des traces matérielles irrévocables. Je suis ainsi arrivé à faire parler quelques vieillards et à obtenir des renseignements intéressants sur le travail fait par ces Chinois. Ces derniers ont exploité des terrains aurifères sur bien des points du pays, et cela presque toujours clandestinement. Malgré l'imperfection de leurs moyens d'extraction, c'est-à-dire impossibilité de faire des puits, ni de creuser de profondes galeries, lavant tout à la main et sans mercure, ils ne gagnaient pas moins de

2 fr. 50 à 4 francs par journée d'homme. Au dire des Muongs, il y a eu des bandes chinoises qui ont gagné ainsi beaucoup d'argent; je le savais déjà, l'ayant entendu dire souvent, il y a de cela 11 ou 12 ans, lors d'un séjour de 3 ans que je fis dans ce pays.

(*Les rives du fleuve Rouge et de la rivière Noire*, par M. CROZAT DE FLEURY; Hanoï, 1886.)

Dans le Haut Tonkin……, on y trouve dès à présent, dans des emplacements qui sont parfaitement connus, on y trouve des *mines*. Nous ne parlons pas des mines d'or et d'argent, dont on a beaucoup ri, peut-être à tort, mais des mines exploitées, des mines de fer et de cuivre. Ces mines sont à une distance variable, mais jamais très grande, des cours d'eau. Les minerais peuvent très facilement être descendus par les cours d'eau jusqu'au bord de la mer où se trouvent les mines de charbon étudiées par MM. Fuchs et Sarran. A côté des mines, se créent des usines, et à côté des usines s'élèveront des villes. Le Tonkin a en soi, je le répète, une valeur intrinsèque considérable.

(*Le Tonkin et son commerce*, par J^{ph} CHAILLEY, ancien Chef de cabinet de Paul Bert, au Tonkin, 1887.)

Il y a un fait que l'on ne saurait mettre en doute aujourd'hui : c'est que le Tonkin est un pays minier important. Le *charbon* s'y trouve en quantité considérable, et au bord de la mer, ce qui constitue un précieux avantage ; dans son voisinage, le *fer* se trouve en quantité, et les minerais sont très riches. Le Haut Tonkin renferme des mines d'*or*, d'*argent*, de *plomb*, d'*étain* ; on y trouve à profusion le *soufre*, l'*antimoine*, le *salpêtre*, le *cuivre*.

(*Le parti à tirer du Tonkin*, communication de M. R. R. à la Société de géographie commerciale, 1887-88.)

Dans un discours déjà cité, M. Richaud, gouverneur général de l'Indo-Chine, s'exprime ainsi, au sujet des mines :

Mais ce qui doit surtout constituer au Tonkin une source de richesse, ce sont les nombreux gisements miniers dont l'existence ne peut plus être mise en doute. Déjà la Société des charbonnages a commencé son exploitation, et tout fait espérer qu'avant deux mois elle pourra livrer ses produits à l'industrie et à la navigation. Le concessionnaire des mines argentifères de Cao-bang commencera bientôt ses travaux. Plusieurs mines d'or et de cuivre étaient exploitées avant la guerre par les Chinois et les indigènes, et quoiqu'elles le fassent avec des moyens très sommaires, donnaient des résultats rémunérateurs. Je suis saisi de demandes pour la reprise de leur exploitation ainsi que pour celle de gisements d'antimoine récemment découverts.

(*Discours de* M. RICHAUD, 1889.)

... Aussi bien, il n'y a pas que les gisements houillers. Lors de la prise de Hanoï, on trouva dans les archives de l'administration annamite des cahiers en caractères chinois contenant l'énumération des mines de métaux exploitées jadis en Annam et au Tonkin. La liste en est très longue. On pouvait douter de l'authenticité de ce document, tant qu'aucune recherche sérieuse n'avait été faite. Or, je suis heureux d'être à même d'annoncer la mise en exploitation imminente d'une de ces mines portées comme des plus importantes sur les registres annamites : c'est la mine d'argent de Ngan-Son, dans la province de Thaï-Nguyen, sur les confins de la province de Caobang. A la suite de travaux faits sur place, à deux reprises, par M. l'ingénieur Bédat, l'administration du protectorat vient de concéder la propriété définitive à une société en nom collectif Bédat et Saint-Mathurin ;

les filons ont été reconnus et une grande quantité du minerai extrait a été traitée sur place, suivant la méthode chinoise. Malgré l'imperfection du traitement, le rendement moyen a été plus que satisfaisant.

En effet, on a obtenu trois kilos et demi d'argent fin par tonne de minerai brut.

Ce résultat inattendu a une importance capitale, car il doit provoquer la reprise de toutes les exploitations abandonnées à l'instigation des autorités annamites, dans le but de retarder le plus longtemps possible une prise de possession effective du territoire par les colons français.

(*Lettre du Tonkin* adressée au *Temps*, 11 janvier 1890.)

Une des richesses que beaucoup de personnes se refusaient à reconnaître au Tonkin, est la richesse minière. Chaque jour elle s'augmente, ou pour employer une expression plus exacte, elle est mieux connue. Le *Journal officiel* publiait dernièrement des renseignements sur les mines de la province de Cao-Bang.

Parmi celles qui appartiennent au domaine, il y a de nombreuses mines d'or, à Tinh-da, à Vo-bac et à Noi-chiem ; à Vinh-son et à Giang-ngo ; à Tuong-pha et à Ha-pha ; à Thuan-mang. Des mines d'argent à Tuong-an, à Quang-tru ; et une mine d'étain à Vu-nong.

Il est à souhaiter que ces mines soient étudiées sérieusement, car leur exploitation serait de la plus grande importance pour le pays.

(*Lettre du Tonkin*, adressée au *Moniteur des Colonies et des pays de protectorat*. 1890.)

M. de Lanessan est, croyons-nous, le seul à mettre encore en doute l'existence des mines, excepté celles de charbon, dont il conteste presque la valeur. Dans son volume, l'*Indo-Chine française*, paru en 1889, il dit à peu près en propres termes qu'on ne connaît encore rien des mines. Que vaut une telle allégation, en présence des constatations minutieuses et scientifiques de la mission Fuchs et Saladin en 1882, et de la mission Sarran, en 1884-1885; des expériences intéressantes de M. Crozat de Fleury en 1886, — sans parler de tous les travaux ou renseignements antérieurs que nous avons cités, ni des affirmations indiscutables de M. le gouverneur général Richaud en 1888, visant des concessions accordées et exploitées? Chacun l'appréciera. Le voyage de M. de Lanessan a beau dater de plus de deux années déjà, il n'en est pas moins postérieur aux travaux que nous venons d'énumérer.

Une correspondance du Tonkin, relative aux mines de charbon de Kebao, adressée au *Moniteur des Colonies et Protectorats*, montre que l'exploitation donne de bons résultats. Il s'agit de la mine concédée à MM. Dupuis et Millot, qui l'exploitent avec des capitaux exclusivement français.

M. Sarran, l'ingénieur en chef, vient, d'après cette correspondance, de faire deux essais très heureux de son charbon. Les expériences ont eu lieu sur la chaloupe *le Phenix*, des Messageries fluviales, pendant un voyage aux montagnes de marbre, et le lendemain, pendant la montée de Haïphong à Hanoï. Les soutes avaient été préalablement nettoyées à fond, pour que l'on fût certain qu'il n'y aurait aucun mélange. Pendant le voyage aux montagnes de marbre, la moyenne de pression fut 76°, la moyenne des nombres de tours de 120. Les feux furent allumés à 11 heures, le départ eut lieu à 1 heure ; on arriva au mouillage à 3 heures 10, on en repartit à 3 heures 50 pour arriver à Haïphong à à 5 heures 35. On avait consommé 1,600 kilogrammes de charbon, dont 300 pour l'allumage, et il restait 400 kilogrammes d'escarbilles bonnes à repasser. « Conduite du feu sans fatigue pour les chauffeurs, belle flamme courte, blanche, pas de fumée, très joli foyer, » dit le rapport.

Le lendemain *le Phœnix* fit le voyage d'Haïphong à Hanoï emportant 10 tonnes de charbon. Les résultats furent aussi satisfaisants que la veille. La dépense fut d'environ 150 kilogrammes par heure de marche. Le charbon produit une très belle flamme, la puissance de chauffe est considérable avec ce combustible maigre, très pur et très riche, contenant plus de 15 0/0 de matières volatiles, et de plus très dur et résistant. ... Nous n'avons pas besoin de faire ressortir l'importance de ces deux essais (1). Ils prouvent qu'avec du charbon de Kebao, pris à 6 mètres de profondeur seulement, on a obtenu les mêmes résultats qu'avec les charbons d'Australie et du Japon provenant de mines depuis longtemps exploitées.

(*Le Moniteur des Colonies et des pays de Protectorat*, 18 janvier 1890.)

Voici encore un extrait du dernier ouvrage paru sur le pays (avril 1889).

Les conditions réunies au Tonkin pour l'exploitation des charbonnages permettent de tenir pour certain que la houille

---

(1) Des essais analogues ont été faits avec un plein succès, le 5 mars 1890, à bord de l'*Aréthuse*, entre Hanoï et Hong-Kong.

pourra se livrer au port d'embarquement à raison de 9 à 10 fr. la tonne, et que les briquettes pourront l'être au prix de 20 à 22 fr. Si l'on compare ces prix entre eux, on reconnaîtra que, le prix du fret ajouté, il existe encore un écart considérable en faveur des charbons tonkinois.

Comme on le voit, les houilles du Tonkin, indépendamment de leur utilité pour la flotte et nos colonies de l'Indo-Chine, ont des débouchés assurés, et pourront entrer en lutte, sur les marchés de l'Extrême-Orient, avec des avantages incontestables.

(*L'Empire d'Annam et le peuple annamite*, par J. Silvestre, administrateur principal en Cochinchine, 1889.)

Enfin tout récemment, un correspondant du *Temps* à Haïphong a tenu à voir par lui-même les divers gisements, à les visiter en détail ; écoutons son récit :

... J'ai tenu à me rendre compte des travaux dans les charbonnages de la baie d'Along, autour desquels on a tant fait de bruit...

Aujourd'hui, une série de constructions s'élèvent en ce même emplacement ; le fourmillement des ouvriers employés à l'édification des bureaux, habitations, magasins et laboratoires, baraquements, donne l'illusion d'une ville qui se crée. Un vaste remblai va servir de point d'appui aux quais et appontements. Là se trouve le siège de l'entreprise, point terminus où doit aboutir un réseau ferré de plus de 50 kilomètres de développement, sillonnant les divers chantiers qui s'étendent entre Hongay et Campha.

Nagotna, que n'avait pas vue M. Fuchs, est la région la plus proche d'Hongay ; après de longues recherches, les ingénieurs ont déterminé l'emplacement du puits dont le forage va être entrepris. L'exploitation est commencée par des galeries percées dans les couches offrant un relief suffisant et s'étendant, partie vers la baie, partie vers le continent.

L'analyse a démontré que le charbon était chimiquement très pur, mais pauvre en matières volatiles.

Plus loin nous arrivons à la mine Marguerite, désignée sous le nom de « Henriette » dans les rapports ou sur les cartes de MM. Fuchs, Saladin et Sarran.

Un petit embranchement prenant les produits à trois kilomètres environ du point d'embarquement, est en construction ; la mine Marguerite est exploitée à ciel ouvert et le tracé du chemin de fer découvre à chaque pas, de nouveaux affleurements ; mais on prépare aussi des galeries à flanc de coteau.

La composition de ces charbons est supérieure, comme matières volatiles, à celle des produits de Nagotna.

C'est à Hatou que les plus grands efforts paraissent avoir été faits. Le point central des chantiers de cette région se trouve distant de douze kilomètres d'Hongay ; la route de terre, à peine tracée, étant fort pénible, nous préférâmes traverser la baie en chaloupe et remonter en sampan la petite rivière qui coule à proximité des mines. Je recommande cette excursion fort pittoresque aux touristes de l'Extrême-Orient qui s'égareront dans nos parages ; ils verront un des coins les plus curieux du golfe et débarqueront dans une vallée rappelant les plus beaux sites des Vosges ou du Jura (les arbres en moins).

Nous longeons une voie qui aboutit, deux kilomètres plus loin, au campement des mineurs. Avant d'y arriver, nous pénétrons dans une première galerie de recherches assez rapprochée de la mer où la couche de charbon a une épaisseur d'un mètre vingt.

Après avoir gravi une ra..., o assez dure, nous nous trouvons, à flanc de coteau, devant un trou béant qui indique l'ouverture de la galerie principale de la mine Fanny. Le travail de boisage, dont la mauvaise qualité des bois de la région a augmenté les difficultés, a été fort bien mené; précédés par des indigènes porteurs de lampes, nous pénétrons dans la galerie et atteignons bientôt une profondeur de 75 mètres.

Les murs de charbon se dressent hauts et épais tout le long du parcours; à mi-chemin, une deuxième galerie, partant de celle dans laquelle nous circulons, traverse le toit noir, allant chercher l'aération sur le sommet de la montagne. Nous pataugeons dans l'eau qui suinte de toutes parts, et sortons de là trempés, mais émerveillés. Cette couche, dont on suit du dehors la disposition, grâce à une tranchée à ciel ouvert, n'aurait pas moins de 15 mètres d'épaisseur.

Il y a deux autres chantiers dans ces gisements d'Hatou : l'un, désigné par le qualificatif de « recherche inondée », donne du charbon contenant de 12 à 14 0/0 de matières volatiles; les ingénieurs affirment que ce n'est pas le dernier mot. L'autre, appelée « la grande recherche », a servi à montrer la régularité de la couche.

A 25 kilomètres au delà d'Hatou se trouvent les gisements de Campha, qu'on n'a pu relever encore très exactement. Ce point excentrique de la concession des charbonnages français est en prolongement de Kébao sur la côte ; les premières fouilles ont donné du charbon maigre, très pur et très riche.

Je ne vous parlerai cette fois ni de Kébao, où M. Sauvan, l'ingénieur chargé de la direction des travaux vient de s'installer, ni des houillères d'Annam (Nong-Son), où le mode d'exploitation va être transformé ; il faut laisser à ces deux entreprises le temps de s'organiser. Mais je voulais pouvoir affirmer, au moment opportun, la richesse des terrains miniers tonkinois.

(*Lettre du Tonkin* adressée au *Temps*, 11 janvier 1890.)

Et pour terminer nos citations sur cette question des mines du Tonkin, pour la montrer sous un aspect plus large et plus élevé, nous reproduisons l'opinion d'un officier anglais de l'armée du Bengale, le capitaine Norman qui a écrit en 1884 un livre tout exprès pour signaler à ses compatriotes l'accroissement de force que la France tirerait de son établissement dans l'Extrême-Orient.

Le Tonkin est un des plus riches districts de la grande péninsule indo-chinoise ; *arrosée par un fleuve magnifique qui est navigable pendant plusieurs centaines de kilomètres, cette province est une des principales sources de richesse de la Chine occidentale... Ne serait-ce que pour s'emparer de ce commerce important, la possession du Tonkin est très désirable,* mais il existe d'autres avantages qui rendent cette possession non moins enviable. Les versants méridionaux des montagnes qui forment sa frontière au nord sont couverts de forêts pareilles à celles qui sont une si grande richesse pour la Birmanie ; *les districts qui se trouvent dans le voisinage de nombreuses rivières sont les plus fertiles du monde ;* on y récolte du thé, et, détail très important pour les Français, et aussi pour nous, c'est que de nombreuses et abondantes mines de houille existent dans plus d'une des localités du littoral.

On ne doit pas oublier que le traité de Francfort (1871) a privé la France de presque tous ses grands terrains houillers de l'Est. Les chemins de fer français dépendent aujourd'hui presque exclusivement de notre pays pour le combustible ; les comptoirs maritimes de la France sont, à cet égard, sous notre entière dépendance. Si une guerre européenne éclatait, les magnifiques vaisseaux cuirassés de la République manqueraient de charbon et ses colonies deviendraien facilement la proie de la nation qui possède des mines de houille en Orient. Malgré les riches terrains houillers que nous possédons aux Indes, nos chemins de fer et nos navires sont encore alimentés par la mère patrie ; et si une guerre venait à mettre la France et l'Angleterre des deux côtés opposés, les efforts tentés sans succès au commencement du dix-neuvième siècle redoubleraient aujourd'hui. Si les croiseurs français étaient ravitaillés par les mines houillères du Tonkin, ils nous barreraient le chemin de la Chine ; la Birmanie et Calcutta seraient bloqués et la sécurité de nos possessions serait gravement compromise... Il nous serait impossible de protéger notre marine marchande ; et si un seul *Alabama* français, dans les mers orientales, avait la facilité d'aller se ravitailler dans les ports du Tonkin, il pourrait paralyser notre commerce en Orient.

(*Le Tonkin ou la France dans l'Extrême-Orient*, par C.-B. NORMAN, ancien capitaine de l'état-major du Bengale et du 90º régiment d'infanterie, 1884).

INDUSTRIE

Avant d'examiner l'état et l'avenir des industries diverses au Tonkin, il importe de remarquer que ce pays offre la particularité, bien rare, de produire à la fois toutes les matières premières propres à l'industrie, et de pouvoir fournir, ainsi qu'on va le voir, la main-d'œuvre à des conditions de bon marché presqu'invraisemblables.

En ce qui concerne les matières premières, le

Tonkin (et au besoin l'Indo-Chine française dans son ensemble), produit d'une part la houille, — et de l'autre le fer, le cuivre, l'étain, etc., ainsi que le coton, la ramie, la canne à sucre, la soie, etc.

L'établissement de grandes usines se fera donc avec l'assurance d'avantages exceptionnels.

> La plus grande partie des communes, dit Dupuis, est composée d'agriculteurs; il en est d'autres dont les habitants sont charpentiers, menuisiers, forgerons, tisserands, scieurs de long, etc. J'en ai vu qui ne faisaient que des cercueils...
>
> (*Voyage au Yunnan*, p. J. DUPUIS, 1873.)

> Le Tonkinois est, au point de vue industriel, de beaucoup supérieur à l'Annamite de la Basse-Cochinchine ; il égale sans peine les ouvriers de la Chine méridionale, et peut, par suite, faire ce qu'on est obligé de demander aux Célestes à Saigon. Le Tonkinois se fait volontiers *maçon, charpentier, ébéniste, cordonnier, tailleur, brodeur, fondeur en cuivre.* Dès maintenant nous faisons fabriquer par les indigènes des habits, des chapeaux, des chaussures, des guêtres, des étuis de revolvers et de fusils, des broderies, des meubles, et jusqu'à des poêles de faïence. Un Tonkinois a coulé pour M. Harmand, un buste de la République en bronze, très bien réussi. Nous n'aurons guère à demander à l'Empire du Milieu que des mineurs, car l'Annamite répugne aux travaux souterrains.
>
> (*Le Protectorat du Tonkin*, par A. BOUINAIS et PAULUS, 1884).

> Le Tonkinois est industrieux, intelligent et docile; il se plie avec facilité à tous les genres de travaux, et les Fran-

çais établis dans notre colonie, ont pu, sans de grands efforts, s'en faire des collaborateurs de toutes les industries qui ont été importées de la Métropole. Dans certaines, ils excellent, car ils sont patients et ne se rebutent point.

Il est nécessaire de parler leur langue pour obtenir d'eux de l'attention, et toute la somme de travail qu'ils sont capables de donner.

Le salaire de l'ouvrier, dans les villes, varie de 80 centimes à 1 fr. 25 par jour; dans certains corps de métier, comme les maçons, les charpentiers et les menuisiers, l'ouvrier est payé à 1 fr. 50 et même 2 francs.

L'ouvrière tonkinoise se paye de 40 à 50 centimes par jour; on l'emploie même à porter des fardeaux et à ramer sur les jonques.

La journée est d'environ douze heures de travail; le Tonkinois ne connaît pas le repos du dimanche; il ne manque à son travail que pour quelques fêtes indigènes, comme le « têt », jour de l'an annamite, qui dure de huit à quinze jours, suivant les contrées, et pendant lequel il est impossible de faire travailler qui que ce soit.

(*Une industrie à créer au Tonkin*, étude de M. A. PERRET, dans le *Globe*, 1889.)

Les nombreuses *fabriques d'étoffes de soie* établies dans les provinces environnantes de Thaï-Binh produisent des étoffes très bien tissées, fines, soyeuses, et d'une très grande propreté. Les progrès faits depuis une huitaine d'années dans cette industrie sont considérables.

(*Le Tonkin industriel et commercial*, par Calixte IMBERT, négoc. à Haï-phong, 1885.)

Les Tong-Kinois sont, je crois, le premier peuple du monde pour la teinture noire du coton. En France et partout on ne peut porter le coton noir sans en être sali, et on ne peut le laver sans qu'il perde sa couleur. Au Tong-King ce n'est pas cela. La teinture est d'un beau noir, et on peut la soumettre à toutes les épreuves ordinaires sans la voir pâlir, la laver dix et quinze fois sans la voir changer. Cette couleur est naturelle et provient de deux feuilles, dont l'une est d'un grand et bel arbre appelé « sây »;... la décoction ou macération de ces feuilles se mêle par certains procédés et plusieurs lavages à la couperose, à l'indigo et à la colle de charpentier. Du reste je n'ai jamais pu en avoir le secret, même à prix d'argent.

(*Aperçu sur la géographie*, etc., *du royaume d'Annam*, notes réunies en 1859 et publiées en 1875.)

M. de Lanessan, ici encore, continue à faire bande à part au milieu des historiographes du Tonkin; il déclare qu'il n'y a pour ainsi dire pas d'industries, puis, peu à peu, se laissant aller, il nous fait une énumération fort intéressante de celles qu'il y a vues :

Je dirai peu de chose des industries de ce pays... L'Annamite n'est pas industrieux. On trouvera bien au Tonkin des corps de métier dont quelques-uns même donnent des produits qui ne sont pas à dédaigner comme goût et comme finesse d'exécution. Je cite ai même avec plaisir les *fabriques de meubles incrustés de nacre*, de Nam-Dinh, au Tonkin, où l'on est d'une habileté excessive pour incruster dans un bois dur et d'un fort joli aspect, comme couleur, des fragments de nacre, auxquels les ouvriers donnent tous les caprices du dessin. Certes, ce sont là des ouvriers habiles et dont l'Europe elle-même pourrait tirer quelque profit, si elle savait appliquer leur habileté à nos travaux d'art industriel. Je citerai encore les *bronzes* du Tonkin. Quelques ouvriers habiles font des bronzes qui peuvent rivaliser dans une certaine mesure avec ceux du Japon... Il y a certainement chez les ouvriers de l'Annam, au point de vue de la fabrication d'une foule d'articles qui peuvent nous être utiles, des éléments importants de succès.

J'ajouterai encore, — nous en avons fait l'expérience dans nos arsenaux, — que l'Annamite est *ajusteur*. A Haïphong, le directeur de l'arsenal en était arrivé à ne s'adresser qu'aux Annamites, parce qu'ils font avec une grande perfection les moindres choses qu'on les charge d'exécuter.

Je citerai aussi, en passant, les *broderies* d'Hanoï, et les *crépons* de Binh-Dinh qui sont faits avec un art remarquable que notre industrie pourrait copier si les prix n'en étaient pas si élevés.

(*L'Indo-Chine française*, conférence par M. LANESSAN, 1887.)

On verra plus loin que diverses industries d'importation française ont déjà pris pied au Tonkin. Un certain nombre d'usines y fonctionnent, et ces temps-ci, l'*Avenir du Tonkin* (n° de juin 1889) annonce même qu'une fabrique de création récente, « l'Huilerie et Savonnerie de l'Extrême-Orient, à Haïphong, arrive à un débit de 25,000 kilos par mois. »

COMMERCE

La condition essentielle d'un commerce prospère dans un Etat est le maintien de l'ordre, assurant la sécurité des transports et l'exécution des transactions. Or, pendant près de vingt années, le Tonkin a été troublé d'abord par les rebelles chinois réfugiés sur son territoire et y agissant comme en pays conquis, surtout dans le nord, — ensuite par les dernières expéditions militaires qui ont précédé l'occupation française, enfin par les incursions de bandes insoumises demeurées au Tonkin après la paix signée, et les expéditions nouvelles que nécessitait par la pacification totale aujourd'hui terminée.

Il faut tenir compte de ces considérations.

Leurs foires et leurs marchés sont très nombreux; mais là se borne l'étendue de leurs relations commerciales qui consistent dans la vente et l'échange des denrées et articles de ménage. Après le riz, le principal objet de commerce est la soie. Viennent ensuite le sucre, le coton, qui monte au Kouang-Si, en attendant que la route de Yunnan soit libre; le ricin, la cannelle, l'indigo, etc. Les soies produites par le Tong-King sont les soies légères ; elles sont bon marché en raison du bas prix de la main-d'œuvre (0,30 par jour), mais filées très défectueusement.

(Voyage au Yunnan, par J. Dupuis, 1871.)

Dès l'année 1875 (septembre), et conformément au traité intervenu avec l'Annam en 1874, ainsi que nous l'avons vu, une douane mixte, à personnel annamite, dirigé et contrôlé par des Français, fonctionnait dans deux villes au Tonkin. Ce service publiait régulièrement, dès cette époque, des statistiques précises et détaillées. Tous les trimestres et tous les ans, le chef de service adressait au Ministre de la Marine et des Colonies, son rapport qui était inséré soit au *Journal Officiel*, soit dans la *Revue Maritime et Coloniale*. C'était là un élément d'appréciation certain du mouvement commercial et des produits qui pouvaient alimenter notre commerce, bien que le courant d'affaires fût loin d'être établi, en raison de l'état troublé du pays. Nous nous en référons intentionnellement au premier de ces rapports d'ensemble, et nous l'analysons.

D'après ce document, on peut voir que :

A la fin de la période annuelle (1875-76) la recette totale a été de 413,648 fr. 89; diverses causes ont atténué nos recouvrements.

Pour Haïphong :

La valeur des produits importés est de 573,213 taels, soit en francs : 4,419,476. Les principales marchandises qui composent l'importation sont relevées au tableau suivant... Le coton filé, les médecines, les tissus de coton, l'opium, le papier chinois, les tissus de soie, le tabac et le thé figurent parmi les plus importantes. Je consigne ci-après quelques renseignements sur ces produits.

Le coton était, autrefois, introduit à l'état brut et tissé par les familles. Malgré le prix insignifiant de la main-d'œuvre (0,25 par jour), les machines ont, au profit de l'Angleterre, supprimé cette branche de travail. Cette puissance nous a envoyé pour 131,020 taels, soit 1,010,164 fr. 20 de coton filé, et pour 43,808 taels (337 759 fr. 68) de tissus de coton.

Puis le rapport conclut :

... Je n'ai pas à donner, après d'autres plus capables, mon avis sur l'avenir du Tonkin. On connaît, du reste, quelles sont les grandes réformes qui s'imposent à son régime économique. Je dois me borner à signaler le progrès réel qui, malgré les difficultés multiples dont on connaît la nature, s'inscrit de jour en jour dans le mouvement commercial de notre port. J'ai fait connaître, dans mon dernier rapport, que les importations du 3ᵉ trimestre (2° de 1876) avaient été sept fois plus importantes que celles du trimestre précédent, et que les exportations s'étaient accrues dans la proportion de 1 à 2 1/2. L'exhaussement s'est maintenu pendant la période suivante.....

En résumé, une recette totale de 551,858 fr.; un chiffre d'affaires approximatif de 13 millions; et une jauge effective de 28,000 tonneaux, tel est notre résultat commercial, après ces quinze derniers mois (1875-76).

Malgré le progrès accompli, ces chiffres sont encore modestes. Ils seront surtout considérés comme tels par ceux qui connaissent la valeur des produits naturels du Tonkin, la fertilité de son sol, l'importance de ses nombreuses voies fluviales, celle de sa population...

Le vérificateur, chef du service, signé : ROUSSEL.

(*Rapport du chef de service des douanes au Tonkin, octobre 1877.*)

Nous citons les chiffres qui précèdent, moins pour eux-mêmes que pour prouver qu'à cette époque déjà, le gouvernement était renseigné sur le mouvement commercial, la nature et l'importance des échanges au Tonkin.

... Nous avons en outre le commerce d'exportation de la France qui trouvera là des débouchés pour les étoffes de laine légère, certains vins, les vins de Champagne surtout, etc., les machines pour les industries de toutes sortes à créer au Tonkin, etc.

(*Voyage dans l'Indo-Chine*, par A. PETITON, ingénieur des mines, 1883.)

Lorsque la paix et la sécurité auront ranimé l'activité commerciale, on pourra compter, d'après les estimations de personnes compétentes, sur un chiffre d'affaires de 300 millions environ.

(*Étude sur la réorganisation des douanes au Tonkin*, rapport officiel de M. ROSSIGNEUX, administrateur adjoint au Secrétariat général, daté d'Hanoï, 29 octobre 1883.)

Hanoï est une grande ville, déjà très importante, et qui, quand nous serons en paix, deviendra un centre commercial de premier ordre. Là au moins il existe de belles rues, d'assez confortables maisons, des jardins, des lacs, et surtout du terrain à construction... Là existe l'industrie du pays. Les maisons françaises sont déjà nombreuses à Hanoï, et il s'en établit tous les jours de nouvelles. Il s'y trouve beaucoup de petits négociants, il est vrai; mais aussi les maisons sérieuses ne manquent pas; nous ne sommes pas seuls, cependant, car nous avons à lutter contre des maisons allemandes, pas nombreuses, mais très importantes, et contre les Chinois qui, certes, sont les principaux négociants.

(*Haïphong et Hanoï, les expéditions de marchandises au Tonkin*, lettre adressée à la Société de Géographie commerciale par M. CH. LETOURNEUX, négociant; datée d'Hanoï, décembre 1884.)

Un autre négociant, établi au Tonkin dès la fin de 1884, adresse également à la Société de Géographie commerciale les renseignements intéressants que voici :

La main-d'œuvre est ici pour rien; les Annamites sans profession spéciale gagnent dix sous par jour, sans nourriture; c'est dire qu'un Européen dans les mêmes conditions ne trouverait pas à s'employer d'une façon suffisamment rémunératrice.
Le petit commerce est fait par les Annamites, qui se contentent de petits bénéfices, et font à nos débitants européens une concurrence terrible.
Le commerce un peu plus relevé est fait par les Chinois, qui vendent tout ce que l'on peut imaginer, avec un entrain, une connaissance du pays et une solidarité entre eux extrêmes. Mais alors, que nous reste-t-il à faire ? Bien des choses. Il nous est permis d'entrer pour une part dans l'approvisionnement de ce commerce qui dessert tout le Tonkin, et qui se compose de bien des articles européens, mais malheureusement rarement français. Ils ne sont pas français, ces articles, parce que nous ne nous attachons pas assez, en France, à produire à bon marché... Il est donc nécessaire que nos fabricants se mettent à l'œuvre pour la production à aussi bon compte que nos voisins. Considérez cette condition comme *sine qua non* d'une réussite quelconque.

D'autre part, les Tonkinois, qui ne connaissent pas encore l'emploi des produits que nous leur pourrons fournir, y viendront petit à petit.

(*Importance du Tonkin pour la France*, lettre d'un commerçant de Nam-Dinh à la Société de Géographie commerciale, février 1885.)

M. Alcide Bleton, chargé d'une mission commerciale au Tonkin, en 1885, a publié un long rapport, où il est dit :

Un pays aussi riche et aussi bien cultivé doit pouvoir exporter de grosses quantités de riz, dont la production annuelle est ordinairement de 2 millions de tonnes, du coton, du sucre, du maïs, des bois de construction et d'ébénisterie, des porcs, etc., etc.

(*Rapport de* M. A. BLETON; voir *Officiel* du 4 septembre 1885.)

M. le lieutenant de vaisseau Gouin, résident de France à Nam-Dinh en 1884, décrit ainsi le port de cette ville et son commerce à cette époque :

Le port présente aujourd'hui un développement de plus d'une lieue de longueur, et il y règne une animation extraordinaire. Nous sommes ici au centre de la province la plus riche en riz. Pas de terrain perdu, pas de montagnes, partout des rizières à deux récoltes par an, mais presque rien que cela... Le mouvement, quoique continuel, prend à chaque récolte, c'est-à-dire après le cinquième et le dixième mois, une animation plus grande.

(*Le Tonkin*, par A. GOUIN, résident à Nam-Dinh, 1884-86.)

Peut-on espérer dans l'avenir industriel, agricole et commercial du Tonkin ? Sans hésitation, je réponds oui : la population est laborieuse. Le Tonkinois, agriculteur, brodeur, incrusteur, etc., est habile ouvrier; s'il n'est pas créateur, du moins son exécution est-elle en général très finie; il apprend avec une rapidité étonnante.

Nous pouvons en outre être sûrs que les cours des écoles professionnelles dont l'établissement est projeté seront suivis avec empressement, car on a remarqué chez tous les jeunes un grand désir d'apprendre ce qu'on veut bien leur enseigner.

On jouit ici d'un climat permettant toutes les cultures, et le sol, formé de couches d'alluvion très riches, pourrait certainement rémunérer les capitaux que l'on voudrait bien y engager.

(*Lettre d'un habitant d'Hanoï sur le climat et l'avenir commercial et industriel du Tonkin*, adressée à la Société de Géographie commerciale; Hanoï, février 1886.)

À ces renseignements, nous en ajouterons d'autres un peu plus loin, concernant le commerce par le fleuve Rouge, le courant d'affaires avec le Yunnan et les provinces chinoises, et les développements commerciaux déjà constatés au Tonkin.

PÊCHE

En dehors de ces industries, je citerai les pêcheurs, dont le nombre est relativement restreint... La majeure partie des barques sont faites, faute de bois, au moyen de lattes de bambou très artistement entrelacées, et enduites de vernis fait avec des huiles de *dipterocarpus*, qui viennent du Haut Tong-King avec les pièces de charpente.

(*Souvenirs du Tong-King*, par le Dr HARMAND; 1873.)

La proximité de la mer est aussi une source de richesse pour les habitants, qui, tout le long des côtes, se livrent à la pêche avec ardeur. A l'est de la province, on trouve de nombreuses tortues caret renommées pour la beauté de leur écaille. A Cua-Bang, on pêche la sardine. Au dire des habitants, on y pêchait aussi autrefois des perles fort recherchées.

(*Notice sur le Thanh-Hoa, province du Tong-King*, par un missionnaire français de la Société des missions étrangères, 1875.)

Les poissons abondent aussi au Tong-King, soit dans les fleuves, soit dans les rivières ou les étangs. Les Tongkinois ont une véritable passion pour la pisciculture, et il n'y a si petite habitation qui n'ait son étang particulier, soigné avec méthode et avec soin..... Il y a, pour aviver les étangs dont je parle, des marchands de fretin qui parcourent chaque année le pays en tout sens, qui ont le talent de conserver vivante, pendant deux, trois et quatre jours de marche, leur petite fortune....

Sur la côte, aux sixième et septième mois lunaires, jusqu'aux huitième et neuvième, on voit arriver chaque année des bancs de sardines, de petites chevrettes, de cá-bo, de cá-trong,... de harengs et de morues, que les pêcheurs prennent à pleines barques pour en faire l'objet d'un grand commerce. Les grandes espèces sont desséchées au soleil ou même rôties au feu.

... Les pêcheurs font donc une partie considérable de la population ; il y en a qui habitent la mer avec toute leur famille.... Les pêcheurs de la côte ont le droit de posséder une terre, et ils forment des communes ayant un territoire comme les gens de l'intérieur.

(*Aperçu sur la géographie, etc., du royaume d'Annam*, document officiel publié par le *Courrier de Saïgon*, 1875-76.)

Il existe encore, au point de vue de l'alimentation, une autre ressource sérieuse : le golfe du Tonkin est un des golfes les plus poissonneux du monde...

(*Discours de l'amiral Jaurès*, rapporteur des crédits du Tonkin, au Sénat, 1884.)

Tout le long de la côte et aux entrées des fleuves, la pêche et la fabrication du sel sont en honneur.

(*Le Tonkin*, par A. GOUIN, résident de France à Nam-Dinh, mars 1885.)

Le Thaï-Binh se jette à la mer par 6 embouchures.

Tout autour du navire et aussi loin que la vue peut s'étendre, on aperçoit des pêcheries qui sont d'interminables rangées de gros piquets solidement enfoncés et servant à tendre de longues perches en filet, établis seulement pendant le reflux.

Je ne crois pas qu'il manque aux Annamites un seul des engins de pêche usités dans le pays d'Occident, et ils en possèdent que je n'ai jamais vus ailleurs. Parmi les filets à la main, le plus usité est l'épervier.

Les rivières plus fréquentées par les jonques sont plus que les autres encombrées de pêcheries qui s'étalent d'un bord à l'autre.

Les Annamites pratiquent la pêche des huîtres de rivière.

(*Le Tonkin*, par A. GOUIN, communication à la Société de Géographie, 1886.)

Je vous ai, dans les premiers temps de mon arrivée au Tonkin, entretenu de la variété de poissons vivant dans les rivières du Delta. Cette variété n'est pas moindre dans la rivière Noire.

(*Lettre de M. Balansa*, savant en mission au Tonkin, datée de Fu-Pha, 1887.)

Sur ses côtes et dans ses rivières, le poisson abonde. Des pêcheries admirablement installées et exploitées par des cantons entiers, emploient des milliers d'hommes et font vivre une population nombreuse.

(*Nos premières années au Tonkin*, par Paulin VIAL, 1889-90.)

III

VOIES DE COMMUNICATIONS

Cours d'eau et ports. — Arroyos. — Routes et chemins de fer.

COURS D'EAU ET PORTS

Le Tonkin est sillonné par de nombreux cours d'eau, dont la plupart fort importants. Le principal, le *Song-Coï* ou *fleuve Rouge*, descend du Yunnan, province chinoise, et traverse le Tonkin dans toute sa longueur, jusqu'à la mer. Il reçoit maints affluents sur ses deux rives, notamment la *rivière Noire* (rive droite), et sur la rive gauche, la *rivière Claire*.

La question de la navigabilité de ces divers cours d'eau a été un moment très discutée; la passion politique fait que certains la contestent encore, malgré l'évidence, malgré la *navigation* dont ils ont été l'objet. D'où vient ce doute que l'on a réussi à faire naître et à entretenir? De ceci probablement : les cours d'eau du Tonkin ont (comme ceux des autres pays du reste, mais d'une façon plus marquée) deux aspects différents, selon que l'on est dans la saison des pluies ou dans la saison sèche; il y a les basses et hautes eaux (ces dernières coïncidant avec l'été). Pendant les basses eaux, le niveau s'abaisse considérablement et la navigation n'est plus praticable sur quelques points qu'avec des embarcations d'un tirant d'eau et d'une forme aujourd'hui bien déterminée, comme nous le verrons plus loin; c'est de là que les détracteurs du Tonkin partent pour dire que les cours d'eau ne sont pas accessibles aux navires de commerce.

En second lieu, comme dans tous les fleuves à courant impétueux, le lit est, en certains endroits, embarrassé par des rochers ou des amas de galets. Ce sont certainement des obstacles; mais des travaux faciles à opérer les feront disparaître ou les amoindriront dans une mesure suffisante, quand on le voudra.

Enfin, reste la question des *rapides*. On nomme ainsi les amoncellements de roches, ou la différence subite de niveau, qui se trouvent dans beaucoup de fleuves du monde entier (même en Europe, il y a la chute du Rhin à Schaffhouse, le saut du

Doubs, la perte du Rhône, etc.). Les rapides, lorsqu'ils affectent la forme de cataractes ou cascades, créent presque toujours un obstacle insurmontable; lorsque, au contraire, ils se bornent à rétrécir le cours du fleuve ou à l'obstruer partiellement, il est en général possible d'y remédier par des travaux de déblaiement, en faisant sauter les roches avec la dynamite, en opérant des dragages profonds, en canalisant un point donné, ou en établissant un système de touage qui aide et guide les bateaux.

Quoi que l'on ait pu prétendre, c'est à cette dernière catégorie qu'appartiennent les *rapides* du fleuve Rouge; ils ne forment pas des cataractes; tels qu'ils sont, ils peuvent être franchis, et l'ont été toutes les fois que l'on a eu recours aux embarcations appropriées dont fait usage le commerce chinois; des travaux peuvent faciliter le passage, au dire des personnes compétentes qui ont vu les lieux. Le premier de ces rapides, celui d'O-Ga, est d'ailleurs situé à 70 milles seulement de la frontière chinoise, et à 210 milles de la mer.

Pour les autres rivières, elles sont généralement navigables sur un parcours assez long pour qu'un courant d'affaires s'y établisse et charrie jusqu'au fleuve Rouge et à la mer, les produits des régions qu'elles traversent. Des voyages les plus récents, il ressort que la rivière Claire est praticable pendant six mois de l'année jusqu'à Tuyen-Quan, et plus loin pour les jonques de commerce; que la rivière Noire est navigable jusqu'au rapide de Cho-Bo situé bien avant dans son cours (à 50 milles de son embouchure), — rapide que l'on prétendait infranchissable, et que M. Pavie a parfaitement bien franchi en chaloupe à vapeur le 19 juillet 1888, après avoir constaté qu'il avait deux passes. Enfin, le Thaï-binh, qui constitue avec le fleuve Rouge le système hydrographique du Tonkin, est navigable, et la contrée qu'il baigne ainsi que ses affluents est fort riche, d'après Dupuis.

Les transports fluviaux s'opèrent aisément partout, avec les jonques de construction spéciale, à fond plat, de faible tirant, auxquelles ont recours les indigènes, ou même avec des bateaux plats mus par des roues comme le conseille M. de Kergaradec dans le récit de son premier voyage.

Dès 1879, M. Le Myre de Vilers proposait au Ministère de la marine, disent MM. Paulus et Bouinais, en prévision des futures opérations au Tonkin, la construction de quelques bateaux à vapeur d'un tirant d'eau maximum de $0^m,80$, permettant de remonter les différentes bouches du fleuve, et de rester ainsi en communication constante avec nos postes militaires. Depuis cette époque, la maison Claparède, de Saint-Denis, a construit des canonnières à roues, à l'arrière démontable, et à faible tirant d'eau, pour le service du Song-Koï.

Enfin la compagnie Marty et Abadie a fait tout dernièrement (juillet 1889) avec un succès absolu l'essai de divers types de bateaux plats, ainsi que nous le verrons plus loin (page 211).

Le fleuve Rouge. — En ce qui concerne spécialement le fleuve Rouge, nous avons l'avantage énorme de posséder seuls les deux rives sur tout le parcours navigable, c'est-à-dire l'*unité de domination des rives*. Cet avantage, inappréciable pour la sécurité et la réglementation de la navigation commerciale, semble avoir échappé à bien des esprits. On ne s'en est point prévalu, croyons-nous, lorsque se discutait la question d'occupation, et que l'on hésitait entre la prise de possession du Tonkin entier ou du Delta seul.

A tous les points de vue, c'est là une magnifique route fluviale.

Ce n'est pas d'aujourd'hui qu'elle est connue des négociants chinois et suivie par eux. Dès 1685, Baron, le « Tonquinien », décrivait le cours d'eau du Song-Koï et signalait le nombre des bateaux de commerce circulant sur ses eaux.

En remontant la grande rivière au-dessus d'Hanoi, écrivait en 1790 le Père Le Pavec, on la voit se séparer en deux branches. La principale, celle de l'ouest (fleuve Rouge), prolonge son cours jusqu'en Chine.

(*Nouvelles lettres édifiantes*, lettre du Père LE PAVEC, 1790-97.)

Le Chong-Ca (d'après la carte jointe au volume, c'est le fleuve Rouge) est le plus grand fleuve du Tong-King, qu'il traverse du nord-ouest au sud-est; il prend sa source dans le Yun-nan, passe à Hanoï et va se jeter à la mer par plusieurs embouchures.

(*Missions de Cochinchine et Tonquin*, par le Père DE MONTÉZON, 1858.)

Étudiée attentivement, remarque avec justesse un des compagnons de Dupuis, la carte, bien qu'incomplète, de ce pays lui montrait (à Dupuis) les cours d'eau descendant du plateau du Yunnan, qui, réunis sous le nom de Song-Koï, allaient se jeter à la mer, dans le golfe du Tong-Kin, après un parcours relativement peu considérable... Un bassin de cette importance devait produire un volume d'eau considérable et faire supposer que le Song-Koï pouvait être utilisé pour la navigation... La question des rapides se posait aussi.

(*Notice sur les voyages de Dupuis* (1871), par DUCOS DE LA HAILLE, 1874.)

La partie navigable du fleuve Rouge, écrit J. Dupuis, compte environ 414 milles que je fixe ainsi qu'il suit :

De l'entrée du Thaï-binh à Hanoï, par le Cua-loc	110 milles.
De Hanoï à Sontay............................	32 —
De Sontay à Kouen-co (poste avancé annamite.	87 —
De Kouen-ce à Laokaï (à travers les forêts)....	115 —
De Laokaï à Manghao..........................	70 —
	414 milles.

(*Voyages au Yunnan et au Tonkin* (1872), par J. DUPUIS, 1877.)

Voyage de M. de Kergaradec. — C'est au mois de novembre 1876 (le 23) que M. de Kergaradec, à bord d'un canot à vapeur, accomplit sa première reconnaissance du fleuve Rouge. Son rapport dénote une grande sûreté d'observation et une parfaite connaissance du pays.

De Hanoï jusqu'au pied des rapides, c'est dans ce passage d'une rive à l'autre, à l'endroit où les eaux des deux rivières se confondent, que la sonde a accusé dans la passe la profondeur la plus faible, 1^m,70 environ. Peut-être une canonnière y aurait-elle passé en se mettant sans différence ou en s'allégeant ; mais, dans tous les cas, elle aurait pu le faire aisément un mois plus tôt, ce qui me fait dire que la navigation du fleuve Rouge est praticable aux canonnières, de mai à novembre, jusqu'au pied des rapides.

... *Le premier rapide*, auquel les Annamites ont donné le nom de Thac-Thu (commencement des dangers), est à 15 ou 16 milles au-dessus de Thu-Quan. Ce rapide... est formé par deux bancs de roches qui barrent la rivière, déjà rétrécie à cet endroit par un banc de galets accumulés. C'est un des plus faciles à franchir, parce que la passe est droite. Il y plus de 2 mètres d'eau dans le chenal, qui se trouve le long de la rive gauche, mais le courant y atteint une vitesse de 8 à 9 kilomètres à l'heure, qu'on ne peut refouler, avec si peu de fond, qu'à l'aide d'une forte machine. On peut dire que si la profondeur de l'eau rend le passage rigoureusement possible pour les canonnières, elles seront en général obligées d'interrompre leur navigation en cet endroit, que, du reste, elles pourront atteindre *de mai à novembre au moins*. Celles qui franchiraient ce premier obstacle seraient, d'ailleurs, infailliblement arrêtées à l'un des rapides suivants : je pense que la navigation du fleuve jusqu'à la frontière n'est facile et avantageuse, pratique enfin, que pour des bateaux à vapeur de rivière entièrement plats, à roues, d'un très faible tirant d'eau ne dépassant pas 3 pieds, et munis d'une bonne machine qui leur permette de refouler un courant de 6 nœuds. Ceux-là pourront atteindre Laokai toute l'année, pendant l'inondation comme pendant la saison sèche.

Au-dessus du premier rapide, la route est, pendant une quinzaine de milles, libre de tout obstacle. Le fleuve, dont la largeur ordinaire est de 300 mètres, coule entre deux rangées de collines derrière lesquelles on voit paraître, au second plan, des sommets de 500 à 600 mètres. Les collines de la rive sont couvertes d'une belle végétation.

Le 20 décembre, après avoir franchi *deux rapides* assez difficiles, mais très courts, nous arrivions au pied du *grand rapide* qui forme, à cause de sa longueur, un obstacle très redouté des bateliers. Le grand rapide est, en effet, une difficulté sérieuse pour les jonques, qu'il faut maintenir au milieu du chenal, tout en les halant de terre, pendant plus d'un mille, contre un courant violent. *Mais il est très franchissable pour un petit vapeur* capable de refouler ce courant, dont la vitesse, mesurée à la surface, dans l'endroit le plus rapide, atteint 10 kilomètres à l'heure, mais ne les dépasse pas. La profondeur est de $1^m,50$, le chenal à peu près droit... De lourdes jonques cependant descendent les rapides sans aucune crainte en se laissant aller au courant, et leurs trois ou quatre avirons ne suffisent certainement pas à leur imprimer la vitesse nécessaire pour gouverner. C'est qu'en réalité il se forme, près des obstacles contre lesquels il semble qu'on va venir se briser, un remous d'autant plus fort que le courant est plus violent. Les jonques comptent sur ce phénomène, et il arrive en effet très peu d'accidents.

(*Rapport sur la reconnaissance du fleuve du Tonkin*, par M. DE KERGARADEC, consul de France à Hanoi, 1876-77.)

Ce rapport de M. de Kergaradec est d'autant plus important que son auteur, ancien officier de marine, possède une compétence technique, grâce à laquelle ses observations ne sauraient être suspectées. Dans ce rapport, il conclut, en somme :

1° *Que le fleuve Rouge est navigable, même pour les canonnières, depuis Hanoï jusqu'au pied des rapides, de mai à novembre au moins;*

2° *Que le premier rapide est aisé à franchir, et qu'il pourrait l'être rigoureusement pour une canonnière;*

3° *Que la navigation, jusqu'à la frontière de Chine, est « facile, avantageuse et pratique » pour les bateaux à vapeur de rivière, d'un type spécial, et que ces bateaux pourront* TOUTE L'ANNÉE *atteindre Laokaï;*

4° *Que le grand rapide offre une difficulté sérieuse pour les jonques, mais « qu'il est très franchissable pour un petit vapeur ».*

Dès cette époque (1876), ces affirmations, reposant sur des expériences pratiques et des constatations matérielles, tranchaient définitivement, on peut le dire, la question de savoir si le fleuve Rouge est navigable, et dans quelle mesure.

Au delà de Laokaï, c'est-à-dire au delà de la frontière, on peut encore passer, mais avec grand'peine, et sans espoir d'aller plus loin que Manghao, marché chinois. M. de Kergaradec l'a constaté lors de sa seconde reconnaissance sur le fleuve Rouge, qu'il a poussée jusque dans le Yunnan. Voici comment il résume lui-même le résultat acquis par ses deux explorations :

> Je vais maintenant tâcher de résumer ce long rapport... La navigation, facile jusqu'au pied des rapides, est possible jusqu'à la frontière de Chine, c'est-à-dire jusqu'à Laokay, pour des bateaux à vapeur d'un très faible tirant d'eau et d'une construction spéciale. Mais au-dessus de ce point, les rapides deviennent trop difficiles pour qu'on puisse espérer de les faire jamais franchir à des bateaux à vapeur. A Mang-Hao s'arrête toute navigation du fleuve.
>
> (*Rapport sur la seconde reconnaissance du fleuve du Tonkin*, par M. DE KERGARADEC, consul de France, 1877.)

Autres explorations. — Quant aux autres explorations ou voyages accomplis sur le fleuve Rouge et les autres rivières, voici encore quelques récits propres à nous renseigner.

> En septembre, octobre, novembre, les eaux sont encore suffisamment hautes pour que nos canonnières puissent parcourir toutes les voies principales du Delta. En novembre 1873, le bateau à vapeur de Dupuis, le *Mang-Hao*, descendait encore le canal des Rapides. A la fin d'octobre, ce même bateau, remontant au-dessus d'Hanoï, avait pu atteindre la frontière annamite. En décembre, la canonnière *l'Aspic*, arrivant de la Chine, put mouiller devant Hanoï.
>
> (*La Question du Tonkin*, par le commandant Edg. DE TRENTINIAN, compagnon de Garnier en 1873; 1877.)

Du côté de l'Annam, où la France avait aussi et forcément des visées, puisque c'était le siège du gouvernement, les cours d'eau ont été également étudiés. M. Dutreuil de Rhins, ancien capitaine du *Scorpion*, l'une des canonnières données à l'Annam par le traité de 1874, a écrit en 1877 une intéressante *Notice géographique de la rivière de Hué*, dans laquelle il décrit le cours de la rivière, la ville de Hué, ses forts, etc. En 1878, M. Dutreuil de Rhins a également publié dans le *Bulletin de la Société de Géographie*, une étude sur *la Côte d'Annam et la province de Hué*, où l'Annam est observé sous tous ses aspects et à tous les points de vue utiles.

En 1879, *la Massue* remonta le fleuve Rouge jusqu'à O-Ga, avec M. Gros-Devaud, lieutenant de vaisseau.

Nous ne pensons pas, dit ce dernier, qu'il soit possible de remonter le fleuve Rouge au-dessus de O-Ga avec les chaloupes canonnières actuelles, parce qu'elles ont un tirant d'eau trop fort pour passer les rapides à l'époque des basses eaux, et qu'elles n'ont pas une vitesse suffisante pour les franchir au temps des grandes crues.

A notre avis, le bâtiment réunissant les meilleures conditions pour la navigation dans les rivières du Tonkin serait la canonnière à roues, à fond plat, calant au maximum 1 mètre avec charbon et vivres, et filant 9 nœuds.

(*Une mission au Tonquin*, par le lieutenant de vaisseau Gros-DEVAUD, 1879.)

Le Song-Koï ne devient navigable qu'à partir de Mang-Hao, surtout à l'époque des eaux moyennes ; aux hautes eaux, c'est-à-dire en été, le parcours est plus pénible et plus chanceux.

Partant de Hanoï, les vapeurs de 1m,80 de tirant peuvent gagner la mer par trois routes et en toutes saisons, routes parcourues d'ailleurs journellement à l'heure présente. Aux grandes eaux d'été, des vapeurs tirant jusqu'à 2m,40 pourraient même effectuer l'un de ces trajets.

... Au-dessus de Laokaï, le fleuve Rouge n'a pas 100 mètres de large ; à Tuan-Kouan, il a déjà 200 mètres ; à Hong-Hoa, près de 500 mètres. De Hanoï à la mer, il a 1 kilomètre de largeur en moyenne.

(*Étude d'ensemble du Tonkin*, par le Dr MAGET, 1880.)

De Laokay à Mang-Hao, on ne peut guère employer que des pirogues de 4 à 5 tonnes, et dans ce trajet, le fleuve étant encaissé entre d'énormes falaises, on est dans l'obligation de transporter les marchandises à force d'hommes, jusqu'à des plateaux où on les charge sur des charrettes à bœufs.

(*Récit de M. Tuac, ancien consul de France à Haïphong, 1884.*)

Les bâtiments remontent de Haïphong à Hanoï, en empruntant le cours des différentes parties du fleuve Rouge. Pour aller en toute saison à Hanoï, il ne faut pas qu'un navire ait plus de 1m,80 de tirant d'eau. De mai à novembre, époque des hautes eaux, un navire de 3m,60 pourrait passer les bancs du Thaï-Binh et atteindre Hanoï par deux voies différentes.

De Hanoï au Yunnan, des navires de 2m,30 à 2m,40 peuvent remonter le fleuve, du mois de mai à la fin de novembre ; de décembre à mai, les bateaux ne doivent pas avoir plus de 0ᵐ,50 à 0ᵐ,75 centimètres pour franchir les bancs situés en amont de Sontay.

(*Le protectorat du Tonkin*, par A. BOUINAIS et PAULUS, 1884.)

A la commission parlementaire des crédits du Tonkin, en 1885, M. Hautefeuille, lieutenant de vaisseau, l'un des plus vaillants compagnons de Garnier en 1873, fut invité à s'expliquer sur le fleuve Rouge. A cette question de M. Ballue, député : « Peut-on communiquer par eau, de Lao-Kaï à Mang-Hao ? » il répondit :

On le peut en jonques. On a voulu employer des bâtiments qui n'étaient pas appropriés ; pour moi, je n'ai jamais échoué sur le fleuve Rouge, même pendant les plus basses eaux. J'ai pu le remonter à 25 kilomètres au-dessus de Hong-Hoa. *Les rapides qu'on y signale ne sont que des rétrécissements du fleuve, et non des cascades.* J'ai vu très souvent des jonques d'une forme spéciale faire le trajet aller et retour, calant, lestés, 80 centimètres, avec un chargement de 18 tonneaux... On remonte à Laokaï, en 25 jours, depuis la mer.

En résumé, le fleuve Rouge est navigable pour de petits transports ne calant pas plus que des jonques.

(*Déposition* de M. HAUTEFEUILLE, lieutenant de vaisseau, à la commission des crédits en 1885 ; *Officiel*, 1886.)

Voyage de M. Rocher. — D'ailleurs la navigabilité absolue du fleuve Rouge vient d'être démontrée deux fois de plus. La première par M. Rocher, l'ancien compagnon de Dupuis dans ses expéditions au Yunnan et au Tonkin, qui a remonté tout le fleuve, pour gagner la ville chinoise de Mong-Tse, où il a été nommé consul de France. Parti d'Hanoï à la fin de de mars 1889, il est arrivé le 12 avril à Laokaï, en 15 jours.

Le voyage s'est effectué dans de bonnes conditions, à l'aide d'une jonque calant 0^m,70, qui a passé partout, bien que les eaux du fleuve aient rarement été aussi basses qu'à ce moment.

Ajoutons que partout, tant au Tonkin, que dans le Yunnan, M. Rocher a reçu le meilleur accueil. Il a trouvé la ville de Mong-Tse, qu'il n'avait pas revue depuis près de 20 ans, fort agrandie et très florissante. Notre consul, qui a rendu dans cette région de si grands services à la cause française, a consigné le résultat de ses observations dans un rapport officiel parvenu à l'administration des colonies au mois de janvier 1890. Ce rapport, que l'on trouvera plus loin en entier, concerne à la fois la navigabilité du fleuve Rouge et le marché commercial du Yunnan. C'est un document des plus importants, sur lequel nous appelons spécialement l'attention.

Voyage du « Laokay ». — La seconde démonstration de la navigabilité du fleuve Rouge est plus récente encore. Il s'agit des essais tentés avec un plein succès, au mois de juillet 1889, par M. d'Abbadie, sous-directeur de l'exploitation de *la Compagnie des Messageries fluviales*, à Haïphong.

S'inspirant des travaux et des expériences de M. Leprieur, lieutenant de vaisseau, qui en 1888, avait fait le relevé hydrographique du fleuve et en affirmait la navigabilité, MM. Marty et d'Abbadie, tous deux directeurs des *Messageries*, se sont attachés à démontrer d'une façon désormais indiscutable, que la navigation du Song-Koï, malaisée sans doute, n'est du moins pas impossible, et qu'il suffisait, pour la pratiquer, de trouver le type de vapeur propre à en surmonter les difficultés. Sans tenir compte des prédictions décourageantes, semées à dessein par les adversaires politiques ou commerciaux du Tonkin, ils se sont mis courageusement à l'œuvre. Bientôt est sorti de leurs ateliers d'Haïphong, *le Laokay* qui semble répondre à toutes les exigences de cette navigation délicate, et dont on a pu voir le modèle réduit à l'Exposition coloniale de l'Esplanade des Invalides, à Paris. C'est un petit steamer, à roue unique placée à l'arrière, et d'un faible tirant d'eau. En dépit de quelquques imperfections, il file 8 nœuds, et peut porter des passagers et des marchandises.

Parti d'Hanoï le 7 juillet, il est arrivé à Laokay

(frontière chinoise) le 24 du même mois, après avoir remonté le fleuve Rouge et franchi les rapides, malgré la baisse des eaux.

Les journaux du Tonkin ont publié « le journal du bord » tenu durant le voyage, et qui en relate les péripéties. C'est une peinture simple et vivante à la fois, et un document plein d'intérêt que nous devons nous borner à résumer très sommairement :

— *Le 7 juillet 1889*, à midi 1/2, le *Laokay* quitte Hanoï, ayant à bord: MM. d'Abbadie, Friocourt, chef du service de santé, le commandant Grégoire, sous-chef d'état-major de la division d'occupation, Repton, commissaire de la chaloupe, et l'équipage annamite commandé par le patron A-Ka. Le même soir à 8 heures, arrivée à Viétri. — *Le 8*, la chaloupe passe à Yen-Baï. — *Le 9*, elle franchit six rapides de suite; le courant a une vitesse de 3 à 4 mètres à la seconde. — *Le 10*, on est devant le rapide de Thack-Haï, que la baisse des eaux et la vitesse du courant obligent à franchir à la cordelle. La chaloupe a déjà passé sans encombre les deux premiers seuils, lorsque la cordelle se rompt, laisse le *Laokay* s'échouer en travers, contre la barre de galets. Les eaux ayant continué à baisser par une déplorable coïncidence, juste au moment où survenait cet accident, c'est *le 18* seulement, après huit jours d'attente, que par l'effet d'une crue subite de 3 mètres, le *Laokay* se déséchoue, et est refoulé en aval du rapide, qu'il franchit à toute vapeur le lendemain *19 juillet*. — *Le 20*, les rapides se succèdent nombreux; il y en a six consécutifs, que le petit steamer réussit à passer en 5 heures 40 minutes. — *Le 21*, cinq nouveaux rapides sont franchis; on constate que les roches sont plus abondantes dans le lit du fleuve, mais par contre le courant diminue d'intensité. Le soir, à 5 heures, arrivée à Phu-lo. — *Le 22* à 6 heures du soir, la chaloupe est en vue de Laokay, après avoir franchi encore une série de rapides. — *Le 23*, le courant est très violent, on emploie la journée à nettoyer la chaudière, pour obtenir plus de pression. — *Le 24* enfin, le *Laokay* passe le dernier rapide, à 1 kilomètre en aval du poste français, où il arrive bientôt, salué par les applaudissements chaleureux de tous nos nationaux rangés sur la rive.

(Résumé du *Journal du bord* du *Laokay*, juillet 1889.)

Le voyage, on le voit, avait duré dix-huit jours, dont il faut défalquer toutefois les huit journées d'attente imposées par un accident, sur le rapide de Thack-hai.

Quant au retour de la chaloupe, il s'est effectué en quatre jours seulement (du 25 au 28 juillet).

L'expérience est décisive.

Elle ne permet plus de considérer comme une chose discutable, l'établissement, par le fleuve Rouge, d'une voie de communication directe et relativement rapide, entre les ports français du Tonkin et les marchés chinois du Yunnan. C'est là un fait d'une importance capitale, tant au point de vue politique, que sous le rapport commercial. Reste au gouvernement à en tirer profit pour la colonie, ainsi que l'y a convié, quelques jours après l'expédition du *Laokay*, le journal *Le Courrier d'Haïphong*, dans un langage plein de sagesse et de fermeté, auquel nous tenons à nous associer en le reproduisant ici :

Le voyage est terminé. Nous en avons résumé en quelques lignes les émouvantes péripéties.

Au point de vue politique et commercial, l'effet produit sera excellent. C'est un pas en avant; c'est une nouvelle manifestation de notre volonté bien arrêtée d'occuper le pays jusqu'à la fontière, d'en développer les richesses agricoles et industrielles.

Il est difficile de dire dès aujourd'hui si la navigation du fleuve Rouge sera pratique en toute saison pour des vapeurs construits spécialement. Tout ceci est affaire de temps, et d'études en cours; l'essentiel était de passer une fois, de combattre un préjugé. Ce premier résultat est acquis, il n'y a plus qu'à aller de l'avant.

MM. Marty et d'Abbadie ont risqué pour cela leur chaloupe, M. d'Abbadie a payé de sa personne, c'est au gouvernement qu'il appartient aujourd'hui de continuer. Il a à améliorer la route qui sera, dit-on, facile à rendre navigable, sans grosses dépenses. Les particuliers ont accompli leur œuvre, à l'administration de la continuer.

(*Le Voyage du Laokay*, article de M. DE CUERS DE COGOLIN, dans *le Courrier d'Haïphong*, 4 août 1889.)

Les ports. — La question des *Ports au Tonkin* est beaucoup plus délicate, à notre avis, que toutes les précédentes. En l'état actuel, en effet, le Tonkin n'a point de port à proprement parler, alors qu'il lui serait aisé d'en avoir un magnifique, offrant toutes les garanties, tous les avantages désirables : celui d'Hone-Gay ou Port-Courbet dans la baie d'Halong.

Les circonstances ont fait que les Européens et nos postes militaires eux-mêmes se sont fixés dans le Delta; c'est là que les villes se sont développées; c'est là que sont habitués à venir les navires de commerce; des centres commerciaux et administratifs ont ainsi été créés dans ces villes auxquelles notre occupation s'était limitée tout d'abord. Mais il se trouve que, malheureusement, par leur situation, aucun de ces centres n'a et ne peut espérer avoir un véritable port accessible aux navires de fort tonnage, d'un tirant d'eau dépassant 3^m,70 au plus, ni surtout offrir, le cas échéant, un abri nécessaire à nos bâtiments de guerre. Jamais un port de cette nature ne pourra se créer là.

M. Joseph Renaud, ingénieur hydrographe, qui a étudié sur place la question des ports du Tonkin, dépeint très clairement le côté bizarre et fâcheux de cette situation.

Prendre un port dans les bras du fleuve Rouge, où les alluvions mettent aux embouchures des barres infranchissables aux grands navires, c'est donner au Tonkin un port de caboteurs, c'est donner à notre belle colonie un organe qui n'est pas en rapport avec sa vitalité, avec son avenir; c'est la rendre commercialement tributaire de Saïgon et de Hong-Kong; militairement, c'est la rendre incapable de donner abri en temps de guerre à un bâtiment de fort tonnage, croiseur, cuirassé ou paquebot. Ce serait assumer pour l'avenir la plus lourde responsabilité, ce serait encourir les plus graves reproches de la part de la génération qui viendra après nous, et qui ne comprendra jamais comment nous avons pu nous établir en un point aussi défectueux. Ce serait certes rendre vraisemblable l'opinion de ceux qui prétendent que nous ne sommes pas colonisateurs, et que nous avons le talent de nous installer toujours aux plus mauvais endroits.

Les deux ports projetés dans le Delta, et offrant des conditions si évidemment défectueuses, sont ceux d'Haïphong et de Quang-Yen.

Or, dit M. Joseph Renaud, Haïphong n'est pas accessible aux grands bâtiments, c'est-à-dire à tous ceux qui viennent d'Europe, au plus grand nombre de ceux qui fréquentent les mers de Chine. De plus, il ne peut être la tête de ligne d'une voie ferrée le reliant à Hanoï.

Quang-Yen, beaucoup mieux situé topographiquement, a l'irrémédiable inconvénient d'avoir comme Haïphong son fleuve barré.

Les partisans de ces deux ports espèrent que la barre qui ferme la rivière peut être améliorée, sinon disparaître. Il leur semble facile « de supprimer l'obstacle qui les gêne ». « Malheureu-
« sement, dit M. Renaud, l'obstacle est insurmonta-
« ble, on ne drague pas une barre telle que celle de
« Cua-Cam », et il le démontre péremptoirement.

Faut-il donc renoncer à donner un véritable port de commerce et accessible aux navires de guerre, à notre grande colonie ? Non pas. Il en existe un splendide, bien situé, facilement aménageable, entouré de fortes défenses naturelles : celui d'Hone-Gay ou Port-Courbet, à l'est du Delta, au fond de la baie d'Halong. Les rives de la baie d'Halong, il est vrai, ne sont le siège d'aucune ville de quelque importance. Les rochers élevés, abrupts, noirâtres, presque sans végétation qui la bordent contrastent avec l'aspect riant du Delta.

Mais si la baie d'Halong est un sujet d'étonnement pour les visiteurs, elle est plus merveilleuse encore aux yeux des marins; car elle est certainement, au point de vue maritime, une des plus belles rades du monde. Elle est facilement accessible par tous les temps, à toute heure de marée aux navires de tout tonnage; l'étendue de son mouillage est indéfinie, la tenue des ancres y est parfaite... Il ne lui manquerait rien, si les passes trop nombreuses n'exposaient en temps de guerre les bâtiments qui y sont mouillés à toutes les surprises. Avec ces inconvénients, il n'y a aucune installation possible à Halong, c'est une rade magnifique, — mais le port est au fond de la rade, à Hone-Gay.

(*La question des Ports du Tonkin*, par Joseph RENAUD, ingénieur hydrographe, 1887.)

Il suffirait d'un travail sans importance, quelques milliers de francs, pour enlever environ 1,000 mètres cubes de vase, pour déblayer l'entrée du chenal profond reliant le port à la rade. Là on est loin des alluvions du fleuve Rouge, se renouvelant sans cesse; il s'agit de dépôts séculaires de vase, aisés à déplacer une fois pour toutes. Le port d'Hone-Gay, serait dès lors accessible à tous les bâtiments de mer. Les gisements houillers sont en outre de ce côté, et du même coup nous aurions un port de charbonnage.

C'est donc ainsi que la question de l'établissement d'un port au Tonkin se pose : ou rester dans le Delta à Haïphong ou Quang-Yen, et n'avoir qu'un « port de caboteurs » sans avenir, sans accès pour les grands bâtiments, mais conserver les centres déjà établis et prospères ; — ou bien aller résolument à Hone-Gay, où l'on aura sans rien dépenser un port magnifique, accessible à tous les bâtiments, mais où tout est à créer en fait de constructions et de centres administratifs.

Le problème, très simple en lui-même, ne reçoit pas de solution parce que celle qui s'imposerait, l'établissement à Hone-Gay, léserait certainement ceux de nos nationaux qui ont créé des comptoirs, fondé des entrepôts, dépensé leurs capitaux, dans le Delta, à une époque où il y avait du courage à s'y aventurer.

Telles sont les considérations qui retarderont sans doute, longtemps encore, toute décision.

ARROYOS

On appelle ainsi les canaux naturels et infiniment nombreux qui sillonnent en tous sens les terres basses du Delta, reliant les unes aux autres les diverses embouchures du fleuve Rouge et des petites rivières de la côte. Ce sont, pour les Tonkinois, les voies de communication les plus usitées ; elles facilitent l'exploitation des rizières, et ne nécessitent pour ainsi dire aucun entretien.

Le Tonkin est sillonné de toutes parts, par une multitude d'arroyos et de fleuves qui procurent aux exploitations agricoles une grande fertilité.

(*Le Tongkin et la voie commerciale du fleuve Rouge*, par M. E. MILLOT; 1882.)

La partie du delta la plus voisine de la mer est plate, basse et fertile. La crue annuelle des rivières ne s'y fait que peu sentir; pour cette raison, les digues qui bordent le fleuve sont peu élevées, et sont destinées à protéger le pays seulement contre les grandes marées. A mesure qu'on s'avance dans l'intérieur, les digues de protection s'élèvent et s'élargissent... Des travaux de consolidation peu coûteux dans ce pays où la main-d'œuvre est à bon marché, pourront modifier favorablement la profondeur des voies de communication, et en faciliter la navigation. Il ne faut pas oublier, en effet, que les Annamites, qui n'emploient que des jonques d'un assez faible tirant d'eau, n'avaient pas le même intérêt que nous à augmenter la profondeur de leurs rivières, et ne s'y sont par conséquent pas appliqués.

Les innombrables rivières qui arrosent les deltas font communiquer entre eux, d'une façon suffisamment commode, les points les plus disséminés sur le territoire. Il n'est pas un coin du pays tonkinois auquel, ou à proximité duquel, on ne puisse arriver par un arroyo.

(*Le Tonkin*, par M. A. GOUIN, lieutenant de vaisseau, Résident à Nam-Dinh, 1884.)

... Particularité singulière du Tonkin. De la frontière de l'Annam jusqu'à la frontière de la Chine, ses arroyos communiquant les uns avec les autres, continués dans le sud par les lagunes, dans le nord par des bras de mer bien abrités du large, forment une grande voie de navigation intérieure tout le long de la côte d'un bout à l'autre du pays. C'est là un privilège très précieux. Les barques du fleuve, les jonques, les chaloupes peuvent descendre du delta jusqu'aux provinces du sud, ou remonter dans le nord jusqu'à la frontière de Chine.

(*La question des Ports du Tonkin*, par J. RENAUD, ingénieur hydrographe, 1887.)

ROUTES ET CHEMINS DE FER

Les routes. — Dans les pays qui ne jouissent pas d'une organisation régulière, dont l'administration en est pour ainsi dire à la période primitive, — le commerce a toujours recours aux voies fluviales; les routes de terre n'existent guère qu'alentour des villes, et elles dégénèrent bientôt en sentiers plus ou moins larges et plus ou moins frayés. Le Tonkin s'est trouvé dans ce cas, et c'est seulement depuis l'occupation française que des travaux de voirie réguliers y sont effectués.

La route royale traverse tout le Tonkin. Elle débouche à Ninh-Binh, passe à Phu-Ly, et arrive à Hanoï, d'où elle repart de l'autre côté du fleuve pour Bac-Ninh et Lang-Son. Elle n'a qu'une largeur de 7 à 8 mètres et est assez mal entretenue....

Une autre route créée en grande partie par notre administration conduit de Hanoï à Son-Tay et à Hung-Hoa, en traversant le Day et la rivière Noire.

(*Les Colonies françaises*, notices publiées par ordre du Sous-secrétaire d'État des colonies, par M. L. HENRIQUE, 1889.)

Du Tonkin, nous l'avons déjà vu, on communique : avec *le Yunnan* par le fleuve Rouge et par la rivière Claire, qui passe à Tuyen-Quan, avant d'entrer dans le céleste empire ; — avec le *Quang-si*, par le Bo-de et son affluent le Kham, par le Thaï-binh, puis par la route qui traverse les montagnes de Lang-Son ; — avec l'*Annam*, par la route de Hué, relativement entretenue ; — avec *le Laos septentrional*, par le Kien-Tû-Hà ; — avec *le Laos central*, par quelques cours d'eau, — d'après M. Romanet du Caillaud.

Du côté du Laos surtout de grands efforts sont tentés pour rechercher ou créer des routes commerciales. Le point de départ de notre action dans ces parages, est indiqué par la date même de la nomination de M. Pavie au poste de vice-consul, à Luang-Prabang, sur le Me-kong (Novembre 1885). En octobre 1886, M. Pavie, parti de Bangkok, a exploré le Laos avec la science méthodique et l'intrépidité qui le distinguent : il réussit à passer des rives du Mekong au Tonkin. De même en 1888, il parvint à repasser du Laos au Tonkin, et put gagner Hanoï ; voici dans quelles conditions ce voyage si important pour les intérêts du commerce en Indo-Chine, s'est effectué.

M. Pavie a mis 30 jours pour venir de Luang-Prabang à Hanoï, en traversant les vallées du Song-Ma et la rivière Noire. Il a dû, nécessairement, dans ce premier itinéraire d'exploration, perdre un certain temps. Il est donc permis de croire que lorsque la route sera bien indiquée et rendue plus praticable ; que les travaux du barrage de Cho-Bo permettront de franchir ce *seul obstacle*, — M. Pavie l'affirme, — que l'on rencontre sur la rivière Noire, jusqu'à Laï-Chau, la capitale du Laos ne sera pas à plus de 20 jours d'Hanoï.

Nous pourrons alors regarder sans trop d'appréhension les chemins de fer anglais et siamois dont les têtes de ligne visent le Mekong.

Depuis des années, M. Pavie songeait à trouver la voie commerciale qui relie le Laos au Tonkin : son but est atteint aujourd'hui.

(*M. Pavie et la voie commerciale du Laos au Tonkin*, lettre d'Hanoï, adressée à la Société de Géographie commerciale, par M. de CUERS DE COGOLIN, mai 1888.)

Là ne se sont point arrêtés ses efforts. Sous son inspiration, et à la suite de ses diverses explorations, un *Syndicat français du Haut-Laos* a été constitué il y a quelques mois. M. Paul Macey qui en est le fondé de pouvoirs au Tonkin, a quitté Hanoï le 15 février 1890 pour se rendre à Luang-Prabang. D'après *l'Avenir du Tonkin*, la mission commerciale dont il est chargé consiste « à établir un double courant d'exportation et d'importation entre le Yun-nan occidental, les provinces S.-O. de la Chine, les hauts plateaux du Muong-lu, les vallées du Haut-Mekong et le Haut-Laos, avec le golfe du Tonkin ; par les plateaux du Muong-lu, le Nam-hou, la rivière Noire et leurs affluents ». Une partie de cette tâche est déjà réalisée.

Un courant d'importation est déjà créé. En effet, les statistiques des douanes de l'Indo-Chine constatent officiellement que pour le mois de janvier 1890, 29 tonnes ou mètres cubes de marchandises diverses, d'une valeur de plus de 43,000 francs ont été introduites par le syndicat français du Haut-Laos, en transit à travers le Tonkin, à destination de Luang-Prabang et des pays voisins du Haut-Laos.

(*Avenir du Tonkin*, 15 février 1890.)

Un comptoir est, dès maintenant, installé à Luang-Prabang ; les relations nécessaires sont assurées au Tonkin ; plusieurs marchés ont été passés pour l'achat des produits du Haut-Mékong. Des caravanes les apporteront au Tonkin et même en Chine ; ce sont principalement : du thé, du coton, du musc, du benjoin, des bois précieux, de l'ivoire, de la soie, des cornes et peaux, des mules et des poneys, etc. On peut donc conclure que *le courant d'exportation sera créé à bref délai,* s'il ne l'est déjà.

Ce mouvement d'échanges ne peut que grandir de jour en jour. En suivant l'exemple pratique donné par la mission commerciale, les caravanes prendront l'habitude des routes nouvelles, plus faciles, moins coûteuses et surtout plus rapides que celles qu'elles suivaient jusqu'ici.

En effet, ces routes passent par Sui-Phu, Yong-ning, Honnan, et Canton, pour les ports de la Chine ; Kiang-hong, et Bhamo, pour ceux de la Birmanie. Les premières représentent de 75 à 85 jours de voyage, dont plus d'un tiers en pays de montagnes et le reste en navigation lente et difficile sur des rivières ou des fleuves ; les secondes, tout en pays accidenté, ont notamment à franchir transversalement à leur direction, sept des lignes de faîte qui partagent les eaux et les bassins ou vallées du Mékong (rive droite), de la Salouen et de leurs affluents, presque tous parallèles dans leur haut cours et dont les cols ou passages sont situés à plus de 2,000 mètres d'altitude, alors que le niveau des eaux est à 3 ou 400 mètres environ.

Les routes nouvelles, au contraire, descendent des hauts plateaux du Muong-lu ; elles sont facilement praticables et peuvent emprunter des rivières ou cours d'eau, navigables pour la plupart, venant aboutir, presque en lignes parallèles, au golfe du Tonkin.

Il existe en outre, sur leur parcours, de grandes agglomérations et des marchés importants signalés déjà par M. Pavie et ses compagnons.....

... Le Syndicat possède de puissants moyens d'action ; son rôle ne se bornera pas à la création de comptoirs et à l'ouverture de débouchés commerciaux ; il a aussi pour but d'étudier sur place l'exploitation des pays explorés au double point de vue agricole et industriel.

(*Avenir du Tonkin*, 15 février 1890.)

On voit que les routes commerciales dont nous disposons (et dont nous usons déjà) pour pénétrer au Laos, sont supérieures à celles que peuvent suivre nos rivaux. Nous avons sur ce point la même situation avantageuse que du côté du Yun-nan et de la Chine occidentale.

Chemins de fer. — Avant même que notre installation au Tonkin fût définitive, on songeait à y créer des voies ferrées, pour activer et seconder les transactions commerciales, pour faciliter l'approvisionnement de nos postes militaires et rendre plus rapides leurs déplacements, le cas échéant.

Dès 1882, M. Le Myre de Vilers confiait à MM. Viénot, conseiller colonial à Saïgon, et Schrœder, entrepreneur, le soin d'étudier sur place les lignes ferrées qui pourraient être créées dans le Delta, avec amorce du côté du fleuve Rouge. Des études très sérieuses ont été faites par MM. Viénot et Schrœder.

D'autre part, beaucoup parmi ceux qui ont vu le Tonkin, — M. Harmand est de ce nombre, — estiment qu'il y aurait intérêt surtout dans le haut fleuve Rouge à établir des chemins de fer. Sans doute, disent-ils, on améliorera les voies fluviales du Delta, et l'on substituera la batellerie à vapeur aux jonques, dans une bonne partie du fleuve Rouge, — mais les chemins de fer ne seraient-ils pas plus pratiques et plus sûrs? M. J. Chailley se pose aussi cette question.

C'est pour l'examiner qu'un arrêté du Ministre des affaires étrangères du 18 mars 1887 a constitué *la Commission technique des Chemins de fer du Tonkin*. Cette commission, rapporte M. le contre-amiral Cavelier de Cuverville, dans une communication adressée à la Société des Etudes coloniales et maritimes, a tenu en 1887 quatorze séances générales; son rapport est inséré à l'*Officiel* du 29 août 1887. Elle a pris d'abord trois décisions de principe :

1° Choisir Port-Courbet (Hone-Gay) et la baie d'Halong comme tête de ligne, situé dans un port à eau profonde, bien abrité, et facile à défendre;

2° Arrêter le parcours direct vers les centres de production, dans les meilleures conditions;

3° Pour l'établissement des stations frontières au point de vue stratégique, la commission a réservé ses conclusions.

Puis elle a étudié *cinq lignes* distinctes destinées, l'une à relier Hanoï à la mer ; les autres à servir de voies de pénétration pour aller du Delta vers le Yunnan, le Quang-si, le Laos et l'Annam.

La ligne d'Hanoï à la mer partira de la rive gauche du fleuve Rouge, au droit d'Hanoï ; elle passera par Bac-Ninh, les Sept-Pagodes, Dong-Trieu, Quang-Yen, et aboutira à Hone-Gay. Sa longueur totale sera de 175 kilomètres environ, se décomposant comme suit : Hanoï, Bac-Ninh, Sept-Pagodes, 60 kilomètres ; — Sept-Pagodes, Dong-Trieu, Quang-Yen, 85 kilomètres ; — Quang-Yen, Port-Courbet, 30 kilomètres.

La ligne de Langson a pour but de pénétrer dans le Quang-si. Son tracé bifurque de la ligne d'Hanoï à la mer, à la hauteur de Bac-Ninh. Il suit la grande route mandarine par Phu-Lang-Thuong, Kep, Baclé, Than-Hoï, le col de Cut, et aboutit à Lang-Son. C'est le chemin traditionnel et le plus direct de l'Annam à la Chine ; c'est également la direction de la route carrossable faite par le génie pour relier Bac-Ninh à Lang-Son. Sa longueur totale est évaluée à 125 kilomètres. Le 28 août 1889, le Sous-secrétaire d'État des colonies a fixé au

13 septembre suivant, l'adjudication de la partie de cette ligne allant de Phu-Lang-Thuong à Lang-Son. Elle aura 60 centimètres de large, et coûtera 4 millions et demi.

La ligne du Yunnan suivra le fleuve Rouge, sur la rive gauche, dans sa direction générale. Elle partira des environs d'Hanoï, passera par Vietri, Than-Quan, Bao-Ha, et aboutira à Laokaï. Sa longueur sera de 305 kilomètres.

La ligne du Laos n'a pas encore de tracé projeté.

La ligne de l'Annam du Nord traverserait un pays riche et peuplé. Son tracé suivrait à peu près la grande route qui relie l'Annam au Tonkin.

Quant au classement de ces lignes, la commission est d'avis de ne comprendre dans le premier réseau du Tonkin que celles : d'Hanoï à la mer, de Langson et du Yunnan. Elle observe que la ligne d'Hanoï à la mer dans son entier, et l'amorce de la ligne du Yunnan d'Hanoï à Viétri lui paraissent offrir un intérêt immédiat et indiscutable.

Parmi les projets autres que ceux émanant de la commission technique, on peut citer celui de M. de Morès. D'après ce dernier, pour pénétrer en Chine, la meilleure route serait celle qui, partant de la mer à la hauteur de l'île de Ké-Bao, longerait la frontière du Céleste-Empire. Son tracé, établi en 1889, après une reconnaissance du terrain, passerait par Tien-Yen, Dinh-Lap, Lang-Son et Dong-Dang, pour aboutir à Binhi, sur la limite du Quang-Si. Il comprendrait encore cinq autres lignes : de Tien-Yen à la frontière chinoise par le Song-Tien-Yen ; — de Tien-Yen à Hanoï ; — des Sept-Pagodes au Yunnan ; — des lacs Ba-Bé à Cao-Bang et au Quang-Si ; — de Lang-Son au nord de la rivière de Cao-Bang. M. de Morès proposait de construire ces diverses voies sans le concours financier de l'État, mais à la condition d'en avoir l'exploitation pour une durée de 99 ans, et d'obtenir : 1° la concession de l'île montueuse située à Port-Courbet, à l'entrée de la baie d'Halong ; 2° la concession de 200 hectares par kilomètre de voie construite, à choisir dans un rayon de 10 kilomètres de chaque côté de la voie ; 3° le droit d'expropriation ; 4° l'exemption complète d'impôts sur ces terrains, pendant cinq années.

L'Administration n'a pas cru pouvoir accueillir cette demande de concession.

IV

LE TRAFIC AVEC LA CHINE

*Par le fleuve Rouge. — Ressources du Yunnan.
Le rapport Rocher (1890).*

TRAFIC PAR LE FLEUVE ROUGE

Les rives du fleuve Rouge sont susceptibles de devenir le siège d'entrepôts commerciaux ; le trafic qui s'y fait depuis un temps immémorial, malgré les événements qui ont sans cesse troublé le pays, est déjà d'une activité constatée.

L'ouverture par la vallée du Tonkin, de relations commerciales avec le sud de la Chine est l'un des résultats les plus importants que la politique française doive chercher à obtenir en Indo-Chine.

(*Voyage d'exploration en Indo-Chine*, par F. GARNIER, 1866-68.)

Ainsi parlait Francis Garnier, au retour de l'expédition du Mekong, alors qu'il venait de voir le fleuve Rouge, et de constater les avantages commerciaux à en retirer.

En décrivant les derniers voyages de J. Dupuis, l'un de ses compagnons retrace le cours du fleuve, dit le trafic qui s'y faisait il y a vingt ans, la facilité des communications, et la sécurité absolue que l'on trouvait dans ces parages :

> M. Dupuis, négociant français, est le premier européen qui ait suivi le cours du fleuve Rouge, et constaté la navigabilité du fleuve en toute saison... Grâce à son initiative, il est permis d'espérer qu'avant peu un commerce considérable d'importation et d'exportation pourra être offert à l'activité des nations européennes.
>
> ... M. Dupuis estime que, dans quelques années, le transit par le fleuve Rouge atteindra au moins la moitié de l'importance de celui du Yang-Tsée. Ce transit est la seule voie économique et réellement pratique qui permette aux Européens d'établir les rapports commerciaux avec plusieurs provinces du Sud-Ouest de la Chine, avec le Laos, et avec le Thibet.
>
> (*Le Cours du fleuve Rouge au Tongkin*, d'après les notes et renseignements de J. Dupuis, par D. Ducos de la Haille, ingénieur colonial, 1871, écrit en 1874.)

L'importance et le parti à tirer de la voie du fleuve Rouge nous paraissent exactement déterminés, dans les considérations suivantes, que Francis Garnier soumettait en 1872, à la Société de Géographie :

Notre industrie écrasée par de lourdes charges, notre commerce en partie ruiné par la guerre, ne sauraient, sous peine d'un anéantissement complet, rester étrangers ou indifférents à des tentatives ou à des préoccupations de la nature de celles dont je vous entretiens. Il n'y a pas d'avenir ou de concurrence possible pour nos manufactures si nous ne réclamons pas notre part des consommateurs chinois, ou si nous continuons à payer à des intermédiaires anglais ou américains, une commission onéreuse sur les matières premières venues de Chine. Il importe donc de rechercher la voie par laquelle nous parviendrons à notre tour à établir des fructueuses communications avec le Céleste-Empire. Déjà, au retour du voyage d'exploration qui a coûté la vie au regretté commandant de Lagrée, j'avais essayé d'attirer l'attention du gouvernement sur l'importance commerciale et politique qu'aurait pour la France l'exploration du Tonkin. Je vais essayer de vous démontrer aujourd'hui que ce fleuve est l'une des routes les plus courtes, les plus avantageuses, qui s'offrent à nous, pour pénétrer dans l'intérieur de la Chine, et que nous n'avons que peu à redouter par cette voie, la concurrence des autres nations européennes.

Pour le démontrer, Garnier étudie successivement toutes les routes commerciales établies ou en projet qui conduisent à la Chine.

... Le commerce, il faut bien le dire, dans toutes les régions accidentées, chez tous les peuples qui ne disposent que des moyens de transports rudimentaires, cherche surtout les voies fluviales. C'est pour cela qu'aujourd'hui tout le commerce de Chine converge vers le fleuve Bleu, cette puissante artère qui traverse tout l'Empire sur une étendue de plus de 3,000 kil. avant d'aboutir à Chang-Haï. C'est pour cela qu'après l'ouverture de ce dernier port, Canton et Hong-Kong, qui avaient monopolisé jusque-là tout le commerce de la Chine avec l'Europe, ont vu décroître si rapidement leur importance. C'est pour cela aussi que j'espère en l'avenir de la route commerciale française dont il me reste à vous entretenir maintenant.

... La route du Tonkin est également préférable à celle du fleuve Bleu ou à celle du fleuve de Canton, pour toutes les productions spéciales du Yunnan, à la partie Sud-Ouest du Se-Tchouen, à la partie Sud-Est du Tibet, et ces productions sont suffisantes pour alimenter le commerce le plus actif et le plus avantageux.

... Pour ouvrir à nos produits cette région encore inexploitée par les Européens, pour en recevoir directement les précieuses matières premières qu'elle peut nous livrer, nous n'avons donc qu'à utiliser ce qui existe, ce que la nature et ce que les traités ont mis entre nos mains...

(*Des nouvelles routes de commerce avec la Chine*, par FRANCIS GARNIER, 1872.)

M. Joseph Chailley a étudié, lui aussi, les dernières routes commerciales pour aller de la côte au Yunnan. Il démontre que la voie du *Yang-Tse*, ou fleuve Bleu, qui est la plus fréquentée par le commerce chinois, offre de grandes difficultés : elle est longue, pénible et exige des transbordements; la durée du voyage est de 80 jours, dont 22 de marche. Par la *Rivière des Perles* ou la *Rivière de Canton*, la route est non seulement longue et difficile, mais encore dangereuse; une partie doit se faire à pied :

la durée du voyage est de 70 à 75 jours pour gagner le Yunnan.

On voit aisément à quel prix élevé se font les transports. Approximativement, le transport d'une tonne de marchandises au Yunnan coûte : 880 fr. par le *Fleuve Bleu* ; 950 fr. par la *Rivière de Canton* ; 960 fr. par la route terrestre de Bahmo ; et 450 fr. seulement par le *Fleuve Rouge* et Laokaï.

Les routes par terre, soit en Chine même, soit dans la Birmanie, ne valent guère mieux.

La meilleure de toutes, on ne saurait assez le répéter, est celle que nous possédons, celle du fleuve Rouge.

En face de toutes ces routes, fluviales ou terrestres, qui exigent, pour pénétrer au cœur du Yunnan 80, 75, 25 jours, conclut M. J. Chailley, celle du Tonkin se présente avec d'incontestables avantages. Nulle frontière ne met les étrangers plus que celle-ci près du centre de la province. Laokaï, la dernière ville tonkinoise, le point terminus de la navigation, est à deux jours de Manhao (ou Manghao), à cinq jours de Meng-Tsu, entrepôt commercial important, et à dix jours de Yunnan-Fu, la capitale. Pour remonter de là jusqu'à Laokaï, il faut actuellement quinze jours au minimum. Mais il ne fait pas de doute que bientôt la navigation ne soit beaucoup plus rapide. Actuellement les chaloupes à vapeur s'arrêtent à Hong-Hoa (en 1887) ; il est très probable que la pose d'une chaîne de touage, l'adoption d'un type de bateaux comme ceux qui remontent le violent courant du Rhône et certains travaux de mine autour des principaux rapides, permettront de remonter sans grands frais jusqu'à Laokaï, en bateau à vapeur.

(*Paul Bert au Tonkin*, par J. Chailley, 1887.)

Cette question du trafic par le fleuve Rouge a vivement préoccupé M. de Kergaradec, lors de ses reconnaissances.

La douane de Gia-Dû, écrit-il dans son rapport, est la seconde à laquelle les barques parties de Hanoï devront acquitter les droits, qui sont les mêmes qu'à Trang. J'ai longuement causé avec le préposé chargé de sa direction, qui est, je crois, chrétien, et par conséquent plus disposé à répondre à nos questions. Il se plaignait de la stagnation du commerce. Autrefois dit-il, les échanges par la voie du fleuve étaient considérables, et les marchands de Hanoï faisaient fréquemment partir pour la frontière des convois de 20 et 30 barques. Mais... depuis 13 à 14 ans, le commerce n'est plus que la centième partie de ce qu'il était autrefois. Il est vrai que la paix est rétablie ; mais les Chinois du drapeau noir, établis à la frontière, cherchent à monopoliser le commerce, et font payer à toutes les marchandises des impôts énormes et arbitraires.

... L'argent est rare dans le Haut-Fleuve, et il ne s'y fait, à proprement parler, qu'un commerce d'échange. On y apporte principalement du Yunnan, de l'étain, du thé et de l'opium, tandis que les sauvages des environs approvisionnent le marché... de produits du pays. Les marchands d'Hanoï viennent de leur côté y vendre du coton, du tabac pour la pipe à eau, et surtout du sel marin, objet de première nécessité dans tout le pays environnant, et très recherché au Yunnan, où l'on retire cette denrée à grands frais de quelques mines très éloignées les unes des autres.

Il n'est pas hors de propos de rappeler ici que, d'après les renseignements recueillis en 1868, par la commission du Mékong, le prix moyen du sel était, aux mines, d'environ 12 francs le picul, et qu'à cause de l'occupation par les musulmans de quelques-unes de ces mines, il atteignait alors à Yunnan-Fou, le prix énorme de 2 francs par kil. ou 120 francs par picul, alors qu'il coûte ordinairement à Hanoï, 3 à 3 fr. 50 c. Les marchands de Hanoï trouveraient donc à la frontière un marché des plus avantageux, s'ils pouvaient échanger leur sel contre de l'argent; mais, d'après les coutumes, ils en recouvrent le prix en nature.

M. de Kergaradec énumère les impôts arbitrairement établis et perçus le long de la rive, puis il conclut :

Puisque, malgré la longueur, les difficultés et les dangers de la route, le commerce du fleuve Rouge se poursuit encore, en dépit de pareilles exactions, est-il téméraire d'affirmer qu'il prendrait un développement considérable le jour où on y mettrait un terme?

(*Rapport sur la première reconnaissance du fleuve du Tonkin*, par M. DE KERGARADEC, consul de France à Hanoï, 1876-1877.)

Lors de son second voyage sur le fleuve Rouge, qu'il remonta jusqu'à Mang-hao, il recueillit encore d'autres observations intéressantes, spécialement sur le marché tonkinois de Laokaï qui se trouve sur le fleuve, à la frontière.

... On ne peut douter que la position de Laokay ne désigne

ce point pour devenir l'entrepôt du commerce important qui s'établira par le fleuve Rouge; et, pour ma part, je suis d'avis que c'est là, et non ailleurs, que les marchandises européennes viendront s'échanger contre les produits du Yunnan.

... En somme, j'ai trouvé tous les commerçants chinois, tant à Manghao qu'à Mont-tse et ailleurs, extrêmement favorables à l'extension du commerce par la voie du fleuve Rouge. Les impôts perçus en Chine par le gouvernement provincial sont modérés, et personne ne s'en plaint.

(*Rapport sur la seconde reconnaissance du fleuve du Tonkin*, par M. de KERGARADEC, 1884.)

Devant la commission d'enquête parlementaire des crédits pour le Tonkin, M. Lemaire, ancien résident général à Hué, répondait à cette question de M. Thomson, député : « Croyez-vous qu'il y ait un courant commercial entre le Tonkin et le Yunnan ? »

Oui, seulement, le fleuve Rouge n'est pas navigable au-dessus du Delta. Mais, s'il ne peut pas nous servir à transporter nos produits au Yunnan, on peut l'utiliser pour transporter ceux du Yunnan au Tonkin. M. de Kergaradec a mis quarante jours pour aller et huit seulement pour revenir.

(*Procès-verbal de la Commission des crédits pour le Tonkin*, séance du 1ᵉʳ décembre 1885; *Officiel* de juillet 1886.)

Cette déclaration que l'on a parfois rappelée, renferme plusieurs inexactitudes matérielles. Elles s'expliquent par ce fait que M. Lemaire n'a pas vu le Tonkin. On sait, à n'en plus douter, que le fleuve Rouge est navigable même pour les canonnières, bien au-dessus du Delta, pour les petits vapeurs, jusqu'à Laokaï, et pour la batellerie, jusqu'au delà des frontières de Chine, contrairement à ce que déclarait M. Lemaire. En second lieu, c'est dix-huit jours, et non quarante, que M. de Kergaradec a mis pour se rendre d'Hanoï à Laokaï (frontière du Yunnan), et M. Hautefeuille donne le délai moyen de vingt-cinq jours pour aller de la mer à Laokaï. Enfin, en disant que nos produits ne pourraient sans doute pas remonter le fleuve jusqu'au Yunnan, il ignorait probablement les voyages de Dupuis, en 1873. Aucun doute n'est d'ailleurs permis sur ce point, depuis la publication du rapport de M. Rocher.

La vallée du fleuve est la voie la plus courte pour pénétrer dans le Yunnan et le Quang-Si. Il y a là, pour notre commerce d'entrepôt et de transit, une source d'immenses profits.

(*Discours de M.* RICHAUD, gouverneur général, au Conseil colonial, 1888.)

Voici du reste un exemple qui montre d'une façon frappante l'avantage énorme que le commerce trouvera à passer par le fleuve Rouge. En août 1889, la mission douanière chinoise a mis *trois mois et quatre jours* pour atteindre Mongtze, par la voie de Canton. Le personnel du consulat français, au contraire, n'a mis que *vingt jours* pour gagner Mongtze, en prenant la route d'Hanoï et du fleuve Rouge. Cette comparaison est concluante et peut se passer de commentaires.

Que manque-t-il donc encore pour aboutir ?
Un très léger effort et un peu de confiance.
Nous l'avons dit déjà, et nous le répétons à dessein : si l'on s'en rapporte aux témoignages des hommes techniques, il paraît aujourd'hui très possible d'établir à peu de frais un système de touage reliant Hanoï à Laokaï. C'est une entreprise immédiatement réalisable, et qui, n'engageant pas de gros capitaux, pourrait être confiée à l'industrie privée, sans garantie ni subvention. Il importe d'agir sans retard. Jamais le moment n'a été plus propice ; la douane chinoise est officiellement installée à Mongtzé depuis le 24 août 1889 ; Mongtzé et Manghao sont ouvertes au commerce étranger depuis le 20 août ; plusieurs agents de maisons chinoises y ont fondé des comptoirs.

Les négociants français sauront-ils suivre l'exemple des Allemands, des Anglais et des Chinois ? Essayeront-ils comme eux, de s'implanter dans les marchés de l'Empire du Milieu, nouvellement ouverts au commerce? On peut, on doit l'espérer.

RESSOURCES DU YUNNAN

Le Yunnan est une des provinces les plus riches de la Chine; l'activité commerciale, gênée, sinon éteinte durant l'insurrection musulmane d'abord et l'expédition du Tonkin ensuite, commence à renaître.

C'est dans les montagnes du Yunnan que prend naissance le fleuve Rouge, qui se jette dans le golfe du Tonkin, et forme la grande artère navigable de la colonie. Par sa situation même, le Yunnan est destiné à être le centre d'un commerce actif. Il est en effet le siège, ou se trouve à proximité de six grandes vallées par lesquelles les marchandises y peuvent affluer : celles du fleuve Bleu, qui aboutit à Shang-Haï (Chine); de la rivière de Canton, qui se jette dans la mer de Chine, à Canton (Chine); du fleuve Rouge, qui se jette dans le golfe du Tonkin, près d'Haïphong (Tonkin) ; du Me-Kong, qui aboutit à Saïgon (Cochinchine); du Salouen et de l'Iraouaddy, qui se jettent dans la mer des Indes, vers Rangoon (Birmanie). La route la plus suivie actuellement est celle du fleuve Bleu (ou Yang-Tse), qui est immense, difficile, ainsi que nous l'avons vu plus haut.

Le parti à tirer, pour le Tonkin, de son voisinage avec cette province de l'Empire du Milieu a frappé tous les explorateurs; aussi, se sont-ils appliqués presque tous à rechercher les ressources naturelles du Yunnan, les produits qu'il peut offrir et ceux qu'il demande à l'importation étrangère. Là, comme dans les montagnes du Tonkin, et plus encore, les mines de toutes sortes abondent. Tous les récits le constatent.

Il y a plus de deux siècles que le *Tunquinien* Baron signalait déjà le parti commercial à tirer pour le Tonkin, de son voisinage avec deux riches provinces chinoises.

C'est pitié, écrivait-il en 1685, qu'on ne retire pas plus de profit du commerce pour enrichir le royaume (d'Annam). Le Tonkin est, en effet, bordé par deux des plus riches provinces de la Chine, et il serait facile d'y faire passer leur commerce.

Il ne serait pas moins aisé d'y attirer les marchandises de l'Europe et des Indes, et la liberté qu'on pourrait accorder aux Européens de porter leur commerce dans l'intérieur tournerait également à l'avantage du roi et des habitants. Mais la crainte de quelque invasion, qui n'est guère à redouter, éloigne la cour de tout ce qui pourrait laisser pénétrer les frontières.

(*Relation de Baron*, écrite en 1685, parue en 1732.)

La plupart des exploitations (de mines) sont aujourd'hui abandonnées. Mais l'on sent combien facilement on pourra, quand le calme sera revenu dans cette belle contrée, raviver la production et lui donner un essor plus considérable. Une législation plus libérale, des moyens d'exploitation plus perfectionnés, un débouché commercial permettant de faire arriver, sans intermédiaire, tous ces métaux dans un port européen, feraient de Yun-Nan le marché métallurgique le plus important du globe. A ce point de vue, il est inutile d'insister sur les conséquences que pourrait avoir l'ouverture du fleuve du Tonkin, dérivant immédiatement vers le port de Saïgon les produits du Yunnan.

En même temps que Yun-Nan est, en temps ordinaire, l'entrepôt de grandes quantités de cuivre qui donnent lieu à d'actives transactions et à une fabrication importante d'ustensiles, cette ville possède aussi une fabrique de monnaie, créée en 1661, où l'on frappe une énorme quantité de sapèques.

Ce n'est pas la seule industrie de Yun-Nan. On y tisse une étoffe particulière faite de fils de soie... très renommée dans toute la Chine. On fait aussi à Yun-Nan de beaux tapis, des couvertures et des feutres... Des draps et des fourrures russes, des cotonnades anglaises venues de Canton, du coton brut importé de Birmanie, sont les principaux produits étrangers, etc., etc.

Mang-Hao paraît être le centre d'un commerce très actif. Les gens de Canton... y apportent des laines, des cotonnades, des soieries, et remportent en échange le coton et le thé que produisent les pays des environs.

Les Cantonnais, en possession depuis longtemps du commerce de Mang-Hao, n'ont pas tardé à s'y porter en masse, pour échapper aux bouleversements incessants dont leur province est le théâtre. Depuis quelques années, un chef cantonnais s'est établi, avec une nombreuse colonie de ses compatriotes, à Laokay (Tonkin), s'est proclamé indépendant, et vit des revenus considérables de la douane qu'il a installée sur le fleuve.

(*Voyage d'exploration en Indo-Chine* (mission du Mekong), par Francis GARNIER, fait en 1866-68.)

Dupuis, l'un des premiers qui aient parcouru le Yunnan, y était au moment où la mission du Mekong y arrivait, en 1868.

Il y a, écrit-il, dans ces montagnes, beaucoup de mines de fer et des fonderies pour toutes sortes d'objets moulés, tels que bassines, marmites, socs de charrue, etc.; le fer en barre s'y vend 5 centimes la livre chinoise de 600 grammes, et l'acier de bonne qualité, 10 centimes. Le produit de ces fonderie s'exporte dans le Kouang-Si...

Tout près de Mongtze, Dupuis visita les chefs du pays.

Lorsque je parlai aux chefs Poû-là de mes projets d'ouvrir une voie de communication entre le Yunnan et la mer, peu distante de leur contrée, ils me répondirent : « Cela est-il bien vrai? Mais venez donc bien vite chez nous, pour tirer parti des richesses métallurgiques que vous dites exister dans nos montagnes; vous nous ferez travailler. Ce que nous désirons, c'est de vendre notre travail pour nourrir nos familles. »

(*Voyage au Yunnan*, par DUPUIS, fait en 1871.)

M. Dupuis raconte ensuite qu'à cette époque (1871) Laokaï était en la possession des bandits ou « Pavillons-Noirs », sous le commandement de Lieou-Yuen-Fou. Celui-ci avait établi une douane sur ce point, et en 1871, bien que le commerce fût ruiné par la guerre, il percevait environ 150,000 francs par mois sur les marchandises passant par le fleuve Rouge. Sous l'administration des chefs cantonnais, antérieurement, les revenus de la douane dépassaient 5 millions 1/2 par an, d'après les calculs de Dupuis.

Dans son volume *la Province chinoise du Yunnan*, M. Rocher décrit avec un grand luxe de détails et de nombreuses observations pratiques toute cette partie de la Chine. Il en montre la grande activité commerciale et la richesse. M. Rocher était employé à l'arsenal de Fou-Tcheou, lorsque, en 1870, il abandonna ces fonctions pour se joindre à Dupuis, avec lequel il parcourut toutes les contrées situées entre Chung-Ching et Yun-Nan-Fu. Son voyage dura de décembre 1870 au 31 janvier 1871.

Dès qu'on entre dans le Yunnan, on constate un courant d'importation qui ne manque ni d'intérêt ni d'importance.
Je me contenterai de signaler l'intérêt que les négociants de Chung-Kin portent aux tentatives qui se font en ce moment, pour ouvrir à la Chine méridionale un débouché par le fleuve du Tonkin... Il suffit pour cela que les emboucha-

res du Song-Coï deviennent l'entrepôt des cotonnades, qui sont, pour ainsi dire, l'élément indispensable de toute transaction entre la Chine et l'Europe. Ce genre de marchandises est devenu d'une telle nécessité que chaque marque de fabrique anglaise ou américaine a une cote quotidienne sur le marché de Chung-Kin, cote à laquelle on peut réaliser immédiatement avec un léger escompte tout arrivage, quelqu'important qu'il soit.

(*Voyage dans la Chine centrale*, par Francis GARNIER, accompli en 1873.)

Dans sa seconde expédition sur le fleuve Rouge, M. de Kergaradec entra sur le territoire chinois, et visita attentivement, lui aussi, le Yunnan. Le jour où il arriva à Manghao (Chine), le 21 mars 1877, c'était précisément jour de marché :

La plage et les rues étaient encombrées d'une foule compacte... Un grand nombre de chevaux et de mulets, qui avaient apporté les marchandises venant de l'intérieur, attendaient qu'on les rechargeât, ou couraient çà et là, poursuivis par leurs conducteurs... La population fixe de Manghao ne dépasse pas 1,500 âmes... Tous les habitants sont commerçants, et beaucoup paraissent aisés... L'industrie minière, autrefois si florissante dans cette partie du Yunnan, a été presque détruite par la longue guerre qui a désolé cette province ; mais elle reprend peu à peu son importance, à mesure que la tranquillité se rétablit, et l'ouverture réelle de la route du Tonkin contribuerait beaucoup à la rapidité de son développement.

M. de Kergaradec a également visité Mong-Tze « petite ville de 15,000 à 20,000 âmes au plus »

Je demandai aux mandarins de me faire conduire aux mines des environs, et surtout, s'il était possible, à celle de Ko-Kieou, d'où provient tout l'étain que nous voyons passer par Hanoï... Il est hors de doute que cette chaîne renferme des richesses métalliques extraordinaires, car on y exploite l'or, l'argent, le cuivre, le plomb, l'étain, le fer et même le mercure, dont on trouve une mine dans le département de Kai-hoa; et les montagnes qui se trouvent en territoire annamite, dans la province de Tuyen-Quang, ne sont pas, disent les Chinois, moins riches que celles du Yunnan... Il y a près de deux siècles, la population minière, encouragée de toutes les forces de l'État, avait pris un développement considérable...

(*Rapport sur la seconde reconnaissance du fleuve du Tonkin*, par M. DE KERGARADEC, consul de France à Hanoï, 1877.)

La partie du Yunnan qui touche au Tonkin est la seule qui n'ait pas été ravagée et dépeuplée par l'insurrection musulmane. Les produits du sol y sont variés et abondants: le pavot à opium, l'indigo, l'arachide, les céréales de toute sorte; et enfin les métaux, fer, cuivre, étain, or, argent, cinabre, plomb; sans compter le charbon. Et, détail à noter par ce temps d'incrédulité, il ne s'agit pas de dépôts ou de mines à chercher et à découvrir. Tous les gisements sont connus et exploités.

(*Paul Bert au Tonkin*, par J. CHAILLEY, 1887.)

LE RAPPORT ROCHER

M. Rocher, consul de France à Mongtze, a fait parvenir à l'administration des colonies le rapport ci-dessous, qui donne sur le Yunnan, son négoce, ses ressources, ses voies d'accès, et ses traditions commerciales, un ensemble de renseignements précis. Les moyens propres à développer nos relations d'affaires avec cette province chinoise, par le Tonkin, ne sauraient être plus clairement exposés.

Aussi croyons-nous utile de reproduire en entier ce document.

Importation. — Les articles de toute nature à l'égard des indigènes, et plus particulièrement les tissus en laine, cotonnades, cotons filés, horlogerie, lampisterie et pétrole, mercerie (aiguilles), articles de bimbeloterie, coutellerie à bon marché, produits de Canton, vin chinois, tabac de Fou-Kien, allumettes, etc., trouveront ici un débouché assuré.

Exportation. — La province peut exporter de 15 à 20 millions de francs d'étain provenant des mines de Kuotchiou, situées à 20 kilomètres de Mong-Tze ; de l'opium pour égale somme, du plomb, du zinc, du tabac en feuilles, du musc pour une somme importante, des médecines chinoises de qualité supérieure et très estimées sur les marchés, du thé de Pou-Earl, des bêtes à corne de belle venue, de l'indigo, du blé, du maïs, du miel et une foule d'autres produits du sol dont les habitants ont négligé la production, vu le manque de voies de communication. L'ouverture du fleuve Rouge leur assure un débouché certain.

Navigabilité du fleuve Rouge. — L'arrivée à Lao-Kaï du vapeur des messageries fluviales nous avait fait espérer qu'un service régulier serait prochainement établi. En attendant qu'un nouvau type de bateau, mieux approprié au service du fleuve, soit construit, les moyens de transport de la capitale du Tonkin à la frontière sont assurés par des jonques indigènes.

Le fleuve est navigable sur tout son parcours, même aux plus basses eaux, pour des jonques calant de 65 à 75 centimètres et portant de 150 à 200 piculs (1).

De Hanoï à Lao-Kaï. — De Hanoï à Lao-Kaï, terminus de la navigation en jonque annamite, la durée moyenne du voyage, en toute saison, est de 15 à 25 jours.

De Lao-Kaï à Man-Hao, le fleuve est généralement plus encaissé et obstrué dans quelques passages par des rapides formés de galets roulés par les torrents. Les jonques annamites, aménagées pour cela, pourraient s'engager librement dans la haute partie du fleuve au moins jusqu'à Long-Po. A partir de ce point, la navigation, plus difficile, demande de bons pilotes et des équipages expérimentés; d'autre part, comme il est d'usage de laisser cette partie du trafic aux riverains chinois, les marchandises venant d'Hanoï sont transbordées à Lao-Kaï sur des barques spéciales dites du Yun-Nan. Ces bateaux, qui ne sont autres que de grandes pirogues ayant une toiture en nattes en demi-cercle, sont construits en bois dur ; ils sont larges et pointus aux deux bouts ; leur fond est plat ; ils portent de 150 à 200 piculs de marchandises, sont flexibles et calent en moyenne de 40 à 50 centimètres. Inutile d'ajouter qu'au point de vue du confort pour les passagers, rien n'est prévu; on s'installe comme on peut.

De Lao-Kaï à Man-Hao. — La durée du trajet de Lao-Kaï à Man-Hao varie de quatre à six heures, suivant le vent, l'étiage du fleuve et les conditions climatériques, les Chinois, comme les Annamites, ne voyageant pas quand il pleut.

Le prix de la location d'une jonque chinoise est en moyenne de 20 à 30 taels par voyage. Ce tarif, relativement élevé, s'explique par la pénurie des embarcations. En effet, depuis des années, le trafic sur ce cours d'eau étant presque

---

(1) On compte 16 piculs et demi à la tonne.

nul, les anciens armateurs ont été plus ou moins ruinés et ont disparu.

L'ouverture du fleuve étant aujourd'hui un fait accompli, les négociants indigènes, certains de trouver un débouché pour leurs produits et du fret pour leurs embarcations, n'hésitent pas à lancer leurs capitaux vers cette voie ; des jonques vont être construites, et sous peu le prix du fret sera sensiblement diminué.

Si la montée est longue et pénible, la descente n'en est que plus rapide : à cette saison de l'année, dix à onze heures suffisent pour aller de Man-Hao à Lao-Kaï, tandis qu'en hiver, c'est-à-dire au moment où le fleuve est au plus bas de son étiage, on compte un jour et demi ou deux.

De Man-Hao à Yuan-Tchiang. — Man-Hao, situé à 300 mètres d'altitude, est le terminus de la navigation pour les grandes barques et l'entrepôt des marchandises à destination de l'intérieur. A partir de ce point le fleuve est encore navigable jusqu'à la sous-préfecture de Yuan-Tchiang pour de petites pirogues ne portant que 7 à 8 piculs ; les rapides sont nombreux, et dans un endroit le fleuve est obstrué par des roches calcaires qui obligent les bateliers à faire glisser eurs pirogues sur la terre ferme.

De Man-Hao à Mong-Tze. — Une route dallée, dite impériale, établie dans de bonnes conditions, conduit en deux jours à Mong-Tze. Le trajet difficile pour les chevaux est encore plus dur pour les coolies (porteurs); on s'élève constamment jusqu'à 2,200 mètres d'altitude pour descendre dans la plaine à 1,450 mètres où est bâtie la ville de Mong-Tzé.

On trouve à Yaot'eou, à 30 lis de Man-Hao (15 kilomètres), des écuries pour les bêtes de somme et des auberges chinoises, sinon confortables, du moins qui permettent de s'abriter. A 20 lis plus loin (10 kilomètres), on rencontre le village de Shuit'ien offrant les mêmes avantages que le précédent. Il est d'usage de faire le trajet de Yaot'eou à Mont-

Tze en un jour ; quelquefois on s'arrête à Asautchai à 20 lis (10 kilomètres) de la ville ; tout dépend de l'heure à laquelle on quitte le premier village, de la marche des chevaux et de l'empressement des muletiers ; pour les chaises à porteur ou pour les coolies chargés, on compte trois jours pour se rendre à Mong-Tze.

Le prix moyen pour un coolie ou pour un porteur de chaise est de 25 cents de taël par jour, il doit s'entretenir à ses frais.

Dans les hôtelleries établies sur la route, le prix par nuit et par homme est de 10 à 15 cents ; les chevaux sont réglés à part par les muletiers. L'aubergiste ne fournit que le feu et le riz de qualité inférieure ; les provisions doivent être apportées avec soi si on ne veut risquer d'avoir un repas plus que modeste. On trouve presque partout à acheter des volailles et des œufs, mais les habitants profitent en général de la situation pour demander des prix élevés ; il y a donc avantage à se munir du nécessaire en quittant Man-Hao.

Moyens de transport. — Les chevaux, mulets ou coolies sont les seuls moyens de transport possibles par les routes chinoises.

Chaque animal porte en moyenne 1 picul ou 63 kilogrammes, divisé en deux lots d'égal poids autant que possible. Les colis d'un poids supérieur à 35 kilogrammes sont refusés par les muletiers et ne peuvent être transportés que par des coolies.

Le prix d'un cheval par journée de marche, y compris son entretien qui est à la charge du muletier, varie de 28 à 35 cents de taël, selon le nombre de chevaux disponibles et la nature du chargement.

Les bêtes de somme peuvent être louées à Man-Hao ou à Mong-Tze ; c'est généralement les jours de marché, tous les six jours, dans l'un et l'autre endroit, qu'on trouve plus facilement des animaux et en quantités variant de 50 à 300.

Monnaies. — Le taël d'argent est la monnaie courante du

pays. La qualité et le cours varient selon les lieux. Les sapèques en laiton ont aussi cours ; le change moyen est de 1,500 pour un taël.

Le taël de Mong-Tze pèse 0,037 grammes, vaut 3 0/0 de plus que celui de Yun-Nanfou, 10 0/0 de plus que celui de Shanghaï et environ 1.45 0/0 de moins que celui de Canton. Il est difficile de donner un poids mathématiquement exact, chaque négociant ayant deux manières de peser, selon qu'il paye ou qu'il reçoit, la différence entre les deux poids variant de quelques centièmes pour un taël.

Les piastres de commerce françaises et les mexicaines sont acceptées pour 60 à 65/1000 de taël ou 7 0/0 de moins que sur le littoral, et encore ne veut-on en recevoir qu'en payement de petites sommes, 50 dollars au maximum.

Il y a donc tout avantage, pour les négociants qui voudront faire le voyage, à se munir de lingots d'argent.

Centre du marché. — Les Chinois du plateau du Yun-Nan ayant une aversion profonde pour la vallée du fleuve Rouge et la région des forêts, où ils ne peuvent descendre sans contracter des maladies incurables, les négociants qui désirent faire des affaires dans ces parages devront venir jusqu'à Mong-Tze qui est le centre du marché et de la production.

La route est parfaitement sûre, exempte d'embarras, la population est douce et hospitalière et les négociants chinois sont anxieux de voir arriver des marchandises et d'entrer en relations d'affaires.

Relations avec les Chinois. — Je ne saurais trop recommander à nos compatriotes ne parlant pas la langue chinoise mandarine qui est le dialecte du pays, d'avoir à leur disposition des interprètes ou compradores capables de les aider dans leurs transactions avec les indigènes.

Ici, comme dans tous les grands centres des ports ouverts, l'intermédiaire chinois est indispensable ; il voit mieux que nous ce qui convient à ses compatriotes, est très patient-

discute avec un calme que nous ne possédons pas toujours, sait faire des concessions au moment voulu, et, comme le marchand du pays est toujours timide devant l'Européen qu'il connaît peu et avec lequel il hésite à traiter, le compradore supplée aux exigences de la situation.

Communications avec le Tonkin. — Mong-Tze est actuellement en communication avec le bureau de poste de Lao-Kaï au moyen d'un service de courriers partant tous les cinq jours, assuré par les soins du consulat.

Indépendamment de la ligne télégraphique entre Lao-Kaï et Mong-Tze qui va être commencée le mois prochain et sera terminée avant la fin de l'année, notre ville est en communication directe avec l'Europe et l'Amérique par les lignes aériennes du Sse-Tchoan « viâ Shanghaï » et du Koang-Si « viâ Canton ».

Comme on le voit, le voyage de Hanoï au Yun-Nan ne présente aucune difficulté, si ce n'est un grand manque de confort ; le trajet peut être effectué dans des conditions normales entre 20 et 29 jours se décomposant ainsi :

	Minimum.	Maximum.
Hanoï à Lao-Kaï.	14 jours.	20 jours.
Lao-Kaï à Man-Hao . . .	4 —	7 —
Man-Hao à Mong-Tze . .	2 —	2 —
Total.	20 jours.	29 jours.

Le voyage de retour de Mong-Tze à Hanoï ne prend pas plus de 10 à 15 jours :

	Minimum.	Maximum.
Mong-Tze à Man-Hao. .	2 jours. »	2 jours.
Man-Hao à Lao-Kaï. . .	» — 1/2	2 —
Lao-Kaï à Hanoï. . . .	6 — »	10 —
Total.	8 jours 1/2	14 jours.

J'ajouterai que, pour le voyage de retour, les jonques sont un peu meilleur marché : des pirogues de 150 à 200 piculs coûtent à Man-Hao de 10 à 12 taëls, pour le voyage ; des bateaux d'un tonnage moindre, de 4 à 6 taëls ; quant aux coolies et aux chevaux, les prix sont absolument les mêmes. Je ne parlerai pas des jonques annamites : nos compatriotes du Tonkin sont plus à même que moi d'être renseignés à cet égard, tant pour la montée que pour la descente.

Considérations générales. — Je ne m'étendrai pas sur les avantages de la route du fleuve Rouge ; ils sont assez connus pour n'avoir pas à en faire l'éloge.

Je ne saurais cependant trop répéter aux négociants qui s'intéressent à l'avenir de cette voie dans cette province que, bien que n'étant pas en communication directe avec les centres Hankeou, Shanghaï, Hong-Kong et que la route du Tonkin soit ouverte depuis peu, les marchés n'en sont pas moins alimentés de produits européens par les voies longues et coûteuses du Sse-Tchoan par Hankeou et de Koang-Tong par Pei-Sse.

La voie qui vient d'être ouverte au commerce offrira à nos négociants et à nos fabricants des avantages importants et un immense champ d'action. Il est regrettable que jusqu'ici aucune tentative n'ait encore été faite par les commerçants du Tonkin pour entrer en relations d'affaires sur notre marché. L'été et la saison des pluies, il est vrai, n'ont pas favorisé la reprise des affaires ; néanmoins, espérons qu'après les crues annuelles du fleuve, mi-octobre ou novembre, nos négociants ne perdront pas de temps et qu'avant peu les produits nationaux prendront sur ces marchés la place qui leur appartient.

Je ne dois pas cependant dissimuler à nos compatriotes qu'ils auront à lutter contre la concurrence étrangère bien établie et achalandée depuis des années, ayant des marchandises convenant à la consommation indigène et dont le prix malgré les frais énormes qu'elles ont eu à supporter jusqu'ici, sont relativement bas.

Les Chinois, habitués à voir ou à acheter tel ou tel article avec telle marque, changent difficilement leur courant, même en leur proposant un article supérieur au même prix.

Ce n'est qu'avec le temps, beaucoup de patience, un personnel bien dressé pour ce genre d'affaires que nos négociants, avec de l'énergie et un peu d'initiative, auront raison de ces difficultés que je considère comme passagères.

Depuis l'ouverture du fleuve Rouge, il n'y a plus de doute, comme les pessimistes l'ont souvent mis en question, que les produits arrivant par cette voie ne puissent, non seulement approvisionner la province, mais aussi une partie du Sse-Tchoan et du Kœi-Tchéou.

Nous ne sommes plus au temps des hypothèses, les faits accomplis en sont la meilleure preuve. Il suffit de consulter les statistiques pour voir que, depuis l'ouverture de la douane, les marchandises arrivant par la voie du Tonkin sont expédiées sous le couvert de passe de transit, non seulement jusqu'à Tali et toutes les villes de l'intérieur, mais aussi au Sse-Tchoan et au Kœi-Tchéou où elles arrivent à meilleur compte que celles qui viennent par la voie du Sse-Tchoan par Hankeou ou de Canton par Pei-Sse. Les marchands indigènes usent largement de ces facilités et, avant longtemps, nous pouvons espérer un grand mouvement d'affaires.

La route est ouverte et facile, notre situation exceptionnelle et les négociants indigènes désireux de faire des affaires.

C'est maintenant à l'initiative privée, au commerce national, qu'il appartient de tirer parti de ces vastes débouchés. Nous sommes persuadés que nos négociants ne seront pas en retard et surtout qu'ils ne se laisseront pas devancer par les étrangers.

(*Journal officiel*, 28 janvier 1890.)

V

POPULATION

Qualités de la race. — Facilité de nous l'assimiler.

QUALITÉS DE LA RACE

Laissons ici encore à **ceux qui ont vu,** le soin de nous dire ce qu'est le peuple tonkinois et ce qu'il vaut.

Les peuples du Tunquin sont aussi tous idolâtres ; ils sont naturellement doux et pacifiques, et condamnent les emportements de colère ; ils ont naturellement la voix douce et agréable, la mémoire heureuse, et dans leur langage qui est fleuri, ils usent sans cesse de belles comparaisons ; ils sont fort affables, surtout aux étrangers et aiment les gens scavans (sic) ; la noblesse se peut acquérir chez eux par la science.

(*Relation de la découverte du nouveau royaume du Tunquin* (sans nom d'auteur), 1702.)

..... Mais ce qui me frappa tout d'abord, ce fut de voir, avec une population aussi douce, avec une culture aussi riche, le fleuve désert, presque absolument dépourvu de jonques ou de bateaux de quelque importance. Çà et là quelques petites pirogues, et voilà tout. Cela tient à ce que le commerce n'existe pas au Tonkin. Chaque chef de famille cultive ou fait cultiver par ses serviteurs ce qui lui est nécessaire pour vivre et payer l'impôt, qui se paie en denrées, en riz surtout. Comme l'habitant a d'abord à se nourrir, puis à payer l'impôt et à nourrir tout l'empire d'Annam, qui ne produit presque rien, et comme la population est très serrée, il en résulte que, malgré cela, on voit peu de déserts incultes ; espérons que sous notre influence, cet état de choses changera, que le gaspillage incroyable qui se commet disparaîtra, que les cultures de riz feront place peu à peu à des cultures coloniales rémunératrices, et que nous verrons bientôt le fleuve du Tong-King couvert de barques aux joyeuses banderolles de toutes couleurs, comme en Cochinchine.

(*Souvenirs du Tong-King,* par le Docteur HARMAND, 1873.)

L'Annamite est bon et tranquille ; il a de l'esprit et il sait s'en servir ; il a du cœur et de la générosité. Il adoptera donc une législation qui est toute faite, qui est sage dans l'ensemble de ses prescriptions et qui peut lui servir au besoin ; mais, dans la pratique, il la modifiera dans ce qu'elle a de trop dur, de trop sévère et de trop sujet à de graves inconvénients...

La femme annamite n'est point esclave, elle jouit au contraire d'une grande autorité dans le ménage, et elle y est toujours honorée quand elle s'y conduit bien... La vieillesse des vieux parents (père aussi bien que mère) est heureuse et prospère, et on leur rend avec, je crois, plus d'affection et de dévouement que chez aucun peuple, sur le retour de leur âge, ce qu'ils ont dépensé de peines et de sueurs pour l'éducation de leurs enfants.

Les femmes, au Tong-King et à la Cochinchine, ne sont pas à petits pieds et retenues, comme en Chine, à la maison. Elles vont aux champs dont elles font en grande partie la culture, les hommes étant dérangés pour le service de la milice et les corvées du roi, des mandarins et de la commune. Elles vont presque journellement aux marchés de la contrée pour vendre leurs petits produits, acheter ce dont elles ont besoin et entretenir ainsi le ménage. Elles se donnent une peine infinie pour tout cela, et sans elles, il serait impossible à la grande majorité des familles, de vivre tant soit peu honorablement. La vie extérieure qu'elles mènent leur donne une habitude de réflexion, de retenue et de force de caractère qui relève ordinairement leurs brillantes qualités de l'esprit et du cœur. Les enfants ne voient pour ainsi dire qu'elles dans le ménage, et ce sont elles qui, seules à peu près, les soignent, les reprennent et les châtient. Elles doivent donc prendre un ton d'autorité et de commandement que les enfants respectent et que les maris nécessairement supportent avec plaisir. Du reste, elles se font un devoir d'observer les coutumes. Elles n'appellent jamais leurs maris que maîtres (thây), ou père (cha). Elles leur feront honneur, elles les serviront ou veilleront à ce qu'ils soient servis ; et devant les étrangers, jamais elles ne s'asseoieront avec eux ou avec leur fille aînée...

On ne verra jamais les parents rejeter leur enfant, comme en Chine, parce que c'est une fille dont ils ne veulent pas, ou parce que c'est un être mal conformé. Les filles, dans ce pays, font aussi bien et mieux la fortune de la maison, par leur industrie et leur assiduité au travail que les garçons. L'avenir d'un ménage est assuré quand il y a beaucoup de filles dans la famille. Pour les petits estropiés en naissant, on les plaint, on en a pitié et on les élève comme les autres... On ne verra jamais un Annamite se plaindre de ce qu'il a trop d'enfants.

(*Aperçu sur la Géographie, etc., du royaume d'Annam*,

document officiel publié par le *Courrier de Saïgon*, 1875-76.)

Du côté de la rivière Noire, d'après M. Gouin :

Comme dans le bas Tonkin, la population est douce, curieuse et timide. Elle nous a donné de nombreuses marques de respect, quelquefois mêlé de crainte.

Du côté de la rivière Claire :

Les habitants qui, lors de mon premier voyage, s'étaient un peu habitués à nous, ne tardèrent pas à entourer la canonnière de leurs sampans, venant les uns pour nous vendre du poisson, les autres par simple curiosité. Je fis monter les notables à bord, qui s'en allèrent ensuite ravis... Les maisons sont propres et bien bâties ; aussi les habitants que favorise cette nature privilégiée paraissent-ils plus à l'aise que dans le bas Tonkin ; ils sont, en général, mieux portants et plus proprement vêtus.

En remontant le fleuve Rouge, plus haut que Hanoï :

La population est ce que nous la connaissons déjà : douce, curieuse et craintive.

(*Une mission au Tonquin*, par le lieutenant de vaisseau Gros-Devaud, 1871.)

Entre les diverses localités, il existe souvent une grande différence de caractères. Certaines populations sont très honnêtes et très simples. La classe la meilleure est celle des agriculteurs ; la pire est celle des mandarins.

(*Lettre de Mgr* Retord, vicaire apostolique au Tonkin,

citée dans le *Bulletin de la Société de géographie*, 1880.)

Passif au delà de toute mesure, le Tonkinois endure ses malheurs avec une curieuse insouciance. Il est sobre, et dans un pays réellement riche, cette qualité mérite une grande considération. Il donne à la terre un travail et des soins inimaginables, et résume en quelque sorte toute son intelligence dans l'agriculture, comme tous les primitifs.

La sobriété du Tonkinois, son habilité comme « remueur de terre, » mériteraient considération ; sa servilité et son indolence même deviendraient une *garantie* dans certaines circonstances. Sous un régime équitable, des aptitudes guerrières, aujourd'hui comprimées, renaîtraient peut-être.

(*Étude d'ensemble du Tonkin*, par le Docteur MAGET, 1880.)

Ceux qui ont longtemps vécu parmi eux, les comparent à des enfants ; ils en ont la douceur, l'humeur superficielle, et aussi les courtes colères irraisonnées.... A voir qu'il n'est pas un arpent qui n'ait été remué et remanié pour être approprié à ce système agricole, on songe avec stupéfaction à l'énorme travail accumulé par les générations qui ont soumis le pays tout entier. Mais aussi quelle population ! J'ai visité les deux tiers de l'Europe, et nulle part, sauf dans notre département du Nord, et dans quelques districts de la Belgique, je n'ai vu d'agglomérations aussi rapprochées... J'avais toujours trouvé, à part moi, fort exagéré les chiffres des habitants que l'on attribuait au Tonkin ; maintenant, je suis convaincu que la vérité est du côté des totaux les plus élevés.

Quand on parcourt le Tonkin, on est émerveillé du nombre extraordinaire des villages, de l'étendue de beaucoup d'entre eux, de la surabondance de la population. Cette masse de 12 à 15 millions d'habitants est fort imposante, rien que par le nombre... Nous trouvons au Tonkin une société aussi fortement organisée que la nôtre, avec la commune plus indépendante qu'en France, à la base, et des cantons, des arrondissements, des préfectures, la séparation des pouvoirs, et de grands services publics.

(*De Paris au Tonkin*, par Paul BOURDE, correspondant du *Temps* ; 1883-1885.)

Le Tonkinois diffère peu des Annamites de la Basse-Cochinchine ; il est doux, craintif, se désintéresse des affaires politiques, mais manifeste toutefois son aversion pour le gouvernement de Hué, et s'est montré attaché à la race nationale des Lé. La population est laborieuse, aussi ne rencontre-t-on pas, comme en Cochinchine, des gens présentant les apparences d'une misère sordide. Elle est surtout agricole, bien qu'on rencontre des pêcheurs, des potiers et briquetiers de profession.

Les femmes, un peu plus fortes que dans notre colonie, travaillent beaucoup : dans les campagnes elles cultivent les rizières ; à la ville elles se livrent au négoce, tiennent les boutiques, même celles des Chinois. Sur les fleuves et les arroyos, elles conduisent les sampans.

(*Le Protectorat du Tonkin*, par MM. BOUINAIS et PAULUS, 1884.)

L'Annamite, dit M. de Ricaudy, dont le caractère est fait des contrastes les plus frappants, est extrêmement facile à gouverner. S'il a par moment la férocité du tigre, la douceur et l'apathie morale lui ont été insufflées dès le berceau, et, habitué à l'obéissance, il cède toujours devant la raison du plus fort.

(*Lettre adressée du Tonkin* à la Société des études coloniales et maritimes, par M. DE RICAUDY, 1888.)

Citons encore l'opinion de M. Richaud :

La population du Tonkin est vigoureuse, active et laborieuse. J'ai parcouru les provinces de Bac-Ninh, j'ai été émerveillé du soin qu'ils apportent à la culture de leurs champs; il n'y a pas un pouce de terre perdu, et dans ce pays où, je vous le répète, il y a tant de terres incultes, on croirait, à voir le soin qu'ils prennent à utiliser les moindres parties du sol, que la terre y a la même valeur qu'aux environs de Paris.

(*Discours de* M. RICHAUD, Gouverneur général de l'Indo-Chine, au Conseil colonial, 1888.)

Quant aux Muongs qui vivent dans les montagnes, et du côté de la Rivière Noire :

Ce sont des races de montagnards vivant de la culture du sol en même temps que de la chasse. Ils sont, en général, plus robustes que les Annamites de la plaine, et leur caractère franc et ouvert nous est plus sympathique.

(*Rapport de* M. Paul BOURNAT, délégué des Chambres de commerce françaises, 1885.)

Les Muongs ont conservé leurs mœurs et leurs coutumes à un degré différent de pureté suivant le contact plus ou moins fréquent qu'ils ont eu avec les envahisseurs. Leur langage particulier est siamois ou thaï, ainsi que leur écriture qui est phonographique au lieu d'être idéologique comme celle des Chinois.

Le type muong est plus beau que le type annamite, le teint plus clair, l'ossature plus vigoureuse; ils ont les pommettes moins saillantes, le nez moins aplati. Les femmes ne se font point laquer les dents en noir ainsi que dans le Delta.

... Les Muongs sont essentiellement agriculteurs, au moins dans la région qui nous occupe (la province de Lang-Son); ils habitent les cirques et les vallées formés par ces collines mamelonnées dont nous avons déjà parlé...

Cette race, désignée sous le nom générique de Tho-Dan (habitants de la terre, du sol), est la race aborigène. Les Annamites (Giao-Chi, ceux qui ont les orteils écartés) sont les conquérants et ont refoulé les premiers habitants jusque dans la région montagneuse.

(*Onze mois de séjour à Lang-Son*, par le Dr F. DIACRE, 1888.)

Une colonie n'a de valeur qu'autant qu'elle est exploitée par une population pacifique, organisée, adonnée à l'agriculture, à l'industrie et au commerce. Ces conditions de prospérité existent en Indo-Chine. Aucun peuple de l'Asie ne vaut les Annamites pour nous, car ils sont avant tout agriculteurs et désireux de la paix.

(*L'Annam et le Tonkin*, par M. Paulin VIAL, ancien Résident supérieur au Tonkin, 1886.)

.... Une population laborieuse qui travaille et qui vit au meilleur marché que l'on puisse imaginer, qui se trouve dans une contrée où abondent sur place tous les produits des pays tropicaux et, à petite distance, tous les métaux, les bois, la houille, sans parler des cultures que nous pouvons introduire sur les plateaux dont l'altitude permettra aux Européens d'y venir et d'y travailler. Donnons à ce peuple l'outillage économique qui lui fait complètement défaut, et nous aurons, à bref délai, un foyer de production industrielle qui deviendra plus considérable que la Belgique.

Tous les rapports s'accordent à déclarer que le Tonkinois, comme ouvrier, a des qualités précieuses : la patience, le don d'imitation, la docilité, le désir d'arriver à se distinguer. Il est bien supérieur, sous ce rapport, au Chinois qui croit tout savoir, surtout n'avoir plus rien à apprendre des Européens et est, en outre, très difficile à gouverner, parce qu'il appartient toujours à une association secrète.

(*La colonisation française au Tonkin*, conférence de M. GARREAU, ancien Commissaire de la marine, à la *Société d'Economie sociale*, Paris, février 1887.)

D'une note insérée dans le *Bulletin de la société d'Économie sociale*, par M. Garreau, il résulte que dans les campagnes les salaires sont de 15 à 20 centimes; dans les villes, entre indigènes, de 25 à 30 centimes, toujours sans nourriture. A l'arrivée de notre corps expéditionnaire, nous avons fait hausser immédiatement les salaires en donnant 80 centimes et 1 franc aux hommes qui suivaient nos troupes comme porteurs. Aussi existe-t-il maintenant deux prix : l'un pour les indigènes, l'autre pour les Européens ; mais en admettant que ce dernier s'élève encore, il y a de la marge avant qu'il n'atteigne les prix d'Europe.

M. Paulin Vial, que nous venons déjà de citer, a été longtemps directeur de l'intérieur en Cochinchine; il devint résident supérieur au Tonkin, sous le gouvernement de M. Paul Bert. C'est un des hommes qui connaissent le mieux l'Extrême-Orient et le Tonkin. Il a observé particulièrement la population de ce pays, ses manières d'être, ses aptitudes. Puis, avec une grande élévation d'esprit, il nous expose ses vues personnelles à ce sujet, les qualités précieuses de cette race, et le parti que nous pouvons et devons en tirer. Cet exposé fera certainement une vive impression sur le lecteur.

On a dit qu'il serait impossible de rien faire des Annamites ; M. Vial combat cette opinion :

> Notre moyen d'action sur les fonctionnaires lettrés est tout indiqué. Ce n'est point par la terreur que nous pourrons dominer les individus susceptibles qui ne craignent pas la mort, et qui se tuent volontairement sur un ordre de la Cour. C'est par l'amour-propre, c'est par des ménagements habiles, en améliorant leur situation, en leur laissant entrevoir le but élevé que nous poursuivons, en les associant franchement et loyalement à notre œuvre. Il est nécessaire aussi de faciliter l'accès aux emplois, des hommes de la classe moyenne, de créer une masse de gens attachés à notre cause et vivant par nous, au milieu de la population des villages....... Le peuple, doux, timide, formaliste, était inquiet. Bousculé dans les rues et sur les routes, assujetti à des corvées pénibles et irrégulières, il craignait de voir porter atteinte à ses institutions, à ses usages, à son culte de la famille qui est beaucoup mieux observé au Tonkin que dans la Cochinchine. Chez ces hommes qui sont susceptibles, la politesse est méticuleuse... Les brusqueries des Européens, les brutalités de quelques ivrognes les désolaient. S'ils tiennent à leurs usages, s'ils désirent voir améliorer leur sort, s'ils sont attachés étroitement à leurs villages qui constituent de véritables associations privées, ils n'ont pas le patriotisme national qui anime les Occidentaux... L'Annamite se soumet volontiers aux ordres d'un

chef, il supporte avec impatience les vexations d'un subalterne, il aime à connaître celui qui le commande, et il lui obéit avec une respectueuse affection, avec un véritable dévouement. Il a besoin d'être dirigé et commandé. Il a compris toute l'impuissance de ses anciens chefs.

(*Un voyage au Tonkin*, par M. PAULIN VIAL, ex-résident supérieur, 1887.)

M. de Lanessan, lui aussi, a été touché des qualités véritables et solides du peuple tonkinois ; il en trace un tableau fort remarquable :

Au point de vue ethnique, je l'ai dit, les Annamites sont les descendants d'une colonie de Chinois... Les Annamites sont donc bouddhistes, mais comme peuvent l'être des peuples qui ont abandonné la mère patrie... Ce sont des bouddhistes dégagés de toute idée de culte ; c'est le seul peuple au monde, peut-être, qui n'ait pas de prêtres d'aucune sorte. Il vit dans une religiosité familière ; c'est le père, c'est le chef de la famille qui est le prêtre véritable de cette famille, et le seul autel que l'Annamite connaisse, c'est celui qu'il dresse au fond de sa maison et sur lequel sont établies les tablettes des ancêtres, où sont inscrits et les noms et les actes mémorables qu'ils ont pu accomplir... Ils font disparaître de la tablette des ancêtres les noms de ceux qui ne sont pas dignes de voir toute leur postérité s'incliner devant eux.

Cela va très loin souvent. Permettez-moi à ce sujet, de vous citer un fait.

Il y a quelques années, un homme fut condamné par nos tribunaux pour avoir commis une faute contraire à l'honneur, pour avoir refusé de reconnaître sa signature au bas d'un acte public, et pour avoir essayé de suborner les membres de l'administration française. Envoyé au bagne, il en fut plus tard retiré pour des motifs que je n'ai pas à chercher; mais acquitté par notre justice, il ne le fut pas par sa famille, et à l'heure qu'il est, ses enfants ne lui permettent d'aller s'agenouiller ni devant l'autel des ancêtres, ni sur le bord de la tombe où reposent ceux qui sont morts. Cet homme est considéré par eux comme ayant commis une faute assez grave pour que la famille ne puisse plus l'accepter dans son sein. Que la société en fasse ce qu'elle voudra, disent-ils, que les Français l'honorent, le traitent comme il leur plaira; pour nous cet homme a manqué à l'honneur, cet homme n'est plus des nôtres!

Lorsque la religion prend une telle forme, — conclut éloquemment M. de Lanessan, — les plus incrédules sont obligés de s'incliner devant elle.

Au point de vue social, vous devez comprendre ce qu'est l'Annamite. Un peuple qui a un tel respect des ancêtres doit avoir pour base de la société, la famille. Cette famille en effet, est très unie chez l'Annamite; cette famille, c'est le noyau de la société de l'Annam, c'est le centre autour duquel pivotent et tous les intérêts et toutes les idées. La propriété y est individuelle, ce qui fait que la loi y est égale pour tous, du moins en principe, car il n'y a pas de peuple chez lequel la loi ne saurait être faussée parfois.

(*L'Indo-Chine française*, conférence par M. DE LANESSAN, 1887.)

On peut rapprocher des observations qui précèdent celles que voici :

Je ne vois pour ainsi dire point de prêtres païens, comme on en voit à Siam, dans l'Inde, et même en Chine. Il y a quelques bonzes dans les provinces du Nord qui avoisinent le Yun-Nan; il y en a aussi quelques-uns près de quelques temples boudhistes du Midi; mais la plupart des provinces n'en ont pas qui méritent une mention quelconque.

Pour le culte officiel du gouvernement, ce sont les mandarins et le roi qui sont les prêtres; pour les anniversaires des familles, ce sont les aînés. Ce n'est donc que par luxe et étalage que, quelquefois, on voit des bonzes ou des sorciers figurer dans des fêtes religieuses.

(*Aperçu sur la géographie*, etc., *du royaume d'Annam*, document officiel publié par le *Courrier de Saïgon* en 1875-1876.)

L'absence de religion réelle et tenace a pour conséquence directe l'absence de tout fanatisme, ce qui n'est pas une considération négligeable au point de vue de la colonisation. Les quelques pratiques qui subsistent sont dictées par l'usage, jamais par la foi. Le seul culte véritable des Tonkinois est donc celui qu'ils professent pour la famille.

Quant au chiffre même de la population (effective et imposable), on n'a pas de données absolument précises.

D'après les renseignements que l'on a pu puiser dans les archives mêmes de la cour de Hué, le ministre des finances comptait, en 1878, 507,060 inscrits pour l'Annam tout entier; et, en 1880, 346,779 inscrits dans les treize provinces laissées au Tonkin par le traité du 6 juin. Nous avons voulu vérifier ce dernier chiffre dans une réunion tenue à Hanoï, en 1885, par le gouverneur des provinces; faute de mieux et jusqu'à preuve du contraire, nous tiendrons pour aussi approximatives que possible les données recueillies en cette circonstance.

Interrogés sur la population de leurs provinces respectives, les mandarins n'ont pu fournir aucune donnée exacte; mais, après une longue discussion et des calculs très débattus, ils sont tombés d'accord sur les comptes suivants......

Cette proportion de 817,536 inscrits sur 10,243,461 habitants est fournie par le rapport qu'ont admis le mandarins et d'après lequel on compte en moyenne, sur 25 habitants de tout sexe et de tout âge, 5 hommes, parmi lesquels, généralement, deux individus peuvent être astreints à la contribution personnelle ; cette proportion n'a rien d'exagéré et, pourtant, elle nous présente un chiffre d'inscrits supérieur de 470,457 au nombre relevé dans les renseignements fournis par la cour de Hué. Cet écart considérable n'a causé aucune surprise aux mandarins, qui prouvèrent, au contraire, qu'il peut être tenu comme étant au-dessous de la réalité; car c'est un fait bien connu d'eux-mêmes que les villages dissimulent environ les deux tiers des inscrits.

... Les mêmes recherches étant faites pour les impôts fonciers les contributions diverses nous donneraient, sans doute, des résultats identiques ; d'où nous pourrions déduire, pour les impôts justement exigibles au Tonkin, un total de 32,301,262 ligatures. (La ligature est d'environ 0 fr. 75.)

(*L'Empire d'Annam*, par J. Silvestre, 1889.)

Ceux qui ont vu à l'*Exposition coloniale* de l'Esplanade des Invalides les Tonkinois que l'on a eu la bonne idée d'y amener, sont à même de constater l'exactitude des observations nombreuses que nous venons de citer. Ils ont certainement remarqué l'air doux et timide, l'extrême politesse des petits Tonkinois conducteurs de pousse-pousse; l'aspect intelligent et éveillé, comme la bonne tenue sous les armes des Tirailleurs tonkinois.

Partout, aussi bien à l'Exposition coloniale qu'au Champs-de-Mars, on les rencontrait en observation devant les vitrines. Tandis que les Arabes marchaient indifférents, drapés dans leurs burnous, la tête haute, le regard fixé au loin dans le vague, ne cherchant ni à voir ni à apprendre, — les Annamites parcouraient avec ardeur toutes les galeries, tous les coins de l'Exposition, curieux, préoccupés, en arrêt devant un objet, et ne démarrant pas avant d'avoir vu et compris comment il était travaillé, fabriqué, construit.

Les pirates. — Tel est l'aspect véritable sous lequel doit être vu le peuple tonkinois. Nous voici loin, on l'avouera, de ces récits fantastiques, où l'on essaye de nous le représenter comme un ramassis de pillards, de *pirates*, pour dire le mot propre.

Ces pirates, dit M. Constans, on leur donne vraiment un nom un peu pompeux et qui sent parfois le langage d'opéra-comique. J'en ai vu de ces pirates. J'étais à bord d'une de nos canonnières, le *Henri-Rivière*, avec un commandant fort aimable.

On vint nous annoncer, la nuit, qu'il y avait des pirates à bord d'une cagna. Des troubles s'étaient produits. Nous nous rendîmes compte de ce qui se passait. En effet, deux Annamites étaient venus et avaient essayé de voler une vache. Ce sont là des actes de filouterie qui se commettent dans les faubourgs de Paris, et non des actes de piraterie.

(*Discours de* M. Constans, ancien gouverneur général de l'Indo-Chine; séance de la Chambre des députés, du 20 novembre 1888.)

Les pirates, c'est nous-mêmes qui les avons faits le plus souvent, par les réquisitions exagérées ou parfois brutales.

On prend les hommes comme on peut, dit encore M. Constans, on les force à venir; lorsqu'ils sont fatigués, ils s'échappent, et si on veut aller les quérir pour leur appliquer une peine quelconque, ils prennent la clef des champs et, une fois hors de chez eux, il faut bien qu'ils vivent, et ils se font pirates.

Il ne faut s'exagérer ni l'importance ni le caractère de ces actes de brigandage. Il ne faut pas les confondre surtout avec un soulèvement indigène, ou une agression étrangère.

A l'intérieur, la piraterie continue quelque peu. Celle faite par les Annamites n'est pas dangereuse; ce sont de pauvres diables qui se rassemblent, formant une bande qui subsiste sur le pays, c'est de la vraie « lutte pour la vie ». Celle pratiquée par les Chinois est plus sérieuse, à cause des moyens dont ils disposent et des parages dans lesquels ils opèrent. Ce sont ces derniers qui viennent de capturer les frères Roque, deux millionnaires qui vont payer une forte rançon pour être remis en liberté. Cela nous ramène au bon temps de l'antiquité où ces sortes d'exploits étaient d'un usage courant. Mais la tranquillité publique, la sécurité proprement dite existe dans tout le Delta. Pour le reste, c'est une question de temps et de moyens. Le jour où par de grands travaux tous les dissidents trouveront du riz à manger sans le voler sur les grandes routes, la question de la pacification sera réglée, car il faut bien reconnaître que le métier de pirate est un fichu métier, et que ceux qui le peuvent font autre chose !

(*Lettre personnelle* d'un haut fonctionnaire des douanes ; Haïphong, janvier 1890.)

L'expérience a démontré en effet que dans les centres où des exploitations avaient été ouvertes, où du travail était offert aux indigènes, il n'y avait plus aucune de ces exactions.

A Langson, dit M. Chailley, le commandant Servières, agacé par une bande chinoise, avait imaginé de négocier avec elle et de lui donner du travail. Marché conclu ; il eut 700 coolies d'excellente composition, qu'il employa à porter les bagages de la colonne dirigée contre les Chinois de Caobang.

(*Paul Bert au Tonkin*, par J. Chailley, 1887.)

Le fait en lui-même est exact, sauf un détail : les Chinois dont il s'agit ont été employés non au transport des bagages, mais à la construction de la route militaire qui débouche à Langson.

Le commandant Pennequin qui avec ses fonctions militaires, exerce celles de Résident civil, a tenté, vers cette époque, une expérience semblable et qui paraît tout aussi concluante. Elle montre que ce n'est pas à coups de fusil, mais par des négociations patientes, par le raisonnement et la persuasion, que l'on peut venir le plus sûrement à bout des bandes qui parcourent encore certains points du Tonkin. Le commandant Pennequin (qui vient d'être promu colonel), l'a compris ainsi : il s'est attaché à poursuivre la pacification de la région troublée qu'il surveillait alors, sans recourir à la force des armes. Il y a réussi absolument, et le calme est devenu complet dans les provinces Nord-Ouest qui étaient un moment la proie des pillards.

L'événement vaut d'être conté.

Le commandant Pennequin ayant appris qu'une forte bande, composée celle-là de Pavillons-Noirs et de rebelles chinois, ravageait le territoire situé entre le haut Mekong et la haute Rivière Noire, prit le parti de se rendre auprès d'eux sans soldats ni escorte. En compagnie de M. Pavie (nommé dernièrement Consul et Commissaire de la République près du gouvernement Siamois) l'un des hommes qui servent le plus utilement la cause de la France et de la civilisation en Extrême-Orient, — il s'avança près des rebelles. Il les trouva au nombre de 2,300 environ, et demanda une entrevue au chef qui les commandait. Celui-ci la lui accorda aussitôt, et le commandant lui exposa simplement, comme il l'eût fait à un général européen, que la paix étant signée avec la Chine, les Pavillons-Noirs manquaient aux conventions conclues, en continuant leurs exactions dans le pays. Il ajouta qu'il était envoyé par la France pour les chasser du Tonkin par la force, mais qu'il préférait faire appel à leur loyauté, à leur bon sens. Il leur montra que leur intérêt était également de se retirer, et il leur offrit de faciliter leur rentrée dans le Céleste-Empire.

Bien qu'ils fussent en face d'un homme désarmé et seul, bien qu'on ne leur offrit aucun avantage, ils se rendirent aux raisons du commandant Pennequin qui, toujours seul, sans escorte, reconduisit cette bande de 2,300 rebelles fortement armés, à une distance de 300 kilomètres de là, vers Laokay, où ils passèrent la frontière chinoise. Depuis, ils guerroient du côté de la Birmanie, « étant dans « la nécessité de faire ainsi pour vivre, disent-ils » et de temps à autre, ils écrivent au commandant Pennequin, pour le tenir au courant de leurs exploits. Ils lui répètent qu'ils continuent à observer leurs conventions, et qu'ils persévéreront à le faire tant que nous-mêmes nous ne viendrons pas les attaquer.

On voit par cet exemple, d'ailleurs bien connu de tous ceux qui s'intéressent au Tonkin, que les expéditions militaires ne sont pas le meilleur procédé de pacification, et que ces Pavillons-Noirs, Chinois rebelles ou pirates, — lorsque l'on sait s'y prendre, sont capables d'une sorte de loyauté.

Un incident survenu pendant les pourparlers pacifiques que nous venons de relater, montrera mieux encore l'exactitude de cette affirmation. Au moment où MM. Pennequin et Pavie engageaient ces négociations, isolés au milieu de 2,300 Pavillons-Noirs, le chef leur annonça qu'un détachement français venait, à quelque distance, de s'emparer par surprise d'une cinquantaine de ses Chinois, et que la mort de ces derniers était certaine. Parlant sans colère, il s'étonnait qu'au moment où l'on réclamait sa soumission et son éloignement volontaire, on se livrât ainsi à un acte d'hostilité qui allait coûter la vie à nombre de ses soldats. Loin de menacer, ni de laisser entrevoir des représailles qui eussent été trop faciles, il demanda sur le ton le plus calme, à M. Pennequin, de faire les démarches nécessaires pour que l'officier français qui s'était emparé des cinquante Pavillons-Noirs, les épargnât. M. Pennequin écrivit aussitôt une lettre en ce sens que l'on porta jusqu'au poste français, à une journée de marche. Puis, pour plus de sûreté, prétextant l'obligation où il était de se rendre en un point assez éloigné, il pria le chef de le faire reconduire ainsi que M. Pavie, jusqu'à nos avant-postes. Une escorte fut sur le champ fournie ; MM. Pennequin et Pavie ne coururent aucun danger, ne subirent aucun mauvais traitement, — et disons-le aussi, ils eurent la satisfaction d'apprendre que la lettre avait touché assez à temps l'officier français, pour qu'il pût rendre la liberté aux Pavillons-Noirs.

Nous tenons ce récit de M. Pavie lui-même.

Ce qui permet de dire que la piraterie au Tonkin n'est en quelque sorte qu'un accident, et qu'elle n'aura qu'une durée relativement courte, c'est qu'elle n'est inspirée par aucune idée de patriotisme ou d'indépendance. L'Annamite n'a presque pas le sentiment national. Il n'y a point là-bas de pirates *se battant pour une cause*, mais simplement des bandes de pillards poussés surtout par la faim.

Aussi est-ce de la façon toute pacifique dont les colonels Pennequin et Servières ont agi, sur les frontières du Yunnan et du Quang-Si, qu'il convient, *en principe*, de traiter les derniers pirates ou Pavillons-Noirs qui infestent encore le Tonkin. Mais, dans certains cas, un effort plus sérieux peut être nécessaire, surtout du côté de la Chine, où des bandes ont toute latitude pour faire, sur notre territoire, des incursions plus ou moins prolongées. Il faut prévoir cette éventualité, car il y aura longtemps encore des rassemblements de Chinois, dans la partie montagneuse du Tonkin. Ces bandes sont formées de soldats réguliers chinois, licenciés lorsque l'on n'en a plus besoin. Elles n'opèrent pas seulement sur les territoires voisins du Céleste-Empire, mais encore dans les provinces chinoises, où elles fomentent sans cesse des troubles et constituent un réel danger pour l'ordre public. Les soldats licenciés sont une des plaies de la Chine. « Jetés sur le pavé, sans moyen d'existence (dit un écrivain militaire auquel nous empruntons ces renseignements spéciaux), mésestimés de leurs concitoyens, recrutés d'ailleurs parmi les vagabonds et les déclassés, ils deviennent presque toujours, dès qu'on les congédie, des détrousseurs de route. Ce n'est que dans le Petchili que l'armée impériale est solidement constituée, et là seulement elle est soumise à des règles qui forment de véritables soldats. Dans les autres provinces du Céleste-Empire, on fait des levées d'hommes quand elles sont nécessaires ; le danger passé, on renvoie le soldat, sans se soucier de ce qu'il devient. Il devient alors un vrai bandit et vit aux dépens de ses concitoyens, jusqu'au jour où il tombe sous les coups de la justice sommaire des mandarins. Souvent même, les soldats licenciés et les déserteurs poussent l'audace jusqu'à constituer des bandes nombreuses, qui opèrent avec méthode et contre lesquelles il faut agir militairement. »

Contre ces groupes plus compacts et plus redoutables, où ne figurent point d'Annamites, dans tous les cas où il sera utile d'agir les armes à la main, c'est à la milice indigène qu'il convient, selon nous, de confier cette tâche, en l'organisant solidement, avec des cadres plus nombreux et formés d'hommes plus habitués au commandement. Ce moyen de répression a réussi partout où on l'a employé. Il a, en outre, ce double avantage d'épargner les troupes européennes, et de permettre d'en réduire le nombre.

C'est avec une simple garde de dix miliciens que M. Unal, vice-résident à Langson, après avoir capturé et fait exécuter le caï-kinh (chef pirate contre lequel tous les efforts s'étaient épuisés pendant quatre années), a soumis ses bandes. Il fut reçu comme un sauveur par les villages que le caï-kinh avait terrorisés. Quelques distributions de riz achevèrent de lui gagner ces pirates malgré eux, qui, se sentant pleinement délivrés, lui apportèrent spontanément à Langson toutes leurs armes : 180 fusils, 8,000 cartouches de fusil à tir rapide, 3 tonnelets de poudre, et une caronade en cuivre.

C'est avec de petites colonnes de 60 hommes que l'on a traqué les bandes réfugiées dans la province d'Haï-Duong, en 1888 ; le lieutenant Staphe, notamment, a fouillé près de 20 villages, tué nombre de pirates, et emmené le caï-tong (chef de canton, 5 villages) ainsi que 384 prisonniers. — C'est avec un détachement de 20 hommes, qu'en novembre 1889 M. Damade vice-résident de Loh-Nam, a mis en déroute une bande de 500 Chinois, près du village de Tam. — De même, au mois de mars 1889, une tournée de police indigène fut organisée dans les provinces de Bac-Ninh et d'Haï-Duong sillonnées par des bandes de pillards.

En peu de temps les mandarins et les gardes civiques avaient dispersé les pirates et fait disparaître tout danger. Ces opérations avaient lieu précisément à l'époque des plus fortes chaleurs, à un moment où il eut été sinon impossible, du moins extrêmement périlleux pour la santé de nos soldats, de leur imposer les fatigues de combats et de marches en plein soleil.

Enfin, au mois de juillet 1889, une colonne de pacification dirigée par le tong-doc, à la tête de partisans, avec le concours des gardes civils, vint à bout de la dernière bande de pillards qui inquiétait le Delta.

Les milices indigènes ont donc fait leurs preuves : c'est à elles que doit être progressivement confiée l'œuvre de police, de gendarmerie, qu'il sera nécessaire d'accomplir au Tonkin, comme il s'en poursuit en somme dans tous les autres pays.

Le milicien (ou garde civil) est le vrai soldat indigène. Il reçoit la même instruction militaire que le tirailleur, mais il appartient à l'administration civile, remplit les fonctions civiles consistant à porter des ordres, à escorter les fonctionnaires, à faire rentrer l'impôt, etc. Il est placé auprès des fonctionnaires indigènes ; la justice, lorsqu'il commet quelque acte grave en service, lui est rendue par le tong-doc. Il a gardé complètement ses coutumes, et ne s'est pas séparé de la société annamite. Bien commandé, il est beaucoup plus attaché à ses chefs que le tirailleur. En Cochinchine, par exemple, les miliciens se sont souvent fait tuer à côté des administrateurs. Jamais aucun n'a fait défection. Mais il est indispensable de laisser les miliciens à l'entière disposition de l'autorité civile, du moment que celle-ci suffit à une tâche qu'elle seule peut bien remplir, ainsi que M. Neyret l'a prouvé à Haï-Duong, M. Unal à Langson, et tant d'autres avec eux. Le souci de notre budget comme les intérêts du pays lui-même l'exigent. Si des circonstances exceptionnelles en faisaient une nécessité, rien n'empêcherait, du reste, de mobiliser les miliciens sous les ordres de l'autorité militaire. En attendant, il est bon que chaque résident dispose d'un effectif de miliciens suffisant pour assurer les divers services, maintenir l'ordre et protéger les fonctionnaires indigènes sans le concours desquels l'administration devient impossible. L'entretien des miliciens a, en outre, l'avantage de coûter très peu.

Les tirailleurs annamites ont rendu de réels services. Ils sont recrutés comme les miliciens, à raison d'un homme par 7 inscrits. Mais on se plaint non sans raison que les règlements donnés à cette troupe soient calqués trop fidèlement sur ceux de l'armée française. L'Annamite est brave, dévoué à ses chefs et respectueux de l'autorité. Il faut entretenir chez lui ces qualités. Or, l'assimilation absolue que l'on a cherché à faire des tirailleurs avec les soldats français, ne tend pas à ce résultat; on bouleverse leurs quelques notions sociales et on les désoriente. L'Annamite, au surplus, n'est pas fait pour la vie de caserne. Il n'a pas l'esprit militaire; il est naturellement tenté de faire abus de l'autorité et de la liberté d'allure qu'on lui donne. Les tirailleurs, traités en régiments français, commandés par des chefs pleins de bravoure mais peu au courant des mœurs indigènes, dépouillés des qualités de l'Annamite, sans que celles de notre race les puissent remplacer, — les tirailleurs seront toujours, quoi qu'on fasse, une troupe « mal venue », ayant d'incorrigibles défauts natifs. Cependant, ils se battent avec courage, méprisent la mort, et ne feront jamais défection en masse. Les régiments de tirailleurs coûtent, de plus, fort cher; l'administration en est difficile, compliquée; le corps d'officiers français est considérable : il en résulte que 1,000 tirailleurs encadrés coûtent 3 fois plus qu'un nombre égal de miliciens, — et ces derniers sont mieux appropriés au but à atteindre.

Les contingents européens doivent être progressivement réduits, à mesure que s'affermit notre domination. Il serait désirable de ne leur faire occuper que les centres importants, les routes fluviales ou terrestres, et les positions stratégiques. Leur mission est bien plus de représenter l'armée métropolitaine, *aux bons endroits*, — que d'agir à tout propos.

Ainsi, tout rentrera dans l'ordre : la pacification sera sérieuse et durable, — les pertes cruelles seront épargnées à nos troupes, — les effectifs seront réduits comme il conviendrait, — les conflits disparaîtront naturellement, — et la colonisation, profitant des fonds consacrés aux expéditions inutiles, fera les progrès rapides que l'on attend depuis trop longtemps.

On peut espérer que l'ère des conflits est close. Des instructions modifiant la répartition des pouvoirs ont été transmises au gouverneur général par M. Etienne Sous-secrétaire d'Etat des colonies, il y a quelques mois. En principe, on en revient heureusement au décret du 26 janvier 1886, qui réglait les attributions du premier résident général, le regretté Paul Bert : le gouverneur général civil a sous ses ordres les chefs militaires ; sauf le cas d'urgence, où il s'agirait de repousser une agression, aucune opération militaire ne peut être entreprise sans son assentiment.

La colonie est définitivement entrée dans une nouvelle phase : celle du développement pacifique.

FACILITÉ DE NOUS ASSIMILER LE PEUPLE TONKINOIS

Tout d'abord, c'est sans aucun regret que les Tonkinois, soumis à l'Annam depuis 1802, et n'en n'ayant jamais porté volontiers le joug, ont vu notre puissance substituée à celle de la cour de Hué, et notre administration contrôler, sinon remplacer partout celle trop fantaisiste des mandarins du Roi d'Annam.

Le gouvernement de Hué n'y est pas aimé, — écrivait dès 1873 M. Harmand... Au-dessus se trouve toute la gent mandarine, qui, celle-là, si elle n'aime pas davantage le gouvernement, le vole et le pille en toute occasion, déteste cordialement les Européens, et les Français en particulier. Ils comprennent très bien que notre arrivée chez eux sera le signal de leur propre ruine et la fin de leurs scandaleuses dilapidations.

...... Ainsi, dans ce pays, dont l'aspect promet tant de richesses et de tranquillité, la vie du paysan n'est qu'une longue inquiétude. D'un côté les mandarins, de l'autre les pirates : l'enclume et le marteau.

(*Souvenirs du Tonking*, par le Dʳ HARMAND, 1873.)

La population y supporte avec peine le joug des mandarins de la cour de Hué, nous est favorable, et nous verrait avec plaisir occuper le pays.

(*Rapport sur les conditions d'installation des garnisons au Tonkin*, par le Dʳ Ch. HAMON, 1880.)

Lorsqu'en 1858, raconte Romanet du Caillaud, la flotte franco-espagnole parut à Tourane, la nouvelle s'en propagea au Tonkin avec une incroyable rapidité. Ce fut un grand sujet de joie, non seulement pour les chrétiens, mais encore pour toute la population en général, sauf les mandarins. Même parmi ces derniers, beaucoup attendaient avec impatience l'arrivée des Français.

(*Notice sur le Tong-King*, par ROMANET DU CAILLAUD, 1880.)

Voyons à présent les raisons qui permettent d'affirmer que leur assimilation se fera rapidement.

Le Tonkinois est avide de tout produit étranger, jusqu'au costume européen, dont il est fier de se revêtir en haine du vêtement annamite. Dès qu'un tel peuple se sentira suffisamment protégé par les Français, il acceptera avec enthousiasme nos idées, nos usages, notre costume même, en l'appropriant à son climat.

(*Voyage au Yunnan*, par J. DUPUIS, 1871-77.)

Il est nécessaire de se représenter que les Annamites constituent une race intelligente, parfaitement capable de faire la comparaison entre l'état de choses que nous leur apportons et celui qui existait antérieurement.

(*Le Tonkin*, par A. Gouin, lieutenant de vaisseau, Nam-Dinh, 1884.)

C'est tout un peuple absolument assimilable, laborieux, pacifique, que les malheurs de son histoire, malheurs dont nous sommes un peu la cause, ont mis à notre disposition et qui nous offre toutes les garanties que les efforts que nous ferons pour son éducation ne seront pas perdus.

(*Conférence* de M. Garreau, ancien commissaire de la marine, à la Société d'économie sociale, 1887.)

M. Vial prouve par un exemple que l'assimilation des Tonkinois n'est pas une simple présomption, mais bien une réalité :

Parmi les mesures les plus heureuses qui furent prises pour nous assurer le concours des classes moyennes, nous devons citer la création d'un conseil des délégués des notables du Tonkin. Les chefs des cantons et les chefs des villages devaient en élire un par préfecture ou phû. Ces élections eurent lieu avec beaucoup d'ordre. Les délégués se montrèrent pleins de sagesse et d'indépendance. Ils signalèrent courageusement les principaux abus de l'administration indigène, et réclamèrent les réformes utiles. Leurs délibérations ne laissèrent pas que d'inquiéter les mandarins attachés à la Cour. Elles donnèrent bien la véritable mesure de l'esprit public des populations rurales, dont les principaux chefs sont habitués à discuter journellement les intérêts de leurs villages. Le jour où nous leur paraîtrons capables d'administrer sagement et intelligemment les magnifiques pays que la Providence a placés sous notre domination, leur opposition cessera, et ils se soumettront.

(*Un Voyage au Tonkin*, par M. Paulin VIAL, ex Résident supérieur au Tonkin, 1887.)

Et M. Joseph Chailley nous donne à ce sujet des renseignements plus précis encore.

Dans sa proclamation aux Tonkinois (8 avril 1886), M. Paul Bert annonçait son intention de réunir un conseil des notables. Le 30 avril, il convoquait les électeurs.

Contrairement à ce qu'avaient prédit les opposants, les élections furent à la fois très calmes et très passionnées. Dans certains pays, il fallut pour faire une majorité jusqu'à trois tours de scrutin. Les élus appartenaient exactement à la classe de la population dont nous sollicitions le concours. Sauf deux, c'étaient tous de simples paysans, notables de leurs villages, généralement pauvres. Le plus savant d'entre eux était un maître d'école, dont ils firent leur président.

Mais ces ignorants avaient l'esprit pratique et le cœur ferme. On leur avait attribué une indemnité de séjour : plusieurs la refusèrent, pour ne pas paraître à notre solde. Nommés malgré les mandarins, ils savaient à quoi ils s'exposaient : ils demandèrent tous qu'on leur délivrât des diplômes, durable témoignage d'une élection si honorable. L'un d'eux, le plus courageux, le plus habile, fut assassiné à l'issue de la session. Trois candidats annoncèrent qu'ils se porteraient à sa place aux élections suivantes.

(*Paul Bert au Tonkin*, par J. CHAILLEY, 1887.)

Après avoir élu leur bureau, ils délibérèrent librement et sans qu'aucun fonctionnaire français fût présent ou vint les gêner. Leurs réponses dénotent en même temps qu'un grand sens pratique un vif amour du bien public. Voici encore, d'après M. J. Chailley, et à titre de document, celle de ces réponses concernant les mesures que l'on pourrait prendre pour la *Reconstruction des villages dévastés* et le *Rapatriement des habitants*. C'est le texte même de la réponse du *Conseil* que nous citons :

Le Conseil les divise en deux catégories. La première est composée de ceux dont les habitants sont déjà revenus, mais pauvres et misérables. Le Conseil demande qu'ils soient exemptés de toutes corvées pendant trois ans; quant aux impôts, il s'en remet à la générosité du gouvernement. La deuxième catégorie comprend les villages dont les habitants ne sont pas encore rentrés. Pour ceux-là, le Conseil à l'unanimité, accepte la proposition du gouvernement de faire appel aux gens riches, lesquels réuniront des habitants et leur feront cultiver les terres. *Mais comme personne ne travaille sans espoir d'obtenir des rétributions ou des noms*, le Conseil demande que ces gens riches soient décorés de titres quelconques, grands ou petits, selon leurs services. Quant aux terres cultivées, ils les rendront à leurs propriétaires ou à leurs descendants légitimes dès qu'ils reviendront.

(*Paul Bert au Tonkin*, par CHAILLEY, 1887.)

Les Annamites sont les anciens possesseurs du Tonkin et forment la partie la plus considérable de la population... Organisés par villages et par cantons, ayant un cadastre ou liste officielle, des champs cultivés qui sont leurs propriétés personnelles, protégés par une législation régulière dans leurs droits de chef de famille et de citoyen, élisant eux-mêmes les notables chargés d'administrer leurs communes et leurs cantons, ils sont parvenus à une civilisation déjà avancée, très favorable au développement de leurs familles et de leurs intérêts matériels.

Les cantons sont répartis entre un certain nombre de préfectures et de provinces qui sont administrées par les mandarins nommés par le gouvernement, chargés de maintenir l'ordre, de faire rentrer les impôts, de rendre la justice.

Ces hauts fonctionnaires sont choisis parmi les lettrés qui, ayant obtenu aux concours publics les brevets de docteurs ou de licenciés, ont fait un long stage dans les bureaux de l'administration.

Les lettrés et la plupart des Annamites instruits suivent étroitement les préceptes de Confucius. Ils honorent leurs ancêtres et leur rendent un culte familial. Ils respectent profondément la vieillesse... Ils croient à une autre existence dans laquelle les hommes qui ont été sages et vertueux sont réunis ensemble et jouissent des honneurs que les vivants rendent à leur mémoire. Dans chaque maison, un autel placé dans la pièce principale, contient les noms des morts et ceux des fondateurs de la famille. A certains anniversaires, ces autels sont décorés de fleurs et de tentures, on brûle des bougies parfumées et des baguettes d'encens devant les tablettes des ancêtres, et le chef de la famille, entouré de ses enfants, se prosterne en leur adressant des invocations pieuses...

On comprend combien il est naturel de ménager chez les Annamites les sentiments qui se rapprochent tant de nos usages et de nos convictions intimes. On comprend aussi combien on a pu les froisser, soit en déplaçant des tombeaux de famille, soit en traitant légèrement des pratiques respectables.

(*Nos premières années au Tonkin*, par Paulin Vial 1889-90.)

On peut se rendre compte par ces diverses citations autorisées, de ce qu'est au juste la population du Tonkin. On voit sa docilité, sa douceur, son amour du travail et de la paix ; son culte pour la famille, sa sympathie pour les Français, son aptitude enfin à profiter de nos enseignements et à comprendre la supériorité de notre administration sur celle de la Cour de Hué.

Il est permis de tout espérer du peuple tonkinois, si nous l'administrons comme il doit l'être, — et comme il le mérite.

VI

PROGRÈS DE LA COLONISATION

Les Colons. — Si vous voyiez, comme je les ai vus, les colons d'Haïphong et d'Hanoï ; si vous constatiez avec quelle énergie, avec quelle ardeur désespérée ils travaillent, avec quelle conviction ils s'efforcent d'arriver à de bons résultats, eh bien ! franchement, vous réfléchiriez à deux fois avant de prendre part à des votes qui font croire à ces braves gens qu'ils seront absolument perdus, eux, leurs familles et leurs biens, si nous les abandonnons en ne maintenant pas ces votes le lendemain. (*Applaudissements sur divers bancs.*)

(*Discours* de M. Constans, ancien gouverneur général d'Indo-Chine, séance de la Chambre des députés, 20 novembre 1888.)

Ce qui le prouve encore, c'est la ténacité, l'énergie avec laquelle les premiers colons venus au Tonkin y demeurent et redoublent d'efforts.

Des dix-huit compagnons européens de M. Dupuis (dit M. Paul Bourde), deux sont morts et neuf sont restés au

Tonkin, inébranlablement confiants dans leur ancien chef, l'attendant toujours pour recommencer. Quoi qu'on dise de cet homme, on n'en fera pas un homme ordinaire.

(*De Paris au Tonkin*, par Paul BOURDE, correspondant du *Temps*; écrit en 1885.)

Non, certes, on ne fera pas de M. Dupuis un homme ordinaire, et nous saisissons, quant à nous, avec joie cette occasion de le remercier, au nom des partisans de la politique coloniale, de son inébranlable persévérance dans ces entreprises audacieuses et fécondes par lesquelles il a porté au loin et honoré le nom français. Libre à certains de ne voir dans ce pionnier infatigable qu'un commerçant vulgaire à la recherche de profits personnels, et de l'entourer d'on ne sait quel dédain supérieur, comme si le commerce n'était pas l'un des éléments les plus respectables et les plus puissants de la prospérité d'une nation. Libre à eux de ne voir que des « tripoteurs » dans ces hommes d'initiative, au cœur solide et aux vues larges, qui, comprenant l'intérêt qu'il y a pour nos industries à trouver de nouveaux débouchés, se consacrent tout entiers à leur recherche, y sacrifient leur repos, leur fortune, leur santé et souvent leur vie.

M. Dupuis est de ceux-là : les déboires de toutes

sortes, les ruines successives et iniquement imposées, les affronts même ne lui ont point été épargnés. Malgré tout, il a lutté sans perdre courage, sans que la foi dans son œuvre l'abandonnât un seul instant, et à ce moment même il est encore sur la brèche, plein d'activité, ouvrant de vastes exploitations, et, espérons-le, sur le point de jouir des profits tardifs d'un si long labeur.

L'Enseignement. — Un des premiers soins du regretté Paul Bert, en arrivant au Tonkin, avait été d'y organiser l'*Enseignement public*. Il avait choisi pour l'aider dans cette grande mission un homme fort actif et de mérite réel, M. Gustave Dumoutier.

Convaincu que l'école est l'un des instruments les plus puissants de la colonisation ; persuadé que chez les peuples stationnaires comme ceux de l'Asie notre but doit être de développer la civilisation existante, non d'en changer l'espèce, il avait conçu, en s'inspirant de ces deux principes, un système complet d'enseignement. Rien de plus simple, rien de plus logique que le plan qu'il s'était tracé avec sa hauteur de vues habituelle. Nous allons l'analyser brièvement.

Le Tonkinois ne diffère pas sensiblement du Chinois. L'influence morale du Céleste-Empire rayonne sur les rives du fleuve Rouge et dans tout l'Annam. Au fond, c'est à peu de chose près le même état d'esprit, la même civilisation. Or, la base de la société en Chine, c'est l'instruction. Par elle seule s'acquièrent les honneurs et les fonctions publiques : les lettrés seuls sont puissants. De là ce goût si prononcé des Chinois pour les lettres et la philosophie. Au Tonkin, il en est de même, avec cette différence que durant cent années consécutives de domination annamite il n'y a rien eu de très régulièrement organisé dans ce riche pays. L'idée de Paul Bert était de tirer parti de ces pratiques sociales et, si je puis ainsi dire, de les *canaliser* à notre profit, en nous gardant bien de chercher à implanter chez les Tonkinois notre civilisation, si peu semblable à la leur.

Pour y arriver, il résolut d'abord de créer l'*Académie de Hanoï*, formée de l'élite des savants tonkinois et d'autant de Français notables résidant dans la colonie; ensuite de prendre pied, par une intervention directe mais suffisante, dans les *écoles indigènes*.

L'Académie de Hanoï fut instituée; les membres, désignés par le gouverneur général, siégèrent une première fois sous sa présidence; et l'impression causée par cette solennité dans l'esprit des mandarins lettrés fut, dit-on, très profonde. L'autorité personnelle que donnaient auprès d'eux à Paul Bert ses travaux scientifiques et son titre de membre de l'Institut était considérable ; il se trouvait ainsi mieux placé que tout autre pour tenter une telle expérience. L'Académie tonkinoise devait former à ses yeux la clef de voûte de l'édifice qu'il voulait créer ; elle devait être le sommet de l'enseignement public ; elle avait pour mission d'entretenir le goût des lettres et des arts, d'étudier l'histoire et le passé du peuple tonkinois. Et cependant, malgré ses débuts brillants, malgré les avantages qu'elle assurait à l'influence française, en dépit des études sérieuses qu'elle commença à publier dans un *Bulletin* périodique, l'Académie de Hanoï a cessé de vivre. Les successeurs de Paul Bert n'ont rien fait pour elle.

Les Écoles appelèrent en second lieu l'attention de cet esprit éminent. Là encore, il s'arrêta au plan le plus pratique et le moins onéreux pour les finances de la colonie. Il prit le parti de ne rien innover, de profiter simplement de ce qui existait ; car, chose curieuse, au Tonkin, chaque village a son école : l'enseignement y est libre, l'instituteur indépendant ; les élèves le rétribuent directement, comme jadis chez nous le « maître d'école ».

Voici le curieux tableau des écoles de l'Annam

et du Tonkin, que traçait, dès 1858, un document officiel publié seulement en 1875-1876.

...La maison de tous les maîtres d'écoles des différents villages n'est qu'un externat où chacun vient, sans y être obligé par aucun règlement dispositif. La liberté d'enseignement est la plus complète qu'il soit possible de voir ; le gouvernement donne les grades par les mandarins commissionnés annuellement à cet effet, d'après les compositions qui ont pour sujet les livres classiques et élémentaires de la Chine ; mais voilà tout... Chacun s'instruit comme il le peut et comme il l'entend. L'un étudie avec son père, l'autre reste chez lui et nourrit un maître qui le guide dans ses études ; un autre va à l'école de son village, de son arrondissement ou de sa province, suivant son âge et sa capacité, et ainsi le gouvernement n'a d'autres prétentions que de choisir, dans la masse des sujets qui se présentent, les hommes dont il a besoin. Il y a peu de villages qui n'aient leurs écoles particulières pour les enfants. La commune donne quelques champs aux maîtres qui viennent les tenir ; de plus, chaque enfant doit fournir ce qu'on appelle « l'huile de la lampe », c'est-à-dire une petite subvention, et ensuite les présents du premier de l'an et des autres époques, aussi bien que certaines corvées au besoin ; d'où il suit que ce pédagogue trouve une vie facile et honorable à peu près partout.

Dans ces écoles, les enfants chantent à qui mieux mieux, tous ensemble, et confusément, les morceaux qu'ils apprennent par cœur et qu'on leur fait écrire. C'est ce qui s'appelle étudier les « caractères », étude très longue, qui peut durer la plus grande partie de la vie d'un homme, et qui absorbe les vingt à trente premières années d'un lettré, avant qu'il soit à même d'apprendre quelque chose. Le but qu'on se propose n'est pas de donner aux enfants un enseignement scientifique et religieux, mais à peu près uniquement d'apprendre à lire et à peindre.

...Mais revenons à nos enfants annamites étudiant les « caractères » et les sentences chinoises. Ils étudient pendant huit, dix et douze ans pour apprendre à lire et à écrire ; c'est pour pouvoir occuper plus tard quelques loisirs de leur vie, apprendre quelquefois un peu de médecine, ou même d'astrologie et de magie, mais principalement pour pouvoir se mêler aux affaires du canton et de la commune, y obtenir quelque place, savoir dresser les actes d'un procès et faire des contrats et un testament. Ils ont appris par cœur douze ou quinze volumes des annales chinoises; demandez-leur où est la Chine, ils n'en savent, ma foi, rien. Il leur reste un fonds de doctrine morale assez étendu ; mais demandez-leur compte de leur croyance, ils ne savent que répondre et ils s'étonnent qu'on puisse penser à exiger une pareille exactitude et un esprit d'analyse aussi profond.

Cela vient de ce que les maîtres n'enseignent jamais autre chose que la lettre et le gros sens littéral, et encore, pour cela, ils se servent d'un langage barbare et confus, qui n'apprend rien d'ordinaire.

(*Aperçu sur la géographie, etc., du royaume d'Annam*, document officiel rédigé en 1858, publié par le *Courrier de Saïgon* en 1875-76.)

Cette langue « barbare et confuse », la seule enseignée dans les écoles du Tonkin avant notre établissement, c'est l'annamite, idiome aussi compliqué que le chinois, et qu'il est à peu près impossible à des Européens de connaître et d'écrire, sinon de parler, pour les raisons que voici.

Dans l'écriture chinoise et l'écriture annamite, on ne se sert pas, comme chez nous, de vingt-quatre lettres pour écrire tous les mots. Chaque mot est représenté par un signe spécial : il faut donc, en étudiant la langue, retenir à la fois le *sens* d'un mot et le *signe* écrit qui le représente. — Pourquoi, dira-t-on, ne peut-on pas modifier cet état de choses et, par exemple, écrire l'annamite au moyen d'un alphabet simplifié comme le nôtre ? Cela n'est point possible, parce que les mots annamites ne sont que des monosyllabes, dont chacun peut avoir jusqu'à six sens différents, selon qu'il est prononcé différemment (haut, bas, rapidement, etc., etc.). De là cette nécessité de rendre la différence de *ton* du langage parlé par une différence de *signe* dans le langage écrit.

La difficulté semble insurmontable. On a cependant imaginé un moyen d'en triompher, et c'est à l'esprit ingénieux des missionnaires que l'honneur en revient. Ils ont trouvé le *quoc-ngu*, véritable alphabet, composé des caractères latins pouvant se ponctuer chacun de six manières différentes. Avec les caractères, on écrit le *mot*; avec la ponctuation qui l'accompagne, on indique le *ton* qui lui donne le sens. D'où cette conséquence heureuse qu'on peut écrire l'annamite sans se bourrer la tête de milliers de mots et de signes, et qu'il n'est plus besoin de travailler beaucoup pour, finalement, ne pas savoir grand'chose.

Le *quoc-ngu*, en somme, est un peu à la langue annamite ce que le *sabir* est à la langue arabe : une simplification usuelle, essentiellement pratique. Il a ce triple avantage, dans tous les cas, de permettre aux Européens d'apprendre plus aisément l'annamite ; de mettre à même ceux qui le parlent de le lire s'il est écrit (traduit si l'on veut) en caractères *quoc-ngu*, et enfin de leur donner les moyens de l'écrire eux-mêmes, toujours avec ces mêmes caractères.

Il suffisait donc d'introduire l'étude du *quoc-ngu* dans les écoles annamites, de l'y vulgariser, pour amener un rapprochement immédiat entre les Français et les Tonkinois, leur permettre de se comprendre, de se parler, de s'écrire. Mais y parviendrait-on ? Les instituteurs indigènes voudraient-ils, pourraient-ils se prêter à cette étude encore peu connue ? On l'ignorait, mais on n'en tenta pas moins l'expérience. M. G. Dumoutier, doué d'une activité infatigable, se fit l'apôtre, le propagateur de la langue nouvelle. Parlant couramment l'annamite, il ouvrit à Hanoï un cours de *quoc-ngu* et y convia les instituteurs indigènes, après avoir fait savoir que ceux qui consentiraient à l'enseigner dans leur école recevraient une indemnité. Le succès fut énorme. Près de deux cents instituteurs accoururent de tous les points du Tonkin, et bientôt après ils retournaient dans leurs villages pour enseigner à leurs élèves ce qu'ils venaient d'apprendre eux-mêmes. Au commencement de 1887, il y avait ainsi 117 écoles libres de *quoc-ngu*, et peu après on en comptait plus de 150, fonctionnant régulièrement et sans rien coûter à l'État.

A l'arrivée de M. Paul Bert, il n'y avait dans tout le pays que trois écoles françaises; moins d'une année après, à l'ouverture de l'Exposition, il y avait :

1 collège d'interprètes ;
9 écoles primaires de garçons ;
4 écoles primaires de filles ;
1 école libre de dessin,
Et 117 écoles libres de caractères latins.

Sur ces écoles, 42 ont pu obtenir des résultats suffisants pour figurer à l'Exposition d'Hanoï.
... Des écoles primaires sont aujourd'hui installées *dans toutes* les résidences... Il y a au Tonkin 4 écoles de filles, 2 à Hanoï, 1 à Nam-Dinh, 1 à Haïphong.

(*Les Débuts de l'enseignement français au Tonkin*, par G. DUMOUTIER, organisateur et inspecteur des écoles franco-annamites au Tonkin. Hanoï, 1887.)

Le Commerce et l'Industrie. — Il est permis de compter sur un développement considérable de l'industrie et du commerce.

Au point de vue industriel, écrit un commerçant du

Tonkin, il y a beaucoup à faire, et les capitaux sont sûrs ici de ne pas végéter. Il se passe des choses dans ce bon pays annamite que la routine a consacrées et qui sont de nature à faire tressauter les industriels en possession de quelque argent. Vous ne voudrez pas croire que *le coton* produit par le pays va en Chine pour être filé et qu'il revient au Tonkin, où les habitants le tissent et en font des vêtements. Si une filature se monte, elle économisera sur le prix des filés de coton retour de Chine le prix d'aller et retour et la différence de main-d'œuvre entre les ouvriers chinois et les Tonkinois moins rétribués. — *Le riz* est mal décortiqué par des machines primitives, tournées à bras. Il ne peut se présenter avec avantage sur les marchés de l'Extrême-Orient. — *La canne* est broyée à l'aide de machines invraisemblables, mues cependant par des buffles ; mais quelles pertes, quels déchets, quelle infériorité dans la qualité du sucre produit! — Pour *la soie*, c'est bien plus grave. Il y a tout à faire ; mais quelle grosse entreprise, et malheureusement peu rémunératrice dans les débuts ! Les soies grèges du Tonkin sont actuellement très défectueuses... les procédés de filature sont enfantins. Que d'améliorations à apporter et que de bénéfices ces moindres efforts produiraient à la longue.

(*Lettre d'un commerçant de Nam-Dinh* à la Société de géographie commerciale, février 1885.)

De son côté, M. Paulin Vial écrit :

... Lorsque les commerçants pourront circuler en sécurité, lorsque la police sera faite régulièrement dans les villages par les autorités des villages, la population du Tonkin produira facilement, comme celle de la Cochinchine, le double au moins de ce qui est nécessaire pour la nourrir ; le surplus sera l'objet d'un commerce actif, prospère, qui provoquera l'augmentation rapide de la production.

Avec ses bénéfices, l'Annamite, qui n'est nullement rebelle aux innovations, augmentera son bien-être et achètera les produits qui lui seront apportés de l'extérieur.

C'est à ce moment que le commerce français devra être prêt à lutter contre la concurrence étrangère, à se faire connaître, à se faire préférer.

(*Nos premières années au Tonkin*, par Paulin VIAL, 1889-90.)

Industries à créer. — La culture du coton et son emploi industriel au Tonkin ont été soigneusement étudiés sur place par M. H. Perret, qui, dans un remarquable travail publié par le *Globe*, montre combien serait aisée à créer et rémunératrice l'industrie du coton. Il ne se paye pas de mots ; il a vu les choses dont il parle ; il a fait des essais de culture, calculé les prix de revient, la main-d'œuvre, les frais de construction. Les chiffres qu'il produit sont « largement établis ».

Parmi les industries à créer au Tonkin, dit-il, il en est une qui mérite d'attirer plus spécialement l'attention des industriels français, parce qu'il est hors de doute qu'elle est appelée dans un avenir prochain à devenir une des plus importantes et surtout des plus florissantes exploitations que les capitalistes pourront créer dans cette colonie : je veux parler du coton.

Le coton est cultivé sur plusieurs points du Tonkin ; c'est du coton courte soie, fin et soyeux, d'un très beau blanc...

L'exportation atteint annuellement environ 700,000 kilogrammes.

Étant donné que les indigènes en font une assez grande consommation pour le ouatage de leurs vêtements d'hiver et le doublage des nattes sur lesquelles ils couchent, on peut sans exagération évaluer la production du coton au Tonkin à 13 ou 1,500,000 kilogrammes par année.

L'exportation se fait en Chine par Pakhoï et Hongkong; le prix, à la production, varie de 10 p. 50 à 11 p. le picul (1), soit de 69 fr. 55 à 72 fr. 85 les 100 kilos, égrené et non emballé.

Pour comprendre quelle importance pourrait acquérir l'industrie cotonnière au Tonkin, il suffit de citer les chiffres officiels d'importation de 1886 pour cette seule partie de nos colonies indo-chinoises.

Les cotons filés figurent, dans le relevé des douanes, pour une somme de 5,884,318 francs, représentant environ 1,120,000 kilogrammes. Les cotonnades sont représentées par 2,776,686 francs.

On peut dire, sans dépasser les bornes de la plus scrupuleuse exactitude, que les quatre-vingt-dix-neuf centièmes des cotonnades et des cotons filés sont d'origine anglaise.

En cotons filés, c'est le n° 20 qui est le plus demandé; il se paye de 1 fr. 85 à 1 fr. 96 le kilo.

Tous les cotons étrangers sont frappés d'un droit à leur entrée au Tonkin; malgré ce droit, il n'a pas été possible aux Français de soutenir la concurrence sur cet article de très grand écoulement.

Cependant cette concurrence est à la discrétion de l'industriel qui *osera* créer une filature au Tonkin.

---

(1) Le picul est de 60^k, 400, et la piastre a une valeur qui varie, suivant le change, de 3 fr. 75 à 4 francs.

Poursuivant son étude, M. Perret donne d'intéressants renseignements sur le pays, le caractère industrieux des Tonkinois, le prix de la main-d'œuvre, etc., afin de se rendre un compte exact des ressources qui sont à la disposition de l'industrie cotonnière.

La culture actuelle du cotonnier donne un revenu approximatif de 70 à 72 francs par hectare au cultivateur indigène... Il ne sera pas difficile d'augmenter la culture du cotonnier dans ces contrées et d'introduire les meilleures espèces, comme le Jumel, le Géorgie longue soie, ou le Louisiane, dont le rapport dépasse 200 kilos à l'hectare, production qui est supérieure de moitié à celle que donne le cotonnier du Tonkin.

Puis il trace les règles à suivre pour la culture du coton, et les essais à faire sur un grand nombre de points. Enfin il indique avec une compétence toute particulière les conditions dans lesquelles pourra se construire et fonctionner une filature lorsqu'on osera en créer une. Il démontre par des chiffres clairement alignés que, pour un outillage complet de 12,000 broches, le prix de revient de cet outillage sera d'environ 20 francs la broche; celui des moteur, transmissions, chaudières, etc., et frais de montage, de 12 fr. 50 la broche, et celui de la construction, de 10 francs la broche. Au total, et en laissant une large part à l'imprévu,

M. Perret établit que le capital nécessaire à l'établissement d'une filature de 12,000 broches ne dépasserait pas 530,000 francs.

Reste à calculer le gain que réaliserait l'usine en pleine marche. M. Perret entre à ce sujet dans de minutieux détails techniques, et conclut que le bénéfice serait:

> ... pour un capital total employé de 670,000 francs, auquel on a déjà servi un intérêt de 5 0/0, *un revenu net de* 20 0/0.

Quant aux débouchés, ils sont assurés:

> Trois provinces chinoises bordent notre frontière, ce sont: le Yunnan, le Quang-si et le Quang-tong. Elles comptent une population d'environ 80 millions d'individus, qui s'approvisionnent de cotons filés et de cotonnades pour une grosse part c' les Anglais. Je ne crois pas que ces derniers puissent cons longtemps cette clientèle si les Français savent s'installer convenablement au Tonkin.
>
> On n'a donc pas à craindre que l'écoulement de la production d'une industrie cotonnière vienne à souffrir d'un manque de débouchés. Le champ d'exploitation est le plus vaste qu'il soit donné à un industriel de souhaiter, et les certitudes de succès sont telles qu'aucune déconvenue n'est possible si on se donne la peine d'étudier sérieusement cette affaire et si on sait la conduire avec l'esprit de suite que comporte une semblable entreprise.

(*Une Industrie à créer au Tonkin*, étude de M. A. Perret, dans le *Globe*, 26 juillet et 2 août 1889.)

Ces conseils n'ont pas été perdus. Nous venons

d'apprendre qu'une société française est constituée pour la création d'une filature de 20,000 broches, avec le nombre de métiers à tisser correspondant, aux environs d'Hanoï.

Dans des *Notes sur le Tonkin* adressées à la Société de géographie de Paris, M. A. Gouin, résident de France à Nam-Dinh en 1886, donne de longs détails sur les industries existant au Tonkin et sur celles qui pourraient y être créées. Parmi ces dernières, il cite notamment : les usines à décortiquer le riz, les filatures de coton, l'extraction du coton de sa graine, l'extraction de l'huile de la graine de coton, la fabrication de la soie, la fabrication du sucre, les distilleries d'alcool de riz, la fabrication locale d'un certain nombre de médecines, l'établissement de compagnies ayant un matériel flottant (vapeurs et chalands) approprié à la navigation des arroyos.

M. Paulin Vial précise le sens dans lequel pourront se développer le commerce et l'industrie, de façon à faciliter la tâche et à éviter les déboires :

> Ce sont des entrepreneurs, des chefs d'atelier, des contremaîtres qui vont avoir le rôle le plus utile à remplir dans cette nouvelle phase de notre organisation. En même temps, les négociants auront à pourvoir à l'approvisionnement des Asiatiques qui achetaient avant notre arrivée, à des prix assez élevés, des marchandises de provenance européenne

de qualités inférieures, des cotonnades, des lainages, des flanelles, etc.

Il sera facile à nos compatriotes de se renseigner exactement sur les besoins de ces nouveaux acheteurs qui viennent de montrer à l'Exposition de Hanoï qu'ils étaient tout disposés à s'approvisionner de nos mains.

La création de grands établissements agricoles et industriels au Tonkin est également à désirer. Mais ces entreprises considérables, qui demandent l'emploi de grands capitaux sans qu'aucun bénéfice immédiat puisse leur être assuré, comportent des risques auxquels de simples particuliers ne doivent pas s'exposer imprudemment. Des associations puissantes et bien dirigées peuvent seules se charger de mener à bien de grandes opérations dont les résultats seraient si avantageux pour la colonie. La petite culture est très bien pratiquée par les indigènes et les Chinois, qui ont mis en valeur tous les terrains voisins des grands centres. Les colons européens ne peuvent prétendre faire concurrence sur ce point aux cultivateurs déjà en possession du sol. Ils supporteraient d'ailleurs bien difficilement les rudes labeurs qu'entraîne l'exploitation de la terre, sous un climat qui est moins rigoureux que celui de Saïgon, mais qui cependant est excessivement chaud pendant trois mois de l'année.

(*Un Voyage au Tonkin*, par M. Paulin VIAL, ex-résident supérieur au Tonkin, 1887.)

Renseignements commerciaux. — Voici, d'après les derniers documents émanant du service des douanes, les chiffres complets du commerce du Tonkin pendant ces dix dernières années :

Mouvement du commerce au Tonkin de 1880 à 1889.

ANNÉES	Importations de France, de l'étranger, de l'Annam	Exportations pour la France, l'étranger, l'Annam	TOTAL du commerce extérieur	OBSERVATIONS
1880	5,149,687 fr.	6,578,482 fr.	11,728,169 fr	
1881	5,181,498	7,612,167	12,793,665	
1882	5,306,730	6,113,515	11,420,245	
1883	3,648,020	4,440,124	8,088,144	
1884	9,225,689	722,962	9,948,651	Non compris les importations pour le compte de l'État.
1885	18,490,700	721,071	19,211,771	Id.
1886	23,369,971	726,231	24,096,202	Id.
1887	28,825,787	608,414	29,434,201	Importations pour le compte de l'État comprises pour le 2ᵉ semestre.
1888	30,190,820	9,379,744	39,570,564	Importations comprises.
1889	26,129,964	18,370,488	44,400,452	Id.

Ces totaux ne comprennent (pour 1889) ni les importations et exportations en numéraire, ni le transit, ni le cabotage. En ajoutant ces articles, on a pour 1889 : **56,263,603** francs comme chiffre du commerce extérieur.

Les importations ont diminué en 1889, pour deux causes principales : la diminution considérable des effectifs, dont le ravitaillement formait une partie notable des importations ; — le retrait des petits postes, qui a fait disparaître les industries secondaires qui suivaient nos détachements.

Il est intéressant d'examiner en détail les éléments et les chiffres de l'importation, de l'exportation, du transit et du cabotage.

Importations. — Nous avons l'avantage sur l'étranger, pour le fer en barre, les tôles, l'acier ; pour les boissons (3,463,472 fr. contre 229,504).

Au contraire, les glaces et la verrerie françaises, moins chères que les similaires étrangers, leur cèdent le pas, parce que ceux-ci sont mieux emballés et arrivent avec moins de casse ; cela tient à la façon dont les colis fragiles sont traités par les Messageries maritimes.

Pour les *filés de coton*, l'importation française n'atteint pas la moitié de l'importation étrangère, malgré les droits ; on peut en conclure que ces droits sont insuffisants. Mais il faudrait surtout que nos filés imitent ceux de Bombay, auxquels on est habitué, et reproduire le même nombre d'écheveaux par paquet, de paquets par balle, etc. Les filés de Bombay sont à Haïphong (droits et transport payés) *un peu moins chers* que les qualités similaires de fabrication française : 5 piastres environ par balle, pour les n°s 20. Mais les n°s 40 français sont moins chers de 8 piastres par balle ; les similaires (n°s 40) étrangers sont frappés d'un droit de

17 piastres par balle, au lieu de 8 piastres qu'ont à supporter les n°s 20.

Pour *les tissus*, les étrangers l'emportent de beaucoup dans les qualités inférieures. Il y a cependant un progrès sensible : après beaucoup de tâtonnements, nos fabricants sont arrivés à une parfaite imitation des produits auxquels l'indigène est accoutumé. Les calicots blancs importés dernièrement au Tonkin sont surprenants d'imitation. Le droit qui frappe cet article est de 92 francs les 100 kilos; grâce à lui, la coupe de calicot anglais (*marque rouge, Jardine Mathison*) revient à Haïphong à 3 piastres 54, alors que la même coupe française, imitée, revient seulement à 3 piastres 38 ; et nos fabricants pourront encore baisser leurs prix, tandis que les Anglais sont à leur minimum.

L'écart est le même à notre profit sur les coutils de qualité inférieure.

Les *rouges d'Andrinople* arrivent aujourd'hui à une imitation parfaite. Ceux de Singapore sont plus chers (1 piastre 59 la coupe, pour 1,70); dans peu nous serons maîtres du marché.

Rien n'a encore été tenté par notre industrie, en ce qui concerne les *tissus imprimés*.

Exportations. — Les exportations ont doublé de 1888 à 1889. Elles sont en augmentation même pour la métropole, qui a reçu pour 107,549 piastres en 1889, au lieu de 41,057 en 1888.

Les principaux produits envoyés dans la métropole sont : les peaux brutes, les soies, les déchets de soie, l'huile de badiane, les meubles incrustés, les ouvrages en bois.

Ceux qui vont à l'étranger sont : le riz, le coton (35,805 p.), l'argent en barre, l'étain et le zinc en saumon, les tissus de soie, le sel, etc.

Transit. — Les marchandises transitées jouissent d'une détaxe de 80 0/0 sur les droits du tarif général.

En 1885, le transit avec le Yun-nan était nul.

En 1886, il était de 100,000 francs de Hong-Kong au Yun-nan, et de 33,000 francs au retour.

En 1887, on applique le tarif métropolitain : le mouvement commercial avec le Yun-nan atteint 1,044,000 francs et 1,284,000 au retour (dont 802,000 pour l'opium).

En 1888, le transit disparaît presque entièrement, à cause du traité de commerce qui interdit la sortie du sel, et de la ferme de l'opium, qui exclut l'opium du Yun-nan.

En 1889, il y a une poussée commerciale considérable vers le Yun-nan. Elle vient de diverses causes : du décret du 9 mai qui exempte de tous droits beaucoup des objets de consommation qui vont à la classe pauvre, et relève les droits sur les tissus ; — de l'exemption de tous droits accordée aux provinces chinoises limitrophes ; — de l'exemption des droits de sortie accordée aux produits des exploitations françaises ; — de la création des consulats de Mongtzé et de Lang-Tchiou, etc., etc. Le mouvement commercial est de 228,000 francs à l'aller, de 95,000 francs au retour ; il faut noter que le sel et l'opium restent toujours en dehors des transactions.

Spécialement entre Hong-Kong et le Yun-nan, les produits transités sont, à *l'aller :* les tabacs chinois, les tissus, les papiers chinois, les filés de coton ; — *au retour :* l'étain en saumons, les espèces médicinales, le chanvre, les graines diverses.

On annonce pour cette année des envois de thé du Yun-nan et des opiums passant *en transit* pour se rendre en Chine, tout en respectant les droits de la ferme, qui se refuse à employer l'opium de cette provenance, et n'achète que des opiums de Bombay.

Un autre symptôme de cet heureux développement du commerce est le traité que la Compagnie des Messageries fluviales vient de passer avec diverses maisons de Hong-Kong pour le transport au Yun-nan de 10,000 colis.

Cabotage. — Le mouvement du cabotage atteint 1,609,612 piastres, soit (à 4 francs la piastre) 6,438,448 francs, — dont 1,407,882 piastres, soit 5,631,528 francs, pour la Cochichine et l'Annam.

Navigation. — Le port de Haïphong est régulièrement fréquenté par les paquebots des Messageries maritimes, ainsi que par des steamers anglais et allemands.

Un service bimensuel le relie avec Saïgon et les ports de l'Annam ; et la Compagnie des Messageries maritimes vient de décider que les navires de la ligne annexe entre Saïgon et Haïphong, avec escales à Quin-Huoc, Tourane et Thuan-An, prolongeraient à l'avenir, *et sans subvention nouvelle*, leur itinéraire jusqu'à Hong-Kong. Le trajet de Hanoï à Hong-Kong a une durée moyenne de 53 à 54 heures environ.

Les steamers anglais et allemands sont consignés à la maison Roque et à la maison Marty et d'Abbadie ; ils font un service hebdomadaire sur Hong-Kong.

Le service de l'État est fourni alternativement par un transport et par un navire affrété.

Les vapeurs de la Compagnie anglaise Gilathy passent en outre tous les deux mois.

Un service de *Correspondances fluviales* dirigé avec grande habileté par MM. Marty et d'Abbadie dessert toutes les rivières du Delta. Grâce à ses bas prix, il s'est rapidement acquis une nombreuse clientèle indigène. Rien qu'en 1888 (après trois années seulement d'existence), il a transporté 580,000 passagers et 240,000 tonnes de marchandises. La Compagnie construit elle-même son matériel flottant, dans de vastes ateliers de 60,000 mètres carrés environ, où travaillent 250 ouvriers.

Enfin, ses vapeurs desservent les rivières et la côte de Vinh, en Chine. D'ici peu elle aura pour le service du haut fleuve Rouge deux bateaux de forme spéciale pour assurer un service régulier.

Les Magasins généraux installés par la maison Ulysse Pila dans le port d'Haïphong fourniront aux produits d'importation et d'exportation l'abri qui leur manquait depuis trop longtemps. Leur construction a coûté 2,350,000 francs, tant pour les entrepôts que pour les ateliers, l'outillage, le bassin de radoub pour les canonnières, etc.

Signalons encore: l'usine à vapeur établie par MM. Ch. Vézin et Cie, à Hongay, pour la fabrication de la chaux hydraulique et du ciment artificiel de Portland ; — la distillerie Dénoc et Cie, à Hanoï ; — l'exploitation des carrières de marbre de Song-Kinh-Taï et de Ké-So; la scierie à vapeur et la savonnerie d'Haïphong, ainsi que les glacières qui produisent journellement 100 kilos de glace.

Dans une lettre rectificative qu'il adresse à un journal de Lyon, M. Ulysse Pila, l'un de ceux qui travaillent le plus activement et le plus intelligemment à l'extension du commerce français en Indo-Chine, résume ainsi qu'il suit la situation actuelle de l'industrie et du commerce français au Tonkin et dans l'Annam :

> Je ne connais pas de commerce allemand au Tonkin, et toutes les entreprises à ma connaissance les plus importantes sont françaises essentiellement; ainsi la concession Dupuis, les mines de charbon de Kébao, ont été lancées par une société française parisienne.
> Les Docks d'Haïphong sont aussi une société française, presque lyonnaise entièrement. Les Marchés et abattoirs du Tonkin, société française.
> Les Messageries fluviales, société française ; de même la Société foncière et fluviale, de même l'entreprise de la construction du chemin de fer de Langson.
> La création des filatures de soie, celle des filatures de coton, les mines de Tourane, toutes affaires en formation sont aussi des sociétés purement françaises.
> On a rarement, jamais même vu dans la fondation d'une colonie française autant d'entraînement, de bon vouloir qu'il s'en est montré pour le Tonkin.

Mais si pourtant on continuait à se servir de ce pauvre pays, qui nous donne les plus grandes espérances d'avenir commercial, comme d'un tremplin politique, à le noircir chaque jour des faits les plus grossiers, plus erronés ou plus exagérés les uns que les autres, l'accablant des sept plaies d'Égypte, eh bien! alors non seulement on détournerait les capitaux français qui malgré tout se montrent confiants, mais l'on découragerait aussi l'élan et le bon vouloir des premiers pionniers, et vous verriez se réaliser les insinuations qui sont avancées dans l'article que je critique, c'est-à-dire que les étrangers prendraient notre place, qu'ils envient.

(*Lettre de M. Ulysse Pila au Nouvelliste de Lyon*, novembre 1889.)

L'Agriculture. — On a vu, par ce qu'a dit M. Paulin Vial, que les Européens ne doivent pas songer à faire concurrence aux indigènes pour la petite culture. Voici, d'après un habitant du Tonkin, sur quels points pourront utilement porter les efforts pour développer l'agriculture.

Il ne faut pas l'oublier, le Tonkin est très loin de ressembler à la Cochinchine comme climat; ici l'Européen peut sans danger travailler aux champs pendant 7 mois de l'année; il lui est facile, en prenant quelques précautions, de diriger en personne une exploitation agricole pendant les mois les plus chauds.

Non seulement la culture du riz peut recevoir de nouvelles améliorations, et la production doubler, mais les expériences récentes ont prouvé que le blé rendrait abondamment dans le nord; que le pavot réussissait avec des soins dans presque tous les terrains, ainsi que la ramie. Le coton du Tonkin a été immédiatement recherché sur le marché de Bombay, lorsqu'il y fit son apparition, et les demandes excéderont d'un seul coup, rien que pour cette place, la production annuelle. Il est possible d'acclimater partout nos arbres fruitiers de France.

(*Lettre d'un habitant du Tonkin* à la Société de géographie commerciale, 1887.)

M. Crozat de Fleury, qui a passé 16 années au Tonkin, et s'est livré à l'étude des questions agricoles, a publié divers articles dans les journaux de géographie commerciale, pour proposer *la création de fermes indigènes* au Tonkin, en vue de l'exploitation des rizières, de l'élève du buffle et de l'élève du porc. A l'aide de calculs détaillés, il démontre qu'en se bornant à employer des indigènes qu'on camperait par fermes de 20 familles à la fois, et sans apporter aucune innovation de culture pour l'installation, — chaque ferme coûterait 1,000 francs et rapporterait 330 francs au minimum, — tous frais payés. Ce système aurait en outre l'avantage de fixer la population sur certains points qu'elle a désertés pour l'instant, et de mettre en valeur les terrains encore incultes.

La maison Bourgoin Meiffre, d'Hanoï, exploite le monopole qu'elle a obtenu pour la *badiane*, qui se trouve dans la province de Lang-Son. Du côté de la Rivière-Noire, elle a commencé sur 8,000 hectares la culture du *coton*, qui donne des résultats satisfaisants ; elle a même pu distribuer 500 kilos de graines aux indigènes pour propager cette culture.

M. Voinier a créé une pépinière de 10,000 pieds de *caféiers* et s'est empressé, lui aussi, d'en remettre de nombreux plants pour multiplier les essais.

Près de Son-Tay, d'autres colons ont entrepris de cultiver en grand la *ramie*, le *patchouli* et la *citronnelle*.

Un peu partout, et spécialement à Dap-Cau, près d'Hanoï, la *sériciculture* se développe et s'efforce d'améliorer les méthodes de dévidage, jusqu'ici défectueuses. La production de la soie est assez considérable déjà pour qu'en 1888 le Tonkin et l'Annam aient pu en exporter pour près de trois millions.

Dans la région montagneuse, on cultive le café, le thé, le cay-gio, dont l'écorce sert à fabriquer le papier ; la cannelle, dont l'Annam a exporté pour 2,204,000 francs en 1888 ; la badiane, le quinquina, etc.

Ailleurs, on s'attache à la culture de la *canne à sucre*, en vue de la fabrication des mélasses ; à l'*élevage* des chevaux et du bétail ; on exploite les *richesses forestières*, la liane qui fournit la laque, les plantes tinctoriales ou médicinales, les bambous, etc.

D'une façon générale, on peut dire que le riz est une culture pauvre, et qu'il faut introduire le plus possible les cultures riches au Tonkin. Le *caféier* d'abord, pour lequel c'est le milieu idéal : il pousse dans le Delta sans ombrage, et le gouvernement pourrait aisément obtenir que chaque village plante un millier de caféiers. Le *coton*, déjà exploité dans le Than-Hoa, qui en a exporté un million de kilos en 1886 Puis le *pavot à opium*, le *thé*, la *ramie*, le *ricin*, etc.

Les Travaux publics. — Les travaux publics sont d'une extrême urgence dans les pays neufs; grâce à l'emploi des corvées et au bas prix de la main-d'œuvre, on a pu, dès les premières années de l'occupation, construire des routes nombreuses et réparer les digues.

En cette matière comme en toutes les autres, l'administration de Paul Bert avait pris les plus utiles mesures; un arrêté avait créé auprès de chaque résident un service d'architecte voyer, ayant à sa tête un ingénieur conseil pour tout le Tonkin; un autre arrêté organisait la voirie et l'établissement des abattoirs; enfin de nombreux travaux ont été faits sur les chemins, le long des rivières, au port d'Haïphong, à Hanoï, etc.

Les villes s'agrandissent rapidement et prennent tournure.

En fait, on a beaucoup progressé. Les constructions se sont multipliées, et à ce propos je dois relever un dire de M. Richaud, qui est d'une inexactitude flagrante.

M. Richaud, dans sa fameuse dépêche, dit que les pauvres installations ou paillottes que nous avons au Tonkin font croire aux indigènes que nous ne sommes que provisoirement campés dans leur pays. Pour quoi donc comptait-il les nombreux édifices qu'on ne cesse de construire sur tous les points du Tonkin? les monumentales casernes de Hanoï, les vastes usines du génie, de l'artillerie, les chantiers de réparation de la marine à Haïphong, la forteresse de Yen-Bay, les casernes de Sontay, de Viet-Tri, le magnifique quartier européen de Hanoï et toute la ville française de Haïphong?

Les nombreuses maisons particulières qui s'élèvent de tous côtés, maisons sérieuses, bâties en maçonnerie, ne sont-elles pas la meilleure preuve de la confiance que manifestent les colons eux-mêmes dans la valeur et l'avenir de la colonie?

(*L'Expansion coloniale*, interview de M. G. Dumoutier, octobre 1889.)

Haïphong, dit *l'Avenir du Tonkin*, a subi de telles transformations depuis quelque temps, que ceux qui ont vu cette ville il y a six mois auraient peine maintenant à la reconnaître. Les mares et lacs que jadis on traversait en sampan ont été comblés pour la plupart et ont cédé la place à de solides et élégantes maisons. Grand est l'étonnement du voyageur absent depuis quelques mois, qui, à son retour, cherche la paillotte du restaurant du Commerce, et qui se trouve devant la magnifique construction surmontée d'une coupole dans laquelle est installé non seulement un restaurant, mais un hôtel de premier ordre, comme on n'en rencontre guère que dans les villes d'eaux ou les grandes colonies anglaises, hôtel où l'on trouve tout le confortable qu'exige le climat sous lequel nous vivons. La ville proprement dite s'est considérablement agrandie, des maisons commodes et coquettes bordent des rues tracées... De l'autre côté du canal s'élèvent la ville industrielle, les usines, les fabriques, les ateliers ; une savonnerie est en construction, ce sera le premier établissement de ce genre au Tonkin. En terminant, disons que les abattoirs et marchés fonctionnent depuis plusieurs mois, à la satisfaction générale, et sont la source de recettes importantes pour la ville.

(*L'Avenir du Tonkin*, n° du 24 mars 1888.)

Les Finances. — De l'état financier du pays, de l'augmentation de la consommation locale, des recettes probables qu'il fournira, nous ne voulons retenir que les quatre opinions suivantes, émises par des hommes incontestablement compétents (MM. de Lanessan, le Myre de Vilers, Harmand et Constans), à des époques récentes (1887-1888).

On peut arriver à augmenter la richesse des populations du Tonkin ; cela s'est fait rapidement en Cochinchine.

En Cochinchine, dit M. de Lanessan, j'ai été frappé de la modification qui s'est produite dans les mœurs des indigènes.

A ce sujet, je vous citerai un détail insignifiant en apparence, mais qui indique bien quelle est leur malléabilité d'esprit. Le café était inconnu il y a quelques années en Cochinchine; maintenant partout, dans les rues, dans les villages, on voit des débitants de café préparé à la mode française; dans les plus petits bourgs, on trouve des marchands de boîtes de conserves alimentaires, de liqueurs, de vin même. L'Annamite aime le vin, sa religion ne le lui interdit pas... Leurs demeures et leurs vêtements se sont améliorés; leurs meubles sont plus confortables; on remarque aujourd'hui des objets qu'on ne voyait pas il y a vingt ans... Quant à moi j'estime, et en cela je me base sur des calculs faits de très près, de concert avec les autorités françaises, j'estime que d'ici deux, trois ou quatre ans, le Tonkin pourra payer ses dépenses; mais à une condition, c'est qu'au lieu de faire la politique de domination qu'on y a faite jusqu'à ce jour, on y fasse de la politique de protectorat.

(*L'Indo-Chine française*, conférence par M. DE LANESSAN, 1887.)

Nous avons un intérêt économique au Tonkin, et incontestablement le Tonkin et l'Annam fourniront un revenu supérieur aux charges, sous la condition de bien administrer et de dépenser peu. Le Tonkin et l'Annam peuvent produire 10 francs par tête (en Cochinchine, les indigènes supportent près de 20 francs), soit donc 160 millions qui, dans dix ans, peuvent arriver à 200 millions.

(*Procès-verbaux de la commission parlementaire des crédits du Tonkin*, déposition de M. Le Myre de Vilers, ancien gouverneur général de la Cochinchine; séance du 17 décembre 1885; *Annales*, Documents parlementaires, 1836, 3.)

Examinons d'abord le Tonkin, dit M. Harmand, qui, par

son étendue et par la masse de ses populations, présente une importance de premier ordre... Nous savons que le Tonkin fournissait au Trésor annamite une somme *officielle* de 21,000 ligatures, soit environ 17 millions de francs. Il serait certainement légitime d'ajouter à ce chiffre plusieurs millions accaparés au passage par les mandarins de la Cour.

(*L'Indo-Chine française*, par M. HARMAND, 1887.)

Il n'est pas douteux, dit M. Constans, que le Tonkin pourra prochainement se suffire. Je dis « se suffire », car j'avais préparé au commencement de cette année un budget dans lequel la subvention métropolitaine était réduite à 10 millions, et j'avais annoncé au Département que je proposerais pour 1890 de ne plus donner de subvention du tout. Je croyais cette réforme possible, et je le crois encore, parce que je sais que les rois qui gouvernent ces contrées sont nos amis; j'ai la certitude qu'ils le demeureront, s'ils sont traités comme ils doivent l'être.

(*Discours de M. Constans* à la Chambre des députés, 20 novembre 1888.)

Les Concessions. — Des concessions très nombreuses sont demandées par des industriels ou colons français; malheureusement les formalités sont d'une lenteur désespérante, et l'on peut assez aisément compter celles que l'administration a accordées à l'heure actuelle.

En 1888, M. Vezin, industriel, a obtenu une concession de terre à Hon-Gay; M. Dupuis a obtenu 3,000 hectares de terrains domaniaux incultes entre Hone-Gay et l'île de Kebao, pour l'exploitation des bois ; M. Dupuis également s'est vu concéder l'île de Kebao, où il a commencé à exploiter les mines de charbon signalées par M. Fuchs ; les mines argentifères de Cao-bang, concédées à MM. Bédat et de St-Mathurin, sont exploitées depuis décembre 1888 ; une *Société française des Charbonnages du Tonkin* s'est constituée au capital de 4 millions de francs, et la souscription a été ouverte en mars 1888. Il s'agit là de l'exploitation des mines concédées à M. Bavier-Chauffour par actes des 28 mars et 5 août 1887, pour les mines de charbon de la baie d'Along, sur une surface de 15 hectares environ. En août 1888, l'exploitation a été commencée. Les actions, émises à 500 francs, sont aujourd'hui cotées à 3,000 francs environ.

Trois sociétés de charbonnage sont constituées ou en voie de formation ; la compagnie qui va modifier l'exploitation de Nong-Son, près de Tourane, a réuni au Tonkin un million de francs de souscriptions. Les colons ont témoigné ainsi d'une confiance que la métropole nous marchande. Plusieurs mines de cuivre, de plomb argentifère et d'or ont été piquetées par les demandeurs de concessions.

(*Correspondant du Temps* à Hanoï, 31 janvier 1890.)

En mars 1888, le roi d'Annam a concédé à M. Dupuis le fermage, pour plusieurs années, du droit de coupe pour certaines essences des forêts du Thanh-hoa et du Ghe-an, en Annam.

En 1889, il a été fait concession à des citoyens français de 9,300 hectares de terre, qui vont entrer en production dès 1890. En outre, les gisements houillers sont en voie d'exploitation sur 19,000 hectares, et il a été concédé : 150 hectares de gisements d'antimoine, 200 hectares de terrains argentifères et quelques gisements aurifères, dont l'exploitation est en voie d'organisation.

Ajoutons que l'an dernier des Français, las d'attendre que les formalités pour les concessions fussent accomplies par l'administration, ont pris le parti de s'en passer. Ils ont loué directement aux Annamites, et installé leurs exploitations. « C'est ainsi qu'on voit dans la province de Hung-Yen, dit *l'Avenir du Tonkin*, les magnifiques plantations de ramie (1888) de M. Gayet-Laroche et de M. Dumas. » « Aussitôt, ajoute ce journal, les pseudo-pirates sont venus leur demander du travail et leur affirmer qu'ils n'avaient rien à craindre. »

Enfin, une *Société des Mines de Tourane* vient de se constituer pour l'exploitation des gisements houillers de Quang-Nam, près de Tourane. Elle a repris les anciennes concessions accordées à des Chinois, et détient ses droits du roi d'Annam directement, pour une durée de 20 années, au bout desquelles elle sera comme les autres mines soumises aux règlements en vigueur en Tonkin. Ses actions sont entièrement souscrites (600 en France, 1,800 au Tonkin, 1,600 à Hong-Kong, Shangaï et Yokohama), et des essais sur les charbons extraits ont été faits à la fin de 1889, à bord de *l'Aréthuse*, pendant un voyage d'Haïphong à Hong-Kong. Le charbon de ces mines est dur, maigre et prend un peu difficilement ; il faut lui venir en aide en activant le foyer et en le mêlant à quelques pelletées de Cardiff : ceci pour les premières couches mises à nu, tout au moins ; les couches inférieures seront vraisemblablement plus grasses et de qualité supérieure.

Les Affaires. — Les hommes d'affaires se sont portés au Tonkin avec beaucoup plus d'entrain qu'on n'aurait pu le croire. Si l'on jette les yeux sur l'*Annuaire colonial*, on remarque que dans les différentes villes, mais surtout à Hanoï, Haï-phong, Sontay, les professions et industries les plus diverses sont représentées : architectes, ardoisiers, armateurs, agents d'assurances, avocats, banquiers, batellerie, bazar, bijoutiers, blanchisseries à vapeur, boulangers, cafetiers, coiffeurs, charcutiers, coutelliers, coton, constructeurs, comestibles, commissaires-priseurs, commission et consignation, comptables, distillateurs, entrepreneurs, forgerons, horlogers, maîtres d'hôtels, imprimeurs, ingénieurs, lingerie, médecins, modistes, mécaniciens, négociants, papetiers-libraires, pharmaciens, photographes, quincailliers, restaurateurs, loueurs de voitures, soies, sucres, commerce de thé, etc., etc.

Voilà de quoi parer à tous les besoins, de quoi faire connaître nos produits français, et amorcer sans doute beaucoup de grandes affaires.

Les annonces et réclames des journaux du Tonkin — car il y en a, et de très bien faits — confirment l'existence de toutes ces industries, leur développement incessant, et l'installation fréquente d'établissements ou de commerces nouveaux.

Autres améliorations. — Enfin, et c'est par là que nous terminerons cette énumération des ressources du Tonkin, le *corps médical* est constitué depuis assez longtemps ; les hôpitaux et les casernements vont passer de l'état de projets à celui de constructions spacieuses et répondant à toutes les nécessités de l'hygiène locale : les devis se montent au total de 12 millions environ.

Il y a deux *Sociétés de courses* dont les réunions sont fort suivies, à Hanoï et à Haïphong, et une

Société philharmonique à Hanoï. Enfin presque toutes les Résidences possèdent des *Cercles militaires*, et il y a deux *Cercles civils* à Hanoï et à Haïphong.

Voilà où en est le Tonkin après quelques années d'occupation régulière, mais d'administration trop variée dans sa direction pour avoir été très profitable.

Il est à peine croyable, en effet, que depuis le traité du 15 mars 1874 jusqu'en 1889, le Tonkin ait eu à subir successivement l'impulsion de dix-huit hauts fonctionnaires différents (1), — chargés d'affaires, commandants en chef ou résidents généraux. Dix-huit en quinze ans !

---

(1) MM. Rheinart (1875-76), Philastre, Rheinart (1879-80), de Champeaux, Rheinart (1881-83), de Kergaradec, Harmand, amiral Courbet, général Millot, Lemaire, général Brière de l'Isle, général de Courcy, général Warnet, Paul Bert, Paulin Vial, Bihourd, Richaud, Picquet.

LE CLIMAT

Le climat du Tonkin est-il insalubre, meurtrier, destiné à engloutir des milliers de Français, comme le proclament les adversaires de la politique coloniale ?

Ce sont encore ceux qui ont vu le Tonkin qui vont nous répondre, ceux qui y ont passé un temps suffisant pour le bien connaître, ou qui y sont fixés à perpétuelle demeure. Leur opinion ne saurait être suspectée.

Climatologie, saisons. — Le climat du Tonkin est celui de la zone torride, heureusement modifié par le voisinage de la zone tempérée. Grâce à sa variété de saisons, il est moins énervant que celui toujours égal de la Cochinchine. Il est aussi moins chaud que sa situation géographique et la température des régions avoisinantes ne le font croire :

dans les plus fortes chaleurs, le thermomètre atteint 38°, et dans la saison sèche (qui correspond à l'hiver) il s'abaisse jusqu'à 7° au-dessus de zéro. La moyenne annuelle est un peu inférieure à 24°.

De l'avis général, le climat du Tonkin est plus sain que celui de Batavia, de Hong-Kong, de la Malaisie, des Philippines, du Bengale et de la Cochinchine. Loin d'être partout semblable, il paraît différer sensiblement dans le Delta et dans le Haut-Tonkin. La partie montagneuse est plus fraîche; ainsi, dans la chaîne du Grand-Sommet, à quelque distance d'Haïphong, on trouve des plateaux de 700 à 900 mètres d'altitude; on y voit de la gelée blanche, la température printanière y est abaissée de 8 à 9°, la végétation y est moins tropicale.

Les saisons au Tonkin sont distribuées d'une façon moins marquée que dans les pays tempérés. On les divise plus habituellement en *saison des pluies* et en *saison sèche*.

La saison des pluies est la plus chaude et la plus difficile à passer : elle va environ d'avril à septembre, et le thermomètre oscille de 16 à 38°. Cette période correspond à l'*été*. Les chaleurs y sont insupportables en raison de l'état orageux de l'atmosphère. Le temps est à la fois humide et chaud, mais, fréquemment, la chaleur est tempérée par les vents de la mousson. Avril et mai sont les mois les plus durs à supporter pour l'Européen.

La saison sèche va d'octobre à fin mars; c'est l'*hiver*. La température est sinon froide, du moins fraîche; on fait du feu, on s'habille chaudement. Le thermomètre marque 15 à 20° dans la journée, la nuit il descend à 7° et même à 6°; il ne s'élève pas à plus de 26 ou 28°; ses variations sont extrêmement brusques. Novembre, décembre, janvier et février sont les mois les plus agréables. Il n'y a pas, durant la saison sèche, absence complète de pluie.

Sur tous ces points, les premiers voyageurs qui habitèrent le Tonkin, il y a plus de deux cents ans, émettent des opinions identiques à celles de tous les explorateurs de ces dernières années.

Pour revenir au climat de ce pays, écrivait Tavernier, en 1650, l'air y est si doux et si tempéré qu'il semble que toute l'année ne soit qu'un printemps continuel. On n'y a jamais vu ni neige ni glace, les arbres n'y sont jamais sans feuillage.

(*Voyage de Tavernier*, 1650, publié dans *le Cosmos*, 1883).

M. le Dr Bourru, professeur d'hygyène et de pathologie exotique à l'école de médecine navale de Rochefort, a publié en 1884, dans les *Annales d'Hygiène publique*, un travail basé sur les observations scientifiques de ses confrères ayant vu et étudié le Tonkin, et notamment les D⁻ Aube, Auvray, Foiret, Fontorbe, C. Maget, Harmand, Philip, Hamon, Thèze, etc. Il examine et définit tour à tour le climat, la température, la situation pathologique et l'avenir de la colonie.

La formule d'un climat ne peut être établie qu'après une longue série d'années. Dès maintenant, toutefois, des renseignements recueillis, se dégage un fait incontestable, quelque surprise qu'on en ait. Le climat du Tong-King est unique dans la zone tropicale, et cette exception se caractérise d'un mot : au Tong-King se retrouvent les quatre saisons des zones tempérées, un été brûlant, un hiver doux mais variable; entre eux, deux courtes saisons de transition.

(*Annales d'hygiène publique*, 1884.)

De longs tableaux portant sur les températures comparées des divers mois ou des diverses localités, sont intercalés dans cette étude. On y voit notamment que la température moyenne de l'année est de 24°22 à Haï-phong; de 24°19 à Hanoï; et de 27°05 à Saïgon. Puis, M. le D⁻ Bourru poursuit :

Le climat du Tong-King est donc sans analogue dans la zone tropicale. Cette singularité nous paraît due au rafraîchissement des rivages par un courant marin qui, durant l'hiver, descend du Nord, le long de la côte d'Annam, plus haut que la frontière de notre Cochinchine. De là le froid relatif qui se fait sentir sur tout le pourtour du golfe, de

Macao en Chine à Quinhone en Annam; de là ce contraste subit entre les saisons du Tong-King, de l'Annam et celles de notre colonie de Cochinchine, qui est loin de jouir des mêmes avantages. Le tableau que nous avons esquissé du climat tong-kinois ne se rapporte qu'au Delta....

(*Id.*)

M. Ernest Millet a établi une curieuse statistique : celle de tous les vicaires apostoliques français envoyés dans ce pays de 1660 à 1853.

J'ai calculé, dit-il, que sur quinze vicaires apostoliques, dont nous avons la date de départ et celle de la mort, la moyenne du temps pendant lequel ils ont vécu au Tonkin est de 32 ans.

Sur trois vicaires français qui vivaient au Tonkin, au moment de l'expédition de M. Dupuis, l'un, Mgr Gauthier, vient de mourir, il y a 2 ans, *après un séjour de* 42 *ans dans ce pays*; les deux autres y habitent : Mgr Croc, *depuis* 28 *ans*, et Mgr Puginier *depuis* 21 *ans* (en 1882, et il y est encore en 1889, ce qui fait 31 ans actuellement). Tous ces faits démontrent un pays salubre. C'est la meilleure preuve que l'on puisse donner.

(*Le Tong-kin et la voie commerciale du fleuve Rouge;* voir : *Bulletin de la Chambre syndicale des négociants commissionnaires,* 1882-83.)

M le docteur Hamon, médecin aide-major au 2° régiment d'infanterie de marine, est resté deux années au Tonkin.

Le Tonkin, écrit-il, jouit d'un climat analogue à celui du

pays de la zone torride; on y trouve quatre saisons, distribuées moins régulièrement que dans les pays tempérés. La température est plus facile à supporter qu'en Cochinchine, et le climat moins énervant. Pendant mes deux années de séjour à Hanoï, j'ai pris chaque jour quatre observations météorologiques... dans la saison chaude, la température la plus élevée a été au mois de juin : 35°6. La plus basse température a été en janvier, où le thermomètre est descendu à 7° 3 au-dessus de zéro.

(*Rapport sur les conditions d'installation des garnisons au Tonkin*, par le D^r Ch. HAMON, 1880.)

M. Richaud, gouverneur général de l'Indo-Chine, dans un remarquable discours qu'il prononçait en 1888, à l'ouverture de la session ordinaire du conseil colonial, célébrait lui aussi la richesse du Tonkin, et son climat :

La fécondité du sol du Delta est presque égale à celle de la Cochinchine, mais en dehors du Delta, sur les bords de la rivière Claire et de la rivière Noire... s'étendent d'immenses solitudes abandonnées, propres aux grandes cultures et à l'élevage. Le climat y est beaucoup plus doux que dans le Delta, et le jour où nos compatriotes voudront s'y livrer à la culture industrielle, ils trouveront un vaste champ à leur activité.

(*Discours de M. Richaud.*)

Le lieutenant de vaisseau Gouin, qui occupait en 1884, 1885 et 1886 les fonctions de résident de France à Nam-Dinh, a, pendant son long séjour au Tonkin, envoyé à la Société de Géographie de Paris, d'importantes communications.

La saison des pluies au Tonkin, écrit-il le 25 mars 1885, de Nam-Dinh, n'a pas la même désespérante régularité qu'en Basse-Cochinchine. C'est plutôt une période pendant laquelle il pleut plus souvent qu'en une autre, mais cette fréquence des pluies suffit cependant à activer la végétation, et tout le delta resplendit de verdure. C'est vraiment alors que le pays apparaît dans sa merveilleuse fertilité.

(*Le Tonkin*, notice géographique, par M. A. GOVIN, lieutenant de vaisseau, résident de France à Nam-Dinh; *Bulletin de la Société de Géographie*, 1ᵉʳ trimestre 1886.)

M. A. Perret s'est rendu au Tonkin pour étudier par lui-même la culture du coton et le parti à en tirer. Dans une étude publiée par une Revue économique il rend compte de ses travaux et dit en parlant du climat :

Le Tonkin, qu'on a beaucoup calomnié pour des raisons que je n'ai pas à examiner ici, jouit d'un bien meilleur climat que la Cochinchine. L'Européen qui vit sobrement et qui suit une hygiène sévère supporte facilement trois années de séjour ininterrompu, et même davantage. En résumé, on a à supporter quatre mois de fortes chaleurs : du 15 mai au 15 septembre ; — quatre mois de chaleurs tempérées : du 15 septembre à fin octobre, et de mars au 15 mai ; — et enfin de novembre à fin février, on jouit d'une température qui vous permet de réparer vos forces.

(*Une industrie à créer*, étude de M. A. PERRET, dans *le Globe*, 26 juillet 1889.)

Le Tonkin est donc un pays chaud, mais il a l'avantage sur beaucoup d'autres d'avoir une saison fraîche, un hiver qui dure plusieurs mois ; et comme cette saison fraîche est en même temps sèche, on y jouit pendant toute sa durée d'un climat admirable, ayant beaucoup d'analogie, quoique plus humide, avec celui du pays de Nice et des côtes méditerranéennes de l'Espagne.

Les chaleurs, pendant l'été, y sont peut-être un peu plus fortes qu'en Cochinchine, mais on y recouvre facilement et promptement pendant l'hiver les forces perdues pendant l'été, ce qui n'a pas lieu en Cochinchine ; et bien des personnes, hommes et femmes, très anémiées par le climat de Saigon, se sont entièrement rétablies et ont complètement recouvré toute leur santé par un hiver passé au Tonkin.

..... En somme, le Tonkin est un pays très sain, aussi sain que les pays tropicaux jouissant de la meilleure renommée, et les pertes énormes éprouvées par le corps expéditionnaire ne peuvent être attribuées à l'insalubrité du climat, la preuve en est l'insignifiance de celles éprouvées par la population civile européenne, malgré les épidémies.

(*Petit Manuel d'hygiène coloniale*, par le lieutenant de vaisseau COSTE.)

M. Paulin Vial, ancien résident général par intérim en Annam et au Tonkin, qui, durant de longues années, a exercé des fonctions administratives en Indo-Chine, écrit à propos du climat, dans le livre si intéressant qu'il vient de publier :

Le Tonkin, tout en étant situé dans le voisinage des tropiques, est bien ventilé et jouit d'un climat très supportable pour les Européens.

Rarement, comme en Basse-Cochinchine, on y subit des

chaleurs constantes et presque invariables pendant plusieurs journées et plusieurs nuits consécutives. Le soir, le matin ou dans la nuit, même pendant le gros de l'été, quelques courants d'air frais viennent tempérer la chaleur et activer la respiration.

A partir du mois d'octobre jusqu'aux premiers jours d'avril, l'hiver est fréquemment très agréable et rappelle le climat des côtes de la Gascogne en automne. Le séjour de ce pays nous a paru préférable à celui de plusieurs contrées situées sous le tropique et habitées par de nombreuses colonies européennes. Il nous semble plus agréable que celui de Rio-Janeiro, de Bahia, de Ceylan, de Singapore et de Saïgon.

Lorsque nous aurons créé des établissements de convalescence sur les hauteurs, sur la côte et sur les îles du golfe du Tonkin, les colons pourront alternativement, et selon les conseils de leurs médecins, aller se reposer pendant la saison chaude sur les plateaux élevés ou au bord de la mer.

(*Nos premières années au Tonkin*, par Paulin VIAL, 1889-90).

Voici encore l'opinion émise en 1858, par l'*Aperçu*, dont nous avons fait ressortir déjà le caractère sérieux et la véritable autorité :

On dit que le Tonkin et la Cochinchine sont très malsains, et qu'un étranger doit s'y attendre à être presque toujours malade. Cependant, supposons quelqu'un par exemple ayant la liberté et le confortable européen que se donnent les Anglais en Malaisie (à Singapour), les Espagnols aux Philippines, et les Hollandais à Batavia ; je prétends qu'il n'y aurait pas plus d'insalubrité chez les Annamites qu'il n'y en a dans les pays que je viens de nommer... Pour tout le plat pays du Tonkin, j'en ai déjà parlé; il n'y a de redoutables que les mois de février et mars, et encore les maladies qui y ont lieu tous les ans, ne sont pas des fléaux par trop terribles. Je ne crois pas qu'il y ait de contrée où la population du littoral se porte mieux, en toute saison, que celle de la côte des deux grandes divisions du pays. Le climat de l'Annam (y compris le Tonkin) n'est donc pas mortel : il faut y prendre certaines précautions, et l'on y remarque que les étrangers qui ont pu résister aux premiers effets de la température et des habitudes locales vivent très longtemps.

(*Aperçu sur la géographie, etc., du royaume d'Annam,* 1858.)

M. le Dr Harmand, médecin de la marine, a fait partie de nombreuses missions d'exploration dans toute l'Indo-Chine. Ancien Commissaire de la République au Tonkin, il a parcouru le pays en tous sens, l'habitant, l'étudiant, l'observant avec une science et une justesse d'appréciation merveilleuses.

Je suis arrivé au Tong-king, dit-il en 1873, au commencement de novembre dernier (1872), après une navigation assez accidentée, et j'y ai passé tout l'hiver, car il y a un hiver véritable. *La température de novembre était véritablement délicieuse... La température relativement basse pour nous qui arrivions de Basse-Cochinchine, remettait à vue d'œil nos compagnons anémiés, faisait disparaître rapidement les diarrhées toujours fréquentes sur les hommes venant de Saïgon. On se sentait réellement vivre.*

Je ne puis vous dire de l'été que je n'ai pas vu, que ce que j'en sais par les renseignements des missionnaires. Il paraît qu'il est très chaud et très humide ; que les orages sont fréquents ; que le moment le plus pénible est celui qui précède la saison des orages, qui viennent plus tard rafraîchir l'atmosphère. Il y a 3 mois pénibles, plus pénibles, disent les missionnaires, que le climat de Saïgon. *Les missionnaires qui sont là depuis quinze ou vingt ans, se portent cependant très bien. Quoi qu'il en soit, il résulte de ce que je viens de dire, une conséquence d'une importance majeure pour nous : le Tong-king est un climat sain...* Je n'ai pas besoin de vous dire quel immense intérêt il y a à avoir près de notre colonie de Saïgon un point où l'on puisse ériger un *sanatorium* qu'on n'a jamais trouvé en Basse-Cochinchine. Dès à présent, la chose est possible et faisable... *On irait se refaire pendant l'hiver, des fatigues de la Cochinchine ; nous agirions comme les Anglais dans l'Inde, envoyant les malades dans les Nelgherries.*

Vous remarquerez aussi qu'il n'y a pas au Tong-king, de saison sèche véritable. C'est encore un avantage énorme sur le Sud ; l'absence de pluie, pendant six mois, est une entrave puissante au développement de certaines cultures coloniales qui réussiraient admirablement au Tong-king, celle du café, par exemple.

(*Communication adressée à la Société de Géographie, à la séance du 16 décembre 1873 ; insérée dans le* BULLETIN DE LA SOCIÉTÉ DE GÉOGRAPHIE, *de mars 1875*).

En 1884, le gouvernement eut l'heureuse idée de créer à Hanoï un bureau d'informations commerciales ; les renseignements recueillis ont été insérés fréquemment à l'*Officiel*. Dans la première de ces notices, on lit :

Le Tonkin est reconnu pour être incontestablement plus sain que les Philippines, la Malaisie, les détroits et même la Cochinchine française, qui n'est qu'une immense plaine de rizières..... Le climat du Tonkin n'est donc pas à craindre, il faut seulement que l'Européen y prenne certaines précautions d'hygiène pour la consommation des eaux et pour son habillement, qui doit être ample et léger... Du moment où l'Européen aura pu s'habituer aux premiers effets de la température et des habitudes locales, il pourra vivre très longtemps en Annam et au Tonkin.

(*Journal officiel* du 26 janvier 1885.)

M. le commandant de Bizemont, qui a séjourné au Tonkin en 1880, cite un fait qui prouve combien est peu fondée la légende habilement créée autour du climat de ce pays :

J'ai rencontré des missionnaires français et espagnols dans toutes les parties que j'ai visitées. Ils avaient tous une longue résidence dans le pays, et étaient bien loin de paraître en avoir souffert. Je citerai même un fait que j'ai personnellement constaté. M. de L..., employé dans l'administration à Saïgon, de 1875 à 1878, était rentré en France comme malade, y avait joui d'un congé de convalescence de six mois, et était retourné à Saïgon, en 1879, encore fort souffrant, *et n'ayant retiré aucun bénéfice de son séjour en France*. On considérait son état comme désespéré ; peu de temps après, ayant obtenu un emploi dans les douanes du Tonkin, il fut envoyé à Haïphong. Quelle ne fut pas ma surprise vers la fin de 1880, époque où j'accompli un voyage au Tonkin, de retrouver là, M. de L... ayant acquis tous les avantages de la santé la plus florissante!

(*Bulletin de la Société Bretonne de Géographie*, de Lorient, 1882.)

Ces exemples suffisent à prouver que si le climat n'est pas aussi agréable que celui de la Champagne ou de la Provence, il n'est du moins pas inclément pour qui veut, bien se plier à ses exigences. Il y a des règles particulières d'hygiène à suivre là, comme ailleurs. La température étant généralement élevée et ses changements très brusques, les Européens ne peuvent impunément sortir à certaines heures de la journée (ce qui se produit du reste en France dans quelques-unes de nos stations hivernales) ; les vêtements doivent être appropriés, l'alimentation choisie, les excès de toutes natures évités.

M. Crozat de Fleury, négociant et explorateur, a fait de longs voyages dans tout le Tonkin. De 1874 à 1877, il y séjourna sans interruption. En 1886, il y était encore, et explorait les rives du fleuve Rouge et de la rivière Noire. Il y est de nouveau en 1889. Dans une communication adressée à la Société de Géographie commerciale de Paris, et datée d'Hanoï, 20 septembre 1886, il s'exprime comme suit :

> Je viens de consacrer près de deux mois et demi à explorer les rives du fleuve Rouge entre Hanoï et Lao-kaï, ainsi que celles de la rivière Noire... Ce sont des pays bien intéressants à visiter, d'un aspect charmant, jouissant d'un climat délicieux dans cette saison de l'année, qui se prêteraient on ne peut mieux et sur des étendues immenses, aux plus riches cultures industrielles et autres..... Qu'on facilite

donc la venue de l'Européen dans cette partie du Tonkin (dans les peuplades Muong), au lieu de l'entraver. Il y a là tout ce qu'il faut pour donner lieu aux entreprises les plus fructueuses. C'est aussi un pays très sain à habiter. Mais là comme partout ailleurs, il faut adopter le genre de vie voulu pour vivre longtemps et bien portant dans ces pays-ci. Sur cent Européens, il y en a au moins quatre-vingt-dix qui font tout le contraire.

(*Bulletin de la Société de Géographie commerciale*, 1886-1887).

A quoi tient, au surplus, l'insalubrité de certaines villes du Tonkin, la facilité qu'elles ont eue parfois à devenir le siège d'épidémies regrettables ? Un *habitant d'Hanoï* va nous le dire en fort bons termes, dans une lettre adressée à la Société de géographie commerciale, le 8 février 1886, et nous indiquer en même temps le moyen facile de remédier à cet état de choses :

L'insalubrité disparaîtra prochainement des points les plus dangereux en même temps que les causes qui l'entretiennent. A Hanoï, ces causes sont : l'installation de logements défectueuse et insuffisante pour les Européens ; la multiplicité des mares infectes que les Annamites entretiennent avec soin autour de leurs maisons, dans lesquelles barbotent canards et porcs, et où s'écoulent les immondices et les eaux ménagères ; la saleté, l'humidité et le manque d'air des canhia annamites, qui ont en général de 4 à 8 mètres de largeur sur rue, et de 30 à 60 mètres de profondeur avec une petite cour intérieure pour toute ouverture.

On doit être surpris non que des épidémies se produisent,

mais qu'elles ne fassent pas plus de ravages dans de telles conditions, si propres à leur développement... Les mares seront comblées avant l'été dans les quartiers européens. Avant deux ans, Hanoï sera dotée d'une ceinture de boulevards, qui n'aura pas moins de 30 kilomètres.

(*Bulletin de la Société de Géographie commerciale*, 1886-1887.)

M. Bouinais, capitaine d'infanterie de marine, et M. Paulus, professeur agrégé de géographie, ont beaucoup écrit sur les questions coloniales, et sur le Tonkin en particulier. Ils ont publié diverses études très remarquées.

Le climat du Tonkin, écrivent-ils, est moins énervant que celui de la Cochinchine. Des missionnaires habitant le pays depuis 15 et 20 ans, sont en excellente santé (1); il en est de même des membres de l'expédition Dupuis, stationnés sur le Song-Koï depuis onze années.

Toutefois, il faut bien se convaincre — et les officiers revenant du Tonkin nous l'ont maintes fois répété — que l'été est terrible, et qu'à moins de nécessité absolue, on ne doit faire aucune opération pendant cette saison... L'Européen doit donc, sous peine de courir les plus grands dangers, s'immobiliser pendant cette période. Les plus grosses pertes du corps expéditionnaire survenues à cette époque ne démontrent que trop cette assertion.

(*Le protectorat du Tonkin*; voir le *Bulletin de la Société des Etudes coloniales et maritimes*, 1884).

---

(1) Les missionnaires espagnols des provinces Sud-Est n'ont pas perdu un seul des leurs, depuis neuf ans.
(*Note de Bouinais et Paulus.*)

L'insalubrité des montagnes de l'Indo-Chine doit être attribuée, dit-il, d'une part à l'immense accumulation de détritus végétaux et animaux qui s'est faite depuis de nombreux siècles dans les forêts et les broussailles inextricables qui les couvrent, d'autre part à l'humidité qui est entretenue par les brouillards nocturnes et par la densité excessive de la végétation.

Une exploitation rationnelle des forêts, le défrichement, la mise en culture ou la transformation en pâturages des plateaux les plus fertiles, diminueraient bien vite l'insalubrité de ces régions.

Les parties basses et cultivées en rizières sont, du reste, les parties les moins malsaines de notre Indo-Chine. Les fièvres intermittentes y sont, il est vrai, assez fréquentes; mais, d'ordinaire, elles n'ont pas la gravité de celles que l'on observe dans les forêts. La diarrhée et la dyssenterie n'y sont pas rares non plus, et l'anémie ne ménage aucun Européen. Mais, en ayant soin de se préserver de l'humidité de la mer, de ne pas sortir pendant les fortes chaleurs de la journée et d'éviter tous les excès, l'Européen peut assez aisément se mettre à l'abri des maladies du pays. Les localités les plus favorables à notre race sont celles qui avoisinent la mer.....

Mais il est permis d'affirmer que l'état sanitaire des Européens y deviendra beaucoup meilleur qu'il ne l'est en ce moment. La plupart des maladies dont meurent nos soldats sont occasionnées, en effet, par de mauvaises installations, des fatigues trop grandes, une nourriture insuffisante ou pas assez variée..... Il est permis d'espérer que cet état de choses ne se prolongera pas indéfiniment, qu'on mettra fin aux promenades militaires, qu'on évacuera les postes inutiles et que les troupes françaises concentrées dans un petit nombre de points stratégiques salubres, bien aménagés, seront mises à l'abri des cas de mortalité que je viens d'exposer.

(M. de LANESSAN, *L'Indo-Chine française*, 1889.)

M. Fuchs, l'éminent ingénieur en chef des mines, accompagné de M. Saladin, ingénieur civil, a passé plusieurs mois au Tonkin, chargé par le gouvernement de rechercher les gisements houillers, en 1882. A leur retour, ces deux savants ont remis aux ministres compétents un intéressant rapport dont nous avons cité plus haut divers extraits. Ils n'ont pas oublié de dire ce qu'ils pensent du climat.

Les Européens qui habitent le Tonkin s'accordent à regarder le séjour dans ce pays comme bien moins pernicieux que celui de la Cochinchine française. Dans l'infanterie de marine, par exemple, la majorité des cas d'entrée à l'infirmerie est due à des causes accidentelles ; les maladies graves arrivent ordinairement à la suite d'insolation ou d'imprudences ; la dyssenterie et la diarrhée de Cochinchine y sont exceptionnelles. Enfin, l'anémie et l'intoxication paludéenne y sont bien moins à redouter qu'à Saïgon.

Le bassin de Hone-Gâc, dans sa partie maritime, participe au climat sain du littoral ; mais il est à craindre que les forêts ne partagent l'insalubrité des grands bois de l'Ouest, et ne causent quelques fièvres aux ouvriers, au moins dans les commencements. Nous croyons cependant qu'il ne faut pas s'exagérer ces appréhensions. Nous avons en effet passé près d'un mois dans cette région, et cela dans des conditions de confort et de salubrité très médiocres, et pourtant nous n'avons ressenti aucune atteinte de fièvre paludéenne. Nous sommes persuadés, en tous cas, que par un aménagement bien compris des forêts... l'on rendra le séjour complètement inoffensif même aux Européens.

(*Rapport officiel* de MM. Fuchs et Saladin, 1882.)

On se rappelle l'impression profondément douloureuse que causèrent en France les morts successives et si imprévues de Paul Bert et de M. Richaud. On n'a pas oublié non plus le parti que certains folliculaires ont cherché à tirer de ces tristes événements. La mort de Paul Bert comme celle de M. Richaud n'étaient dues cependant qu'à leur seule imprudence. Dans une « interview » reproduite par *l'Expansion coloniale*, M. G. Dumoutier, que nous avons eu l'occasion de citer déjà, a fourni d'intéressants détails qui ne permettent pas d'en douter.

Paul Bert, qui était un esprit actif, entreprenant, dit-il, se surmenait beaucoup. Il ne se ménageait pas plus qu'il ne ménageait son personnel. Ayant contracté une diarrhée passagère, il ne voulut rien laisser voir. Il professait cette doctrine qu'un malade est un amoindri, et puis il ne voulait pas alarmer son entourage. A la dérobée il prenait du bismuth. Avant d'être remis, il fut contraint d'entreprendre un voyage, prit froid à bord de sa canonnière, descendit à Ké-Cho, chez les missionnaires, avec lesquels il était en d'excellents termes, commit l'imprudence de vouloir assister à une cérémonie nocturne pour le sacre d'un évêque, se fatigua beaucoup et aggrava son état.

C'est de ces causes diverses qu'il est mort. Ce n'est pas le Tonkin qui l'a tué.

Le cas de M. *Richaud* a été analogue.

En arrivant à Singapor, M. Richaud descendit à terre et se rendit au Consulat de France. La distance est grande, du quai où l'on fait le charbon à la ville. La chaleur était torride et le choléra sévissait. M. Richaud arriva très fatigué, couvert de sueur. Il se fit préparer un bain dans lequel il fit jeter de la glace.

Le soir, la diarrhée le prit à bord, et, dans la nuit, il expira.

Vous voyez que lui non plus n'a pas été tué par le Tonkin.

Et Mme *Ribard*, la doctoresse partie à l'époque où Paul Bert est allé au Tonkin?

C'est encore aux mêmes causes qu'il faut attribuer sa mort.

C'était une femme d'une énergie extraordinaire et d'une imprudence excessive. Très mondaine, très excentrique, on la voyait souvent monter à cheval pendant les heures de sieste; il lui fut impossible de s'acclimater dans ces conditions. Sa mort fut plutôt un suicide inconscient qu'un accident.

Vous ne vous imaginez pas le nombre de jeunes gens qui sont dans ce cas. La société européenne est très restreinte, la vie d'un célibataire est assez triste. Quand il ne sait pas se créer une occupation particulière, il fait la fête, et tous les excès de veille, de nourriture, de boisson et le reste se payent là-bas.

L'estomac, fatigué par les apéritifs, digère moins facilement la nourriture, et la diarrhée fait son apparition.

(*L'Expansion coloniale*, n° du 1er octobre 1889.)

Un autre témoignage qui revêt une autorité

toute spéciale, est celui de M. Constans, député, ancien Gouverneur général au Tonkin, sucesseur de Paul Bert, qui a résidé dans l'Extrême-Orient pendant trois années consécutives. Écoutons ce qu'il disait, à la tribune de la Chambre, au mois de novembre 1888 :

> Mais le climat?
> Le climat n'est pas plus mauvais que dans les autres stations anglaises ou hollandaises; il est très supérieur à celui de Batavia, et aussi bon que celui de Hong-kong; il n'est dangereux que pour les gens qui sont envoyés en expéditions ou qui ont été laissés dans les postes; il est dangereux surtout pour ceux qui, logés dans des maisons perchées sur quatre bambous, doivent élever ces maisons à mesure que l'eau des fleuves monte, pour éviter d'être inondés; là, il est dangereux; ailleurs il ne l'est pas plus que dans d'autres pays d'Orient.
> J'aimerais mieux vivre au Tonkin, pendant l'hiver et une partie de l'été, qu'à Saïgon, à Hong-kong et Singapore. Le thermomètre y descend jusqu'à 8 ou 9 degrés. Ce n'est pas une chaleur insupportable, je pense, et si les hommes y arrivent à ce moment, ils s'acclimateront peu à peu et ne contracteront pas de maladies comme cela s'est produit quelquefois.
>
> (*Discours* de M. CONSTANS, à la Chambre des députés. Séance du 20 novembre 1888; *Journal Officiel*, du 21 novembre 1888.)

M. Brousmiche, pharmacien de la Marine, après avoir recherché la composition des eaux fluviales du Tonkin que l'on accusait de charrier les germes de toutes les épidémies, va nous renseigner sur ce point particulièrement important :

> Au début de la campagne, on avait fait une très mauvaise réputation aux eaux fluviales du Tonkin ; on prétendait même que leur ingestion donnait de suite la fièvre... Or, rien de plus erroné. Au Tonkin, il faut, de préférence à toutes les autres eaux, employer l'eau des fleuves. C'est ce que les habitants mettent en pratique autant que possible.
>
> (*Aperçu général de l'histoire naturelle du Tonkin*, par M. BROUSMICHE, pharmacien de seconde classe de la Marine.)

Que n'en peut-on dire autant de tous nos fleuves de France, et de la Seine en particulier !

M. le docteur Foiret s'est appliqué à rechercher sur place les causes de l'absence à peu près complète des fièvres paludéennes, dans ce pays pourtant marécageux. Il les termine ainsi :

> Le sol est argileux et quasi imperméable. Le produit agricole par excellence est le riz. Objet de soins actifs et intelligents, il donne deux récoltes chaque année, et c'est sans doute à ce surmènement de la terre, à l'énorme consommation de gaz et de liquide qu'il comporte que nous devons *l'absence presque complète de malaria*, absence fort remarquable dans un pays qu'on pourrait, sans lui faire beaucoup de tort, assimiler en bloc à un immense marécage.
>
> (*Archives de la Médecine navale* (1878). Typographie médicale de Haï-Phong, du Tonkin.)

M. le Docteur Villedary a rendu compte de ses observations scientifiques, dans les *Archives de médecine militaire;* voici son opinion, qui se rapproche beaucoup de celle du Docteur Foiret :

> Le Haut-Tonkin, une fois cultivé, ne sera pas plus malsain, nous en avons la conviction, que le Delta, qui n'est qu'un vaste marais, et dont on ne s'expliquerait pas la salubrité si celle-ci ne tenait précisément aux riches cultures dont il est couvert.
>
> (*Archives de médecine militaire*, étude par le D* VILLEDARY, 1887.)

Un fait tout récent démontre, du reste, l'exactitude de ces constatations. En 1887, l'on a édifié du côté du Haut Fleuve Rouge, un fort énorme qui suffirait à arrêter une invasion, celui de Yen-Bay, sur le fleuve Rouge, près de Than-Quan. A cette occasion des travaux de terrassement considérables ont été faits, on a remué de grandes masses de terre : *pas un homme cependant n'a été atteint de la fièvre, ni malade.*

M. le docteur Maget, chef du service de santé au Tonkin, qui a résidé de 1878 à 1880, a publié diverses études sur notre colonie. Il s'est naturellement occupé avant tout du climat.

La presse française parle quelquefois des *marais fan-*

geux et fiévreux du Tonkin... Mais ces marais qui constituent la partie la plus riche, sont à peu près exempts de malaria. *La fièvre paludéenne est rare, peu tenace, et moins répandue certainement que dans une multitude de localités de la France.*

Les évaluations de mon prédécesseur et les miennes me permettent d'établir que, *pendant deux années, le climat est admirablement supporté par nous,* et que pour cette période, les chances de mortalité imputables *au seul climat* et chez les troupes seules, ne dépassent pas 1 sur 150. Sans aucun doute, un plus long séjour modifierait très défavorablement ce chiffre; de même le choléra qui, de temps à autre, mais guère plus qu'ailleurs, fait des apparitions dont la dernière n'a eu rien de bien grave.

Très sec au début, brumeux à ses derniers jours, l'hiver se passe délicieusement, très favorable à l'Européen qui y reprend vite les couleurs d'Europe. Je le juge suffisamment tonique pour balancer, pendant deux années, les fatigues réelles qui résultent de l'été.

En *hiver*, peu ou point de maladies imputables au climat. Au *printemps*, la variole se montre à l'état épidémique, n'atteignant que rarement l'Européen. En *été*, on peut avoir affaire à l'hépatite d'abord, aux insolations, à la dysenterie (tropicale), parfois à l'accès pernicieux; comme à Hong-Kong, l'hépatite et la dysenterie formeront les dominantes; pas de diarrhée endémique.

D'un agréable séjour pendant les six mois froids, le Delta, dans les limites du possible, devrait être abandonné pour les hauts plateaux à l'époque des chaleurs. Avec de telles précautions, l'Européen, dans ses deux années de séjour, mettra sa santé à l'abri de tout danger.

(*Étude d'ensemble du Tonkin;* voir *Revue de Géographie,* 1880.)

L'examen pathologique du pays se rattache étroitement à l'examen climatérique. Il a été fait par le Dʳ Bourru, à l'aide des documents recueillis sur place par ses confrères. Nous le résumons très rapidement :

Le *choléra*, dit-on, est endémique au Tonkin... Si nous en jugeons par l'exemple de la Cochinchine, il est plus effrayant que dangereux. Dans cette colonie, en effet, il frappe cruellement les Annamites, mais épargne presque complètement les Européens (1). D'autre part, l'endémicité du choléra dans l'Indo-Chine, à nos yeux du moins, est fort contestable...

La *variole* est très fréquente, très meurtrière... Les Tong-Kinois acceptent la vaccine avec empressement. (Le Dʳ Hamon a vacciné plus de 1,500 enfants que les parents lui amenaient de partout, même de deux et trois jours de marche.) La variole n'est donc pas à redouter au Tong-King plus qu'en Europe....

Le Dʳ L. Maget a vu deux cas de *fièvre typhoïde* à Hanoï ; les autres observateurs n'en disent rien. Ce n'est point une maladie du pays....

Le *paludisme* est rare et léger... Sur un effectif de quatre cents hommes, le Dʳ G. Maget a constaté trois ou quatre fièvres tierces ou quotidiennes, — qui toutes ont guéri sans rechute en huit ou dix jours....

Il y a une maladie incomplètement étudiée encore en Indo-Chine, qu'on nomme *fièvre des bois*...

---

(1) Il ressort, en effet, d'un rapport fait par M. Chastaing, médecin en chef, qu'en Cochinchine, lors de l'épidémie de 1882, grâce aux mesures prises par M. Le Myre de Vilers, si le nombre des décès chez les Annamites fut de 20,000, celui des Français ne s'éleva qu'à 8 seulement.

Au début de l'occupation, il y a bientôt dix ans, la *dysenterie* se répandit sur nos troupes. Depuis, elle a disparu ou peu s'en faut. L'observation paraît avoir prononcé sur la cause certaine de cette maladie, qui s'est trouvée supprimée le jour où, dans l'alimentation, a été supprimée l'eau des fleuves chargée de matières organiques...

La *diarrhée*, au Tong-King, n'est qu'un catarrhe saisonnier, sans durée, sans gravité, et qui n'a rien de commun avec la terrible diarrhée chronique de la Cochinchine....

Les *affections du foie* sont assez répandues.

Tel est le tableau pathologique dont nous pouvons embrasser l'ensemble d'un coup d'œil.

Au Tong-King, les épidémies à redouter sont : la variole et le choléra. Contre l'une, nous savons nous prémunir sûrement; l'autre, plus difficile à arrêter, n'est cependant pas au-dessus de la science contemporaine.

Des grandes endémies tropicales, l'une, le paludisme, le grand fléau de la colonisation, est atténuée le plus possible et vraiment bénigne ; pour l'autre, la dysenterie, l'expérience a prononcé sur sa cause; à nous de l'écarter.

(Id.)

M. le Dr Rey, médecin en chef de la marine, a rempli les fonctions de Chef du service de santé du corps expéditionnaire au Tonkin ; il a eu toutes les facilités pour examiner de près et à fond, les questions se référant au climat, à l'hygiène et à la santé; il écrit :

Les premiers observateurs avaient constaté, non sans quelque étonnement, que le climat du Tonkin était clément pour l'Européen ; et pourtant la suite des événements ne paraît pas avoir confirmé ces appréciations favorables. Pour obtenir, en 1876 et 1877 le nombre de *cinq* décès, sur 205 malades traités pendant les deux années, il a fallu faire appel à tous les contingents. J'y range, en effet, un cas de choléra dont la victime était Annamite ; un accident de chasse qui a coûté la vie à un résident français ; enfin, la triste aventure d'un soldat qui s'est noyé en se rendant à Hanoï. Autrement, il ne resterait à la charge du climat, avec un personnel d'au moins 140 rationnaires européens, que deux morts en deux années, une fièvre pernicieuse ataxique et une diarrhée chronique.

(*Le Tonkin*, par le Dr Rey.)

Ainsi, en deux ans, sur 205 malades, il y a eu *cinq décès* seulement, dont deux n'avaient rien à voir avec le climat.

Plus loin, se plaçant à un point de vue plus actuel, le Dr Rey ajoute :

Cet heureux temps n'est plus, va-t-on me dire. Cet heureux temps reviendra, répondrons-nous : que la pacification du Tonkin soit un jour obtenue ; que les troupes soient installées dans des casernes vastes, aérées, etc., etc., et le Tonkin aura reconquis sa bonne réputation.

(*Idem.*)

Et, en effet, l'on ne peut oublier que le corps expéditionnaire a vécu plusieurs années et vit encore dans les conditions sanitaires les plus défavorables : composé de très jeunes soldats, pris dans les troupes continentales, il est arrivé là sans acclimatement préalable ; habillé à l'européenne, il a lutté contre les fatigues d'une campagne extrêmement pénible; il s'est passé d'installation, de caserne et souvent d'abri suffisants; les malades étaient soignés pour la plupart dans des hôpitaux provisoires, créés à la hâte. Aucune ville n'offrait aux soldats une résidence où ils pussent se refaire et se reposer. Pas de voirie, presque pas de routes véritables pour ces marches souvent très rapides à travers un pays coupé d'arroyos, garni de marais, et dont les voies principales étaient seules explorées.

A l'heure qu'il est, quatre ans après la conquête, nos troupes attendent encore leurs casernements définitifs en maints endroits.

Est-ce la faute du climat?

Après les événements de 1885, la nouvelle Chambre revint avec un esprit déclaré autant qu'irréfléchi, d'hostilité contre le Tonkin. La commission chargée d'examiner la demande de crédits déposée par le ministère Brisson, crut devoir ouvrir une enquête solennelle dans l'intention de s'éclairer sans doute, mais aussi dans le but peu dissimulé chez certains de ses membres de recueillir quelques griefs contre le ministère Ferry. Ses espérances furent déçues, disons-le en passant. Mais à la lecture des procès-verbaux officiels de ses séances, on voit que les personnages appelés à renseigner la commission ont été en quelque sorte « retournés dans tous les sens », questionnés avec une insistance souvent excessive; l'opinion de ces témoins a donc un poids tout particulier.

Parmi eux se trouvait le général Brière de l'Isle, ancien commandant en chef du corps expéditionnaire en 1885. On l'interrogea sur beaucoup de points, et M. Lalande, député, lui exprima le désir de connaître son sentiment sur le climat.

Quand nous serons établis au Tonkin, répondit le général Brière de l'Isle, *on y mourra moins que dans les autres colonies;* mon affirmation peut vous étonner à cause de l'hécatombe épouvantable de ces derniers temps, mais les choses ne se passent pas ainsi d'ordinaire...

J'affirme que le pays est un des plus sains que nous possédions.

Nos troupes ont été débarquées cette année — des troupes absolument nouvelles — au moment de la plus forte chaleur. Les casernements n'étaient que de mauvaises paillottes. Il aurait fallu disséminer les hommes dans les villages; la mortalité aurait été moindre; j'ai fait des essais de ce genre et ils m'ont réussi.

Il n'y a pas au Tonkin cette diarrhée que nos soldats appellent la cochinchinite, qu'on rapporte souvent de la Cochinchine et qui quelquefois même ne se déclare que longtemps après le retour, pour vous tuer en un an ou deux.

(*Procès-verbaux des séances de la commission des crédits pour le Tonkin*, séance du 30 novembre 1885; voir *Journal Officiel* du 20 juillet 1886, pièces annexes.)

Dans cette même enquête plusieurs docteurs furent entendus, notamment M. le docteur Rochard, médecin en chef de la marine, dont nous citerons l'opinion un peu plus loin, et M. le docteur Martin Dupont, médecin principal de la marine. Dans la déposition de ce dernier, qui a passé de longs mois au Tonkin, on lit au sujet du climat :

En dehors des conditions de guerre, je le considère comme salubre; moins qu'en France évidemment, mais plus que dans la plupart de nos colonies, si l'on excepte Taïti, la Nouvelle-Calédonie, Terre-Neuve. Les Antilles ont de nombreux foyers de fièvre. Au Tonkin, du moins dans le Delta, qui est cultivé et très habité, la mortalité ne serait pas plus grande pour nos hommes que dans leurs casernes de France; il y aurait moins de fiévreux à Haïphong qu'il n'y en a dans le port de Rochefort.

En résumé, avec de bons cantonnements, des soins hygiéniques, on n'aurait pas au Tonkin plus de mortalité qu'en France.

(*Commission des crédits du Tonkin et de Madagascar*, séance du 1ᵉʳ décembre 1885 ; *Officiel*, juillet 1886.)

M. le Docteur Fernand Diacre a longuement décrit les observations médicales et climatériques recueillies durant un séjour de onze mois qu'il a fait à Lang-Son, comme médecin auxiliaire de la marine (de mai 1886 à avril 1887). Voici sa conclusion :

..... Nous sommes absolument convaincu que, parmi les

colonies françaises, après l'Océanie, le Tonkin est le plus salubre.

..... Nous n'avons pas à discuter ici la question des richesses de toutes sortes que des gens aveuglés ou aveugles par principe persistent à nier. Nous voulons simplement dire, en terminant, que le soldat s'acclimatera très bien sans avoir à craindre ces anémies si meurtrières de la Cochinchine, du Sénégal. La saison froide permet à l'organisme fatigué par l'été de se refaire et d'emmaganiser de la santé, si je puis m'exprimer ainsi, pour le prochain hivernage.

On nous objectera les trop nombreuses pertes qu'a faites le corps expéditionnaire du fait des maladies plus encore que du feu de l'ennemi. Nous le savons aussi bien que personne. Les commencements d'une conquête sont toujours difficiles. Qui pourra jamais se rendre un compte exact de ce que nous a coûté la Cochinchine avant qu'on soit arrivé à la salubrité relative qu'elle possède actuellement ?

..... Les deux principaux facteurs de la mortalité, nous les avons déjà indiqués, sont, aussi bien pour Lang-Son que pour le reste du pays, le surmenage imposé aux hommes, l'insuffisance des casernements. Par le fait de la pacification du pays, le premier a disparu. On s'est déjà préoccupé des casernements à installer dans tous les postes que nous devons tenir. Les superbes casernes de Saïgon si bien aménagées, si confortables, nous sont un sûr garant de ce qu'on fera au Tonkin.

En même temps, le pays reprend confiance ; les habitants dispersés reviennent ; ces immenses espaces incultes disparaissent, emportant avec eux l'impaludisme.

Nos commerçants, nos industriels, nos agriculteurs viennent s'installer, et la France va montrer une fois de plus, après le Canada, la Louisiane, les Antilles, l'Inde, qu'elle n'est pas une nation colonisatrice !

(*Onze mois de séjour à Lang-Son*, par le Dr DIACRE, 1888.)

L'on peut considérer comme le témoignage scientifique le plus autorisé et le plus certain, celui que M. le Dʳ Rochard a apporté en 1885, devant la commission parlementaire des crédits pour le Tonkin ; et c'est pourquoi nous le citons près les autres, considérant qu'il les résume et les condense. Inspecteur général des services sanitaires et médecin en chef de la marine, l'éminent membre de l'Académie de médecine n'a pas été au Tonkin et ne l'a pas vu par lui-même. Mais cela importe peu, en l'espèce, puisque toute son argumentation est basée sur les statistiques officiellement établies là-bas, ou sur les observations positives de ceux de ses confrères qui ont vu le Tonkin et ont étudié son climat. L'usage qu'en fait M. le Dʳ Rochard, la haute consécration qu'il leur donne, en augmente, on peut le dire, l'autorité et la valeur scientifique.

Je ne connais pas personnellement le Tonkin, n'y étant jamais allé, déclare M. le Dʳ Rochard ; mais j'ai sur ces questions une foule de renseignements verbaux ou écrits, et parmi ces derniers, les Archives de la médecine navale, où nos médecins font insérer leurs travaux.

De tous ces documents que j'ai compulsés, résulte pour moi la conviction que le Tonkin n'est pas un pays insalubre, par comparaison, du moins, à notre colonie similaire de la Cochinchine.

Je parlerai maintenant *des maladies*.

Les fièvres paludéennes, si meurtrières en Cochinchine, n'existent pas au Tonkin, ou du moins ne se déclarent que rarement, quand on laboure les rizières, ou qu'on recueille le riz. On n'y rencontre pas non plus cette diarrhée dont la ténacité est telle que j'ai vu un officier en mourir 13 ans après son retour.

Quant au choléra, il est moins meurtrier au Tonkin, pour les Européens que pour les indigènes. Nous n'avons perdu là de cette terrible maladie, que 3 médecins. Nous ne sommes malheureusement pas habitués à être épargnés ainsi. Les coups de chaleur, sorte d'insolation, nous y font perdre plus de monde.

M. le Dr Rochard lit ensuite à la commission une minutieuse statistique, indiquant les pertes que nous avons subies au Tonkin, en faisant la part de la maladie et celle de la guerre. Il en résulte que : Pour l'infanterie de marine, du commencement de mai 1883 au 20 novembre 1885, il a été expédié au Tonkin et en Annam 399 officiers et 7,649 soldats, — soit 8,048 hommes. — Au *Tonkin*, de mai 1883 au 1er octobre 1885, il y a eu 17 officiers et 111 soldats (soit 128) tués en combattant, — et 15 officiers et 365 soldats (soit 380) morts de maladie; soit en tout 508 morts. — En *Annam*, pas d'officier tué, 6 soldats seulement, et pas d'officier mort de maladie, mais 144 soldats; soit en tout, 150 morts.

Les pertes de l'infanterie de marine sont donc, pour cette période, de 26 pour 1,000 au Tonkin, et de 24 pour 1,000 en Annam.

Pour *l'artillerie de marine*, les pertes, pour la même période, sont de 26 pour 1,000 au Tonkin, et 24 pour 1,000 en Annam.

... *En résumé*, conclut le Dr Rochard, l'armée de terre perd 10 pour 1,000 actuellement par an, et la marine 40 pour 1,000 ; *la mortalité de 33 pour 1,000 au Tonkin est donc inférieure à la mortalité de l'armée tout entière* (la marine).

En campagne, le nombre des malades est considérable et toujours supérieur au nombre des tués.

En Cochinchine, dit-il encore, la mortalité était, au commencement de notre occupation, de 90 pour 1,000 ; elle a beaucoup diminué. Elle est aujourd'hui de 40 pour 1,000.

Puis M. Thomson, député, lui pose cette question : « Donc le Tonkin n'est pas malsain, il paraît l'être moins que d'autres pays ? » — Il répond :

C'est l'opinion désintéressée du plus grand nombre de nos confrères. Nous considérons le Tonkin comme un « sanatorium » en comparaison de la Cochinchine. Il y a là une belle saison qui retrempe les santés.

(*Procès-verbaux de la commission parlementaire des Crédits du Tonkin*, déposition de M. le docteur Rochard, séance du 1er décembre 1885 ; *Officiel*, juillet 1886).

Les tableaux de mortalité. — Nous sommes en mesure de confirmer les appréciations de l'illustre académicien par la production, année par année, des chiffres de la mortalité, en Annam et au Tonkin, pendant les sept premières années de l'occupation, 1883-89. Ces chiffres, communiqués par les départements de la guerre et de la marine, ne s'appliquent, bien entendu, qu'aux troupes européennes, mais ils comprennent *la totalité* des décès.

On a fait grand état, dans les polémiques, des décès survenus au retour, dans les hôpitaux de France, et parmi les jeunes soldats envoyés en congé de convalescence. On a considéré qu'il y avait là comme une sorte de masse noire, apportant au total de nos pertes un contingent inconnu et formidable. M. Andrieux a même prétendu que les convalescents et les jeunes hommes qui sont jugés, après quelques mois d'épreuves, trop faibles pour le service colonial et renvoyés en France avant le temps sont des hommes « perdus pour l'armée française ». C'est jouer sur les mots. Les faibles ou les convalescents, envoyés en congé, ne sont pas plus perdus pour l'armée que les autres soldats qui reçoivent chaque année, en si grand nombre, des congés renouvelables. Il n'y a de perdus que les morts. Or le ministère de la guerre comprend dans ses états, avec les décès survenus aux colonies, les morts dans les hôpitaux et les morts en congé, comme on peut s'en convaincre en examinant les états produits par le gouvernement à la commission d'enquête de 1885. (Voir les Annales de la Chambre des députés. *Documents parlementaires.* Session extraordinaire de 1885, page 490.) Ces décès figurent dans un tableau intitulé : *Intérieur et Algérie*, qui comprend dans une première colonne les décès dans les hôpitaux, au retour, et dans une seconde les morts en congé, soigneusement relevés dans chacun des dix-neuf corps d'armée.

On peut affirmer que cette double source n'augmente la statistique que d'un apport minime. Ainsi, pour 1885, l'année de la plus grande mortalité, sinon relative, du moins absolue, on relève 176 décès dans les hôpitaux, et 77 en congé, pour un chiffre total de 3,415 décès, ce qui représente, pour les morts en congé, une proportion de 22 par 1,000 du nombre total et de 1,87 *pour 1,000 des effectifs*.

Pertes des troupes européennes.

(*Guerre et Marine.* — Annam, Tonkin, Formose.)

1883	134
1884	369
1885	3,890
1886	1,469
1887	1,361
1888	1,224
1889 ....environ	600 (1)
Total	9,067

(1) Les relevés des derniers mois manquant encore, on les a calculés largement.

OBSERVATIONS. — La mortalité des troupes de terre et de mer, en Annam et au Tonkin (l'expédition de Formose comprise) dans les sept années 1883-1889, se divise en trois périodes :

1° La période guerrière ou de conquête, qui commence au printemps de 1883 et qui finit aux préliminaires de paix du mois d'avril 1885 ;

2° La période d'occupation qui comprend le second trimestre de 1885, et les années 1886, 1887, 1888 ;

3° L'année normale, 1889.

PÉRIODE DE GUERRE. — C'est, de beaucoup, la moins prodigue en vies humaines.

1883. — La campagne de 1883, que couronna la prise de Sontay, n'a coûté aux troupes venues de France que 154 hommes, savoir :

Morts ou disparus dans les différents combats........................	45
Tués à Sontay.......................	72
Morts dans les hôpitaux...............	37
Total...............	154,

sur un effectif maximum de 7,000 hommes de toutes armes,

Proportion................	22 pour 1,000

1884. — L'année 1884 (prise de Bac-Ninh et de Hung-Hoa, affaire de Bac-Lé, premières hostilités avec la Chine) a compté 369 décès, pour un effectif moyen de 12,800 hommes.

Proportion............... 28 pour 1,000

1885. — Les cinq premiers mois de 1885, auxquels se réfèrent la campagne des généraux Brière de Lisle et de Négrier, la prise de Langson, le siège et le déblocus de Tuyen-Quan, ont fait ressortir 579 décès, pour un effectif total de 23,760 hommes (fin mars 1885).

Proportion............. 24 pour 1,000 (1)

— C'est alors que le ministère Brisson envoya au Tonkin le général de Courcy avec une division.

Du mois d'avril à la fin de novembre, les troupes de la guerre sont renforcées de 13,840 hommes, les équipages de la flotte de 4,162 marins. — (Les troupes de la marine envoyées de France se compensent exactement avec celles qui furent, dans la même période, renvoyées à Brest ou en Cochin-

---

(1) Voir les états annexés au rapport de la commission d'enquête du mois de décembre 1885. (Annales de la Chambre des députés. *Documents parlementaires*. Séance du 17 décembre 1885, pages 487 à 490.)

chine, ou expédiées à Madagascar ; il n'y a donc pas lieu d'en tenir compte.)

Le corps expéditionnaire se trouve ainsi porté, dans le second semestre de 1885, à 41,760 hommes.

Les événements de Hué mettent l'Annam en feu ; le choléra fait son apparition au mois d'avril (533 victimes du choléra en avril, 368 en septembre, 306 en octobre, 300 en novembre). Pour les six derniers mois, 3,311 décès, soit 79 pour 1,000.

1886. — En 1886, les effectifs européens sont ramenés à 22,924. La mortalité n'est plus que de 1,469 (64 pour 1,000).

1887. — En 1887, les relevés de la guerre et de la marine donnent 1,361 décès pour un *effectif présent* de 16,667 hommes ; la proportion est de 81 pour 1,000.

1888. — En 1888, 1,224 décès pour un *effectif présent* de 11,252 hommes.

La proportion est de 108 pour 1,000.

Mais 1887 et 1888 sont deux années d'épidémie. Le nombre des décès causés par le feu de l'ennemi est insignifiant : ils ne représentent pas 1 pour 100 du total, tandis que le choléra en enlève 50 pour 100. La dispersion des petits postes, leur déplorable installation, l'insuffisance des casernements, les marches par la saison chaude n'expliquent que trop ces chiffres affligeants. Cependant, pour les comprendre, il faut les comparer.

Les chiffres produits par M. le Dr G. Lagneau dans une intéressante *Étude statistique sur la mortalité des marins et des soldats français dans les colonies*, lue à l'Académie de médecine, vont nous y aider.

Le docteur Lagneau, après avoir rappelé que nos jeunes hommes de 20 à 30 ans, en général, présentent une mortalité annuelle de 8 à 10 sur 1,000, démontre d'abord que les militaires à l'intérieur, *en France, bien que soumis à l'élimination de tous les infirmes et débiles* par les conseils de revision, qui déchargent ainsi de nombreux décès l'obituaire de l'armée, présentent une mortalité au moins égale, de 9 à 11 sur 1,000, principalement par suite de l'encombrement humain dans les casernes.

Telle est la proportion des décès en France, pour nos jeunes gens.

Quant aux colonies :

En Algérie, la mortalité a été de 77 sur 1,000, de 1837 à 1848 ; elle est actuellement de 11 à 12 pour 1,000. — *En Tunisie*, elle était de 61 sur 1,000 en 1881, rapidement elle est descendue à 12 pour

1,000. — *Aux Antilles*, de 1819 à 1855 elle était de 91 sur 1,000, elle est de 18 à 22, soit deux fois plus forte qu'en France. — A *la Guyane*, lors de l'épidémie de fièvre jaune de 1855, la mortalité a atteint 237 sur 1,000, soit près du quart de l'effectif. — Dans *les Indes Françaises*, la mortalité est de 37 sur 1 000. — Dans *la Cochinchine*, de plus d'un neuvième de l'effectif, 115 sur 1,000 en 1861, elle a été considérable pendant les premières années, mais n'est guère actuellement que le double de ce qu'elle est en France. — A *la Réunion*, 29 à 30 sur 1,000 habituellement ; mais de 70 à 113 pour 1,000 depuis que les malades de Madagascar y sont évacués. — Au *Sénégal*, la mortalité a été de 148 sur 1,000, de 1832 à 1837 ; elle a diminué de moitié et est actuellement de 73 sur 1,000, grâce à la petite durée du séjour et au rapatriement rapide de 150 malades sur 1,000. En 1838, 1859 et 1878, la fièvre jaune fit succomber 550, 610 et 526 malades sur 1,000 Européens.

Vu la diversité plus grande des saisons, le Tonkin serait plus salubre. Mais par suite de leur nombre insuffisant, les soldats fatigués seraient parfois fortement éprouvés. De 1882 à 1885, leur mortalité annuelle aurait été d'environ 40 sur 1,000. Mais le choléra, qui sévit durant quelques mois à partir d'août 1885, éleva *passagèrement* la mortalité à près de 96 sur 1,000.

(*Journal des Sociétés scientifiques*, 13 février 1889.)

Les chiffres produits pour le Tonkin concernent, on le voit, des années qui ont été non seulement les premières de l'occupation réelle, mais encore celles de l'effort principal, de l'expédition dans tout le pays, par tous les temps, avec toutes les fatigues, et sans repos aucun pour les troupes. L'expérience démontre, pour toutes nos autres colonies, que si la mortalité est exceptionnellement élévée durant la période laborieuse de conquête, elle s'abaisse dans une proportion considérable, sitôt l'occupation régulière et pacifique. Cet abaissement a été de 77 à 11 ou 12 sur 1000 pour l'Algérie ; de 61 à 12 pour la Tunisie; de 91 à 18 ou 22 pour les Antilles ; de 115 à 18 ou 22 pour la Cochinchine ; de 148 à 73 pour le Sénégal. Il en sera et il en est déjà de même sur les rives du fleuve Rouge, bien que nos soldats soient encore dépourvus presque partout de casernements appropriés au climat et aux nécessités hygiéniques.

Ainsi le Tonkin suit la loi générale de toutes les conquêtes coloniales qui commencent. Il semble même qu'il soit entré déjà dans la période normale.

1889. — L'année 1889, qui n'a pas revu le choléra, ne compte, pour les neuf mois dont on a les relevés, que 410 décès. En chiffrant au plus haut les trois mois qui manquent, on est assuré que la mortalité totale se maintiendra vers 600. — 600 sur 14,000 (chiffre de l'effectif donné par l'amiral Jaurès dans la séance du 28 février 1889), n'est plus qu'une proportion de 43 pour 1,000 — c'est-à-dire à quelques unités près, la mortalité de la marine française en temps de paix (40 pour 1,000).

La concentration des postes, le développement du casernement mis enfin à l'étude, il y a un an environ, par M. le sous-secrétaire d'État Delaporte, — la suppression des colonnes par la saison chaude, l'envoi des troupes de relève coïncidant avec la saison fraîche, amèneront, dans un temps prochain, de nouveaux et sérieux abaissements.

CE QU'A COUTÉ L'EXPÉDITION

L'expédition. — Le rapport Borgnis-Desbordes. — Crédits votés pour le Tonkin. — Comparaisons.

L'expédition. — On a lu plus haut le court récit de la première expédition de Francis Garnier (septembre 1873) si malencontreusement terminée par le traité Philastre. Jusqu'en 1882, la situation reste tendue et incertaine.

— En 1882, le ministère de Freycinet succède au ministère Gambetta. L'amiral Jauréguiberry, qui a le portefeuille de la marine, reprend les projets d'expédition. Le 26 mars, le commandant Henri Rivière est envoyé au Tonkin avec deux navires et 400 hommes. Le 2 avril, il est à Haïphong, le 3 à Hanoï, et comme Francis Garnier, il ne tarde pas à conclure des vexations et de l'attitude des mandarins, qu'il faut s'établir par la force : le 25, il s'empare de la citadelle.

A Paris, un nouveau ministère arrive (ministère Duclerc); l'amiral Jauréguiberry veut de plus en plus agir, mais précisément, M. Bourée télégraphie de Shang-haï (29 décembre), qu'il s'occupe d'un arrangement avec la Chine, sur une base que cependant il jugeait lui-même « détestable » quelque temps avant (21 octobre).

— En 1883, le ministère J. Ferry prend le pouvoir; M. Challemel-Lacour remplace M. Bourée, dont les vues semblent insuffisamment nettes, par M. Tricou.

Les renforts (750 hommes) envoyés par le précédent cabinet, entre temps arrivent à Haïphong. Rivière, jugeant opportun d'arrêter les Chinois et les Pavillons-Noirs, quitte Hanoï avec ses troupes et dix bâtiments à vapeur; il s'empare de Nam-Dinh (27 mars). Les Pavillons-Noirs tentent un coup de main sur Hanoï, dégarni de soldats (27 mars), on les repousse, en constatant leur organisation relativement bonne. Le 2 avril, Rivière est de retour; le 14 mai, 300 hommes de renfort lui arrivent. — Le 24 avril à Paris, le gouvernement dépose une demande de crédits. — Le 19 mai, le commandant veut frapper un grand coup, mais dans une sortie à jamais néfaste, il est tué avec nombre de ses hommes. Le 26 mai, la nouvelle de sa mort arrive à la Chambre qui délibérait sur la demande de crédit, déjà adoptée par elle, et revenant du Sénat; à l'unanimité, le patriotisme l'emportant, elle vote un crédit de 5,300,000 francs.

Au Tonkin l'émoi est grand; les nouvelles à sensation se répandent. Mais les secours arrivent, de Cochinchine d'abord, puis de France; le général Bouet prend le commandement du corps expéditionnaire, l'amiral Courbet celui d'une division navale du Tonkin formée aussitôt et doublant la division de Chine, commandée par l'amiral Meyer; le docteur Harmand est nommé commissaire général de la République au Tonkin (7 juin), avec mission d'établir notre administration et notre protectorat, à mesure que l'armée s'emparera du pays. En même temps que 4 à 5,000 hommes de renfort sont en route ou arrivent, diverses opérations ont lieu à Haïphong (5 juillet), Nam-Dinh (19 juillet), Sontay (15 août), Palan (1ᵉʳ septembre) sous la conduite du général Bouet, qui bientôt est rappelé et remplacé par le colonel Bichot (18 septembre).

En Annam, Tu-Duc étant mort (17 juillet), et pour ne pas perdre les avantages déjà acquis, l'amiral Courbet accompagné de M. Harmand, se portait devant Hué, envoyait un ultimatum, bombardait la ville (18 août) et un traité était signé (25 août), grâce auquel était regagné tout le terrain perdu.

La Chine, loin de rappeler ses bandes irrégulières, semble les laisser agir au Tonkin, comme si ce pays était sous sa dépendance, et non sous celle de l'Annam. L'amiral Courbet prend la direction de l'expédition (25 octobre), et M. Harmand rentre en France. Prise de Sontay (14-15 décembre).

De nouveaux crédits (9, puis 17 millions) sont votés par les Chambres et l'envoi de renforts décidé. Le commandement est repris à l'amiral Courbet, promu vice-amiral, et confié au général Millot (février 1884) en raison de l'importance que les opérations vont avoir à terre, et l'amiral Courbet reprend la direction unique de la flotte. Les généraux Brière de l'Isle et de Négrier secondent le général Millot. Les effectifs sont, à ce moment, de 16,700 hommes.

La campagne se poursuit : le général de Négrier révèle ses grandes qualités d'homme de guerre dans les opérations qui aboutissent à la prise de Bac-Ninh, 12 mars 1884. Prise de Thaï-Nguyen, 19 mars. Prise de Hong-Hoa, 13 avril. Ces brillants succès impressionnèrent vivement le gouvernement chinois et le 11 mai fut signée entre le célèbre Li-Hong-Chang, vice-roi du Petchili et le commandant Fournier, muni des pleins pouvoirs de M. Jules Ferry, la *Convention préliminaire* de Tien-Tsin, par laquelle la Chine reconnaissait notre souveraineté sur le Tonkin, et s'engageait à en retirer immédiatement ses garnisons. Le 26 juin notamment avait été fixé comme date de l'évacuation de Lang-Son, et une colonne dirigée par le lieutenant-colonel Dugenne se mit en marche pour occuper la ville ; pendant la route, le 23, elle se heurte à une armée chinoise, vers Bac-Lé ; des coups de fusil s'échangent, et nous subissons un échec sensible. — La paix est rompue. On mène rondement les représailles : l'amiral Courbet reçoit mission de se porter sur les côtes chinoises ; il bombarde Kelung, et accomplit le magnifique fait d'armes de Fou-Tcheou. La Chine, perdant de son assurance, cherche de nouveau à traiter, par d'interminables et astucieux pourparlers. En août, le général Millot cède le commandement en chef au général Brière de l'Isle, qui reste secondé par le général de Négrier.

— En 1885, les opérations se continuent en tous sens, à Chu, au Kep, à Tuyen-Quan, où nos soldats, avec le colonel Dominé, soutiennent deux sièges glorieux ; à Dong-Song, puis à Lang-Son qui est pris le 13 février, et à Dong-Dang, le 22. Le général de Négrier fait sauter la porte de Chine. Le 22 mars les Chinois reprennent l'offensive ; Négrier les refoule jusqu'à Bang-Be. Mais le 24 mars, n'ayant qu'un millier d'hommes à opposer à 50,000 Chinois, il rétrograde jusqu'à la porte de Chine et attend l'ennemi dans les lignes de Ki-Lua. Le 28 mars, nouveau combat habilement dirigé comme les précédents, : les Chinois laissent sur le terrain plus de 1,200 morts et leur déroute est complète. Mais par une déplorable fatalité, à ce même moment où les Chinois saisis de frayeur, prennent la fuite, une balle vient blesser le général de Négrier qui passe le commandement au colonel Herbinger. Celui-ci, en proie à une agitation extraordinaire, perd complètement la tête, ordonne précipitamment la retraite à nos troupes victorieuses, incendie les bagages, détruit le télégraphe, jette au fleuve le Trésor, les canons! En même temps, il envoie au général en chef, à Hanoï, une dépêche laissant croire à une vraie débâcle, à un écrasement imminent de nos forces par 80,000 Chinois.

C'est dans ces conditions à peine croyables, et par une faute imputable au seul colonel Herbinger, ainsi que l'établit le rapport de Borgnis-Desbordes, qu'on va lire tout à l'heure, que le dimanche 29 mars, arrive à Paris un télégramme officiel communiquant ces graves nouvelles... imaginaires. L'émotion naturellement est considérable. Elle gagne le Parlement, dont certaines fractions semblent empressées à exploiter ces incidents, en raison des élections qui approchent.

Sans vouloir attendre, sans réfléchir, sans prendre de nouveaux renseignements, une majorité de coalition renverse, le 30 mars, le ministère Ferry, après une violente harangue de M. Clémenceau. Le cabinet garde la direction des affaires durant quelques jours encore, en attendant la constitution du ministère Brisson. Or, l'on a su depuis, et il a été prouvé par des documents authentiques qu'à cette date du 30, au moment même où se produisaient la panique militaire de Lang-Son et la panique parlementaire de Paris, le Tsong-li-Yamen avait accepté depuis cinq jours (le 25 mars), les conditions posées par M. J. Ferry, et venait de donner à son mandataire l'autorisation de signer immédiatement le protocole.

Le 4 avril, les préliminaires de paix étaient signés à Paris. Et plus tard, le 9 juin, le traité définitif avec la Chine était conclu à Tien-Tsin.

Le rapport Borgnis-Desbordes. — A la suite de l'affaire de Lang-Son, le colonel Borgnis-Desbordes, commandant par intérim la 2ᵉ brigade, fut chargé d'ouvrir une enquête. Son rapport officiel est daté de Chu, 24 avril 1884. C'est un document douloureux, mais qui appartient à l'histoire.

Il est nécessaire d'en reproduire ici les passages principaux :

La 2ᵉ brigade, sous le commandement de M. le général

de Négrier, dit le rapport, avait été laissée à Lang-Son, après la prise de la citadelle (13 février 1885).

Le 28 mars, cette même brigade, dont tout le corps expéditionnaire connaissait le courage, la persévérance, la valeur et l'entrain, quittait Lang-Son la nuit avec précipitation, abandonnant une partie de ses bagages, le trésor, des canons, des munitions, des vivres. On a voulu attribuer cette défaillance d'une part à l'emploi d'une nourriture insuffisante et d'autre part à l'énervement, à l'usure, à la fatigue.

Pendant le séjour à Lang-Son, les difficultés de ravitaillement avaient en effet exigé l'emploi, à certains jours, de rations dites substituées, qui avaient une valeur nutritive moindre que la ration réglementaire. Dans la ration substituée, on avait 800 grammes de riz au lieu de pain ou de biscuit; mais tous les jours on distribuait de la viande fraîche, du sel, du sucre, du café, du tafia (en petite quantité il est vrai, 6 centilitres). Il est impossible d'admettre que, dans ces conditions, la ration substituée ait exercé sur les troupes une influence susceptible de diminuer leur valeur; ce serait se payer de mots et déplacer la question.

L'autre motif ne vaut pas mieux...

La situation de la brigade, le 28 mars au soir, au moment où le général de Négrier blessé remet le commandement au lieutenant-colonel Herbinger, est donc la suivante :

La brigade a supporté du 14 février au 28 mars, c'est-à-dire en quarante-deux jours, quatre jours de combat; elle a été victorieuse le 23 février; obligée de battre en retraite, mais en bon ordre, le 24 mars; victorieuse encore le 28 mars. En outre, et c'est là un point important, le général en chef a envoyé 1,500 hommes de renfort qui sont arrivés du 23 au 26 mars. Cette brigade est susceptible encore de très grands efforts, et la responsabilité de la défaillance du 28 mars ne doit pas peser sur elle, mais sur son nouveau chef, comme nous allons le voir.

Evacuation de Lang-Son. — Dès qu'il a reçu le commandement, le lieutenant-colonel Herbinger décide la retraite, avant d'avoir reçu les renseignements nécessaires, sans écouter aucun avis. Il télégraphie au général en chef le 28 mars, à 4 heures ou 4 heures 30 du soir (le général de Négrier avait été blessé à 3 heures et demie environ, c'est-à-dire une demi-heure ou une heure avant) : « Général de Négrier grièvement blessé — pris commandement de la colonne — profiterai de la nuit pour rétrograder par Dong-Son et Than-Moï sur deux colonnes. *Impossible maintenir position faute munitions et vivres,* etc. »

Le lieutenant-colonel Herbinger, en communication télégraphique avec le général en chef, a jugé tout de suite la situation si grave qu'il ne croit pas devoir le consulter et ordonne la retraite immédiate, la nuit, après le combat du 28, sans tenir compte de la fatigue de tous. L'urgence de fuir et de fuir vite domine tout : il m'a avoué lui-même ce qui suit :

« L'évacuation était entrée dans mon esprit dès ma prise de commandement. »

Les motifs qu'il donne au général en chef sont résumés dans ces mots de la dépêche télégraphique citée plus haut :

« Impossible maintenir positions faute munitions et vivres. »

Pour ce qui est relatif aux vivres, sur l'observation qui lui est faite par moi que cette affirmation est contraire à ce que dit son propre rapport, le lieutenant-colonel Herbinger me déclare que ce mot lui a échappé; il ignorait à ce moment la situation en vivres. Je crois inutile d'insister sur ce fait. Je me bornerai à remarquer qu'en présence des intérêts si graves qui sont en jeu, M. le lieutenant-colonel Herbinger ne devait pas rédiger avec une pareille légèreté une dépêche au général en chef.

Les munitions sont d'un transport difficile et il est certain que l'approvisionnement du fort de Lang-Son n'avait pu être fait avec toute la célérité qu'exigeaient les consommations faites pendant les trois journées des 23, 24 et 28 mars.

En outre (dit le rapport que nous sommes obligé de résumer, en raison de son étendue) le chef d'état-major lui avait communiqué l'état exact des munitions. A aucun moment la brigade n'a été laissée sans munitions. Le 28 mars au soir, la situation était la suivante :

Cartouches d'infanterie. — La façon singulière dont on distribua les cartouches le soir du 28, en faisant déposer sur les routes les caisses ouvertes dans lesquelles les hommes puisent à volonté, empêche un contrôle sérieux; on en est réduit à des hypothèses. Le lieutenant-colonel Herbinger m'a dit, comme on le verra plus loin, à propos du trésor, que les hommes étaient surchargés de cartouches; dans son rapport, il reconnaît 120 cartouches par homme et 63,000 au parc.

D'après tous les renseignements recueillis, la situation du 28 au soir, au moment du départ, serait la suivante : 120 cartouches au moins par homme, 63,600 au parc mobile... De plus, le lieutenant-colonel Herbinger savait que le 28 mars il y avait entre Dong-Son et Pho-Vi, c'est-à-dire pouvant arriver le 29 à Lang-Son, 94,800 cartouches;... le 28 il arrivait à Dong-Son 9,480 cartouches, et ces cartouches pouvaient être facilement le 30 à Lang-Son. De plus,... il pouvait par le télégraphe demander le 28 au soir les cartouches de sûreté de Dong-Son, soit 42,336, que Chu aurait remplacées le même jour. Ces cartouches pouvaient être le 30 au plus tard à Lang-Son. *C'était donc 143,616 cartouches que la brigade pouvait avoir le 30. En outre... des* ordres étaient donnés pour envoyer des cartouches le 29, et à cette date partaient effectivement 76,824 *cartouches* arrivées le 29 au soir à Dong-Son, et 87,696 *cartouches* arrivées aussi à Dong-Son le 29; *total* 164,520 *cartouches lesquelles pouvaient être le* 31 *à Lang-Son*.

Munitions d'artillerie. — Le 28 au soir, la situation était la suivante :

1.030 coups de 80 ᵐ/ₘ de montagne aux batteries.
1.071 — — — au parc.

2.101 (total) coups de 80 ᵐ/ₘ de montagne.
575 coups de 4 rayé de montagne.

2.676 coups de canon en tout.

Le rapport du lieutenant-colonel Herbinger est inexact; il fait ressortir seulement :

936 coups de 80 ᵐ/ₘ de montagne dans les batteries.
700 — — — au parc.

1.636 (total) coups de 80 ᵐ/ₘ de montagne.
548 coups de 4 rayé de montagne.

2.176 (total) coups de canon.

Même en admettant ce nombre 2,176, qui est inexact, au lieu du nombre vrai 2,676, il y a lieu de remarquer qu'il y avait encore plus de coups de canon que nous n'en avions consommé *avec les deux brigades* dans les combats des 4, 5, 6, 11 et 12 février pendant la marche sur Lang-Son.

... Il résulte de ces explications, un peu longues parce que j'ai cru nécessaire d'entrer dans tous les détails susceptibles de ne laisser aucun doute dans l'esprit, *que le lieutenant-colonel Herbinger, en annonçant au général en chef qu'il évacuait Lang-Son faute de munitions et de vivres, a dit une chose inexacte, aussi bien pour les munitions que pour les vivres.*

... En voyant cette décision si grave de l'abandon de Lang-Son, prise avec tant de légèreté et de précipitation, on peut se demander si le lieutenant-colonel Herbinger, peu préparé à prendre le commandement, ne s'est pas trouvé entouré d'officiers et de troupes démoralisés et n'a pas été entraîné, sans s'en rendre compte, sans pouvoir y résister, par un de ces courants d'opinion auxquels ne sont capables de s'opposer que les hommes exceptionnellement trempés.

Mais, le 28 mars, les troupes sont victorieuses et elles ne sont nullement démoralisées, nous l'avons déjà dit plus haut; les dépositions des commandants Diguet et Servières ne laissent aucun doute à cet égard; et les officiers, en général, restent stupéfaits à l'annonce de cette fuite précipitée; et le commandant Servières représente au lieutenant-colonel Herbinger qu'il ne partage pas sa manière de voir. Bien plus, il demande l'honneur de rester à Lang-Son avec le bataillon d'Afrique, et on le lui refuse !

Ce n'est pas tout, le général de Négrier, bien que blessé et souffrant cruellement, dicte à son officier d'ordonnance, M. Dégot, une note contenant sa manière de voir et conseillant de ne pas évacuer les positions. M. Herbinger reçoit cette note environ à 6 heures 20.

Et, après avoir écouté cette note sans y réfléchir une seule minute, il répond immédiatement : « C'est bien ! Ce que me dit le général de Négrier est impossible ; je continue. » Et cet aveuglement, cet affolement (car il n'y a pas d'autre mots possibles) est si grand que l'ordre donné est de battre en retraite, non sur Dong-Son et Than-Moï, mais sur Chu.

Abandon d'une batterie de 4 et du trésor. — Le lieutenant-colonel Herbinger a sacrifié la batterie de 4 rayée de montagne (capitaine Martin) parce que le commandant Schœffer n'a pas cru devoir accepter de se retirer par la route de Pho-Vi avec cette batterie et que, d'autre part, la route par Cut avait été signalée comme ne permettant pas à cette artillerie de passer sans de grandes difficultés à 8 kilomètres environ avant d'arriver à Cut, en venant de Lang-Son. Le capitaine Martin s'était fait fort d'emmener sa batterie par la route de Cut, en sacrifiant au besoin ses avant-trains.

... Quant au trésor jeté dans le Song-Ki-Kong, comme les canons de 4, le lieutenant-colonel Herbinger ne l'a pas fait enterrer parce qu'il n'avait pas le moyen de le faire et parce qu'il jugeait préférable de le jeter à l'eau.

... Il y a lieu de remarquer que la plus grande partie des bagages des corps sont partis avec leurs coolies, et qu'au lieu d'emporter des cantines de cuisine ou autres, des objets sans valeur de toute nature, il était du devoir du commandant de sacrifier tous ses bagages et d'emporter le trésor. Le capitaine du parc, M. Maistre, dans son rapport, constate que des coolies ne portant rien passaient devant lui, et il les força à prendre des munitions; il aurait mieux valu encore détruire quelques caisses de munitions, dont on n'avait nul besoin pour fuir si vite, et emporter les caisses d'argent.

Il résulte de ces faits :

1° Que la batterie de 4 a été abandonnée sans que le commandement ait fait le nécessaire pour la sauver ;

2° Que le trésor a été jeté à l'eau alors qu'il aurait été possible d'emporter tout ou partie de l'argent.

Abandon de Dong-Son et de Than-Moï. — L'évacuation de Lang-Son, la nuit, abandonnant une batterie d'artillerie et le trésor, laissant les vivres sans oser les détruire pour ne pas attirer l'attention de l'ennemi, avait agi, il faut le reconnaître, sur le moral de tous, et, dans cette fuite précipitée, lorsque la brigade arrive le 29 mars au soir, partie à Lang-Son, partie à Than-Moï, la fatigue et l'énervement de tous, bien qu'on n'ait pas été poursuivi, sont tels qu'il faudra au commandement beaucoup de calme et de sang-froid pour arrêter là le désordre.

Le général en chef échange nombre de dépêches avec le lieutenant-colonel Herbinger ; il s'étonne de cette évacuation précipitée, des fatigues inutilement imposées aux hommes, et du défaut de renseignements où on le laisse en ce qui concerne le moral des troupes. Il prescrit de s'arrêter et de tenir à Than-Moï et Don-Son.

Mais le lieutenant-colonel Herbinger, toujours en proie à la même surexcitation, donne coup sur coup par le télégraphe, au commandant en chef, une série de renseignements inexacts ou exagérés, qui amènent le général Brière de l'Isle à télégraphier à son tour à M. Herbinger, qu'il doit se retirer à Chu, *la retraite est indispensable.*

Immédiatement, la retraite est ordonnée ; elle s'accomplit dans les conditions les plus fâcheuses et sans nécessité aucune.

A quatre heures du soir, le 30 mars, le payeur recevait l'ordre par écrit de brûler ce qu'il avait pu sauver de sa comptabilité.

A six heures du soir, l'employé de la poste et du télégraphe recevait l'ordre de brûler la correspondance et les archives, et de briser les appareils, bien qu'il eût le moyen de les transporter.

A dix heures du soir, le sergent chargé du service optique brise par ordre les trois appareils optiques qui sont en sa possession.

On abandonnait les bagages des officiers, les vivres et les approvisionnements de Than-Moï.

... On abandonne les approvisionnements en vivres, relativement considérables, de cette place ; on est même sur le point d'y laisser une batterie de 4, et le commandant Schæffer ne revient sur cet ordre que sur les observations qui lui sont présentées par M. le chef de bataillon Jorna de Lacale, commandant supérieur de Dong-Son, et le capitaine d'artillerie Renaud.

Les magasins de Pho-Cam sont abandonnés avec tous leurs approvisionnements : on n'ose pas encore les brûler de peur d'attirer l'ennemi.

... Il résulte de ces faits que les positions de Than-Mo et le fort de Dong-Son ont été abandonnés après un combat insignifiant à Dong-Son ; que les mouvements tournants des masses chinoises sont de pure invention, ces masses signalées dans les télégrammes n'étant pas sur les lieux ; que la destruction des lettres, des appareils optiques et télégraphiques, des registres de comptabilité du trésor, et l'abandon des vivres et des munitions sans les détruire sont sans excuse.

Attitude du lieutenant-colonel Herbinger depuis sa prise de commandement jusqu'à son arrivée à Chu. — En voyant toutes les fautes commises par le commandement dans cette retraite, on est conduit à se demander si le lieutenant-colonel Herbinger jouissait bien de toutes ses facultés ; mais on conçoit combien il est difficile d'élucider une pareille question, alors qu'on sort du domaine des faits pour entrer dans celui des appréciations.

Les officiers qui étaient sous les ordres du lieutenant-colonel Herbinger deviennent très réservés, on le comprend ; ils ne veulent rien dire qu'il ne soit possible de prouver, et on ne peut en obtenir que des indications très générales.

Le rapport entre dans nombre de détails, donnés d'ailleurs avec une prudence et une réserve commandées par le sujet lui-même. Il énumère les diverses dépositions reçues par M. le colonel Borgnis-Desbordes. Obéissant à des considérations que l'on comprendra, nous passons absolument sur cette partie délicate du rapport, pour arriver enfin à ses conclusions, que voici *in extenso* :

Conclusions. — De l'enquête à laquelle je me suis livré sur les faits qui se sont passés du 28 mars, à partir du moment où le lieutenant-colonel Herbinger a pris le commandement de la 2e brigade, jusqu'au 31 mars, il ressort à mon avis les conclusions suivantes :

1° Le lieutenant-colonel Herbinger a donné l'ordre d'évacuer Lang-Son,

Sans s'être rendu un compte exact de la situation des vivres et des munitions et en trompant, à cet égard, la confiance du général en chef dans sa dépêche du 28 mars, quatre heures du soir ;

Sans avoir voulu faire le nécessaire pour connaître les secours en personnel, matériel et munitions qui lui étaient envoyés ou allaient l'être, alors qu'il avait le télégraphe à sa disposition ;

Sans avoir tenu compte des avis du général de Négrier et du commandant Servières, tous les deux opposés à l'évacuation ;

Sans avoir rien tenté de ce que lui prescrivaient les règlements et l'honneur pour conserver Lang-Son.

2° L'abandon de la batterie de 4 rayée de montagne et du trésor est sans excuse.

3° L'évacuation des positions de Than-Moï a été faite par le lieutenant-colonel Herbinger contrairement aux avis du général en chef et sans nécessité.

4° La destruction, ordonnée par le lieutenant-colonel Herbinger à Than-Moï, des registres de comptabilité du trésor, des appareils optiques et télégraphiques est sans excuse.

5° L'évacuation du fort de Dong-Song a été ordonnée par le lieutenant-colonel Herbinger, malgré les avis du général en chef, sous des prétextes futiles ou imaginaires.

6° La retraite a été conduite avec une précipitation que rien ne justifie et sans avoir pris les mesures nécessaires pour ne laisser entre les mains de l'ennemi ni vivres ni munitions.

7° A Lang-Son le 28 mars au soir, à Than-Moï le 30 mars, le lieutenant-colonel Herbinger était dans un état de surexcitation qui l'empêchait de jouir de toutes ses facultés.

Le colonel commandant par intérim la 2° brigade,

Signé : BORGNIS-DESBORDES.

Chu, 24 avril 1885.

Crédits votés pour le Tonkin. — On a vu plus haut ce que le Tonkin avait coûté en hommes ; voici maintenant ce qu'il a coûté en argent. Sur ce point comme sur l'autre, l'imagination des adversaires de la colonie s'est donné carrière. Les chiffres officiels sont heureusement là pour faire la lumière. Les voici.

ANNAM ET TONKIN
Crédits votés pour le Tonkin de 1883 à 1886.

DÉPARTEMENTS	1883 (Lois du 19 déc. 1882, des 18 mai et 22 décembre 1883.)	1884 (Lois des 22 et 29 déc. 1883, 13 août et 12 déc. 1884.)	1885 (Lois des 12 déc. 1884, 1er et 8 avril 1885. Décret du 15 janv. 1885.)	1886 (Loi du 27 décembre 1885.)	OBSERVATIONS
Ministère de la Marine et des Colonies	Fr.	Fr.	Fr.	Fr.	(1) Cette somme de 75.251,991 fr. votée pour 1885 a été annulée, sur les crédits de cette année, et a été reportée à l'exercice 1886, où différents Ministères dans les proportions indiquées au tableau ci-dessous. (Loi du 27 décembre 1885.)
Service Marine	8.217,000	62.911,368	79.624,879	3 39.481,001	
Service colonial	6.641,900	10.339,000	5.326,500	»	
Ministère de la Guerre	»	»	79.434,153	30.000,000	(2) Les crédits votés pour les services civils en 1886 au budget de la Marine, ont été reportés au budget des Affaires étrangères. (Décret du 15 janvier 1886.)
Ministère des Affaires étrangères	»	»	»	2 5.722,690	
TOTAUX	14.858,900	73.250,368	164.385,512	1 75.203,691	Soit : 5.000,000 fr. 722,691 fr. auxquels il faut ajouter qui ont encore été annulés sur le crédit voté à la Marine et ont été également reportés au budget des Affaires étrangères .... 722,691 Total .... 5.722,691 fr.
Mais, sur les crédits accordés, il n'a été dépensé pour l'Annam et le Tonkin, que ...	14.858,900	73.250,368	115.694,415	65.998,69	(3) Les crédits votés à la Marine pour 1886 s'élevant au total à 62.911,361 fr., dont il faut retrancher les 5.722,000 fr. passés aux Affaires étrangères, on obtient ainsi 39.481,061 francs.

Total des crédits votés	327.698,681 francs.
Total des crédits dépensés	269.802,379 —

Détail des crédits pour 1885.

	GUERRE	MARINE	TOTAL
En 1885, les Chambres ont voté pour le Tonkin (Lois des 12 décembre 1884, 1ᵉʳ et 8 avril 1885; décret du 13 janvier 1885).	fr. 115,065,500	fr. 128,356,500	fr. 243,422,000
Sur cette somme, on a annulé et reporté à l'exercice 1886, soit pour le Tonkin (75,203,901 fr.), soit pour Madagascar (3,832,587 fr.). (Loi du 27 décembre 1885).	35,631,347	43,405,141	79,036,488
Il restait donc pour l'exercice 1885.	79,434,153	84,951,359	164,385,512
Sur cette somme, on a dépensé en 1885.	43,000,000	72,694,415	115,694,415
En sorte que, sur les crédits votés pour 1885, on n'a pas dépensé	36,434,153	12,256,944	48,691,097

A dater de l'exercice 1887, les crédits du Tonkin passent tous, en bloc, dans un article de la loi de finances, porté d'abord au budget des affaires étrangères, puis au budget des colonies, comme subvention de la Métropole.
Il convient donc d'ajouter aux 269,802,379 francs, qui représentent les crédits dépensés de 1883 à 1886 :

La subvention de 1887. . . 30,000,000
La subvention de 1888. . . 20,000,000
La subvention de 1889. . . 15,000,000

Total des crédits consommés à
la fin de l'année 1889. . . 334,802,379

Et encore sur ces chiffres, il y aurait bien des observations à présenter. C'est ainsi qu'au cours d'une intéressante discussion sur le budget de la marine et des colonies en 1888, un député, M. Paul Deschanel, a mis en lumière diverses erreurs ou exagérations commises par les adversaires du Tonkin pour calculer les dépenses de la conquête. Il a montré les singuliers artifices de comptabilité employés par l'administration, et grâce auxquels ces erreurs de calcul ont pu être présentées avec quelque vraisemblance. Il a rappelé enfin le blâme dont ces virements ont été l'objet de la part de la Cour des comptes :

M. Paul Deschanel. — On a beaucoup dit, beaucoup répété, pour expliquer l'état de la flotte, que c'étaient les expéditions coloniales qui l'avaient ruinée. Messieurs, je ne suis pas un homme de parti, vous le savez ; j'ai horreur de l'esprit de parti. Il ne s'agit pas de faire ici œuvre de parti, mais acte de justice, de rendre à chacun ce qui lui est dû, de dissiper les équivoques et de définir nettement les responsabilités.

Voici d'abord la réponse de l'amiral Peyron en ce qui concerne le matériel. Dans le discours qu'il a prononcé le 27 mars dernier au Sénat, l'amiral Peyron disait :

« On a beaucoup écrit à propos des bâtiments qui revenaient du Tonkin. Ces bâtiments nécessitaient tout simplement 5 à 6 millions de réparations...

« On a été jusqu'à dire qu'au Tonkin on avait usé un grand nombre de cuirassés d'escadre. Or, il n'y en est pas allé un seul.

« Nous avions au Tonkin quatre cuirassés de station : la *Victorieuse*, le *La Galissonnière*, le *Bayard* et le *Turenne*, qui y est encore. Ces bâtiments ont été réparés, et nous avons toujours employé pour les constructions neuves les crédits qui leur étaient affectés, sans en détourner un sou pour d'autres services. La guerre du Tonkin n'a jamais arrêté nos constructions, et si, pendant deux ans, le mouvement s'est ralenti dans la construction des cuirassés, ce n'est pas qu'on manquât d'argent, mais parce que les idées s'étaient modifiées... » Voilà pour le matériel.

Quant aux crédits, voici un extrait du rapport de la Cour des comptes. Il faut que ce document passe sous les yeux du pays :

« En 1884, le chapitre 15 du service colonial (Service du Tonkin) comprend une dépense de près de 430,000 fr., relative à des fournitures diverses et livraisons de machines, faites aux établissements et arsenaux de la marine, à Brest, Toulon, Rochefort et Lorient. Ce chapitre a également supporté des payements s'élevant à 1,558,000 francs et relatifs à des frais de construction de torpilleurs, avisos et canonnières dont les dépenses sont imputées à la fois sur le chapitre 15 (Service du Tonkin) et sur le chapitre 19 (Constructions navales). Les justifications produites ne permettant pas de constater dans quelle mesure ces fournitures se rapportaient à l'expédition du Tonkin, la Cour n'a pu s'assurer de la régularité des imputations.

« Une grande partie des dépenses comprises au chapitre 15 ont, d'ailleurs, été, à l'origine, payées sur divers chapitre du budget (États-majors, équipages, vivres, etc.), et transportées ultérieurement, par virement, au compte du service du Tonkin. Les réimputations ainsi opérées en 1884 se sont élevées à près de 7 millions. La plupart des certificats destinés à justifier les virements sont relatifs à des fractions de mandats dont une partie seulement est réimputée sur le chapitre 15, tandis que le surplus reste à la charge des chapitres qui ont servi à l'origine à acquitter la dépense. Les pièces ne donnant aucune indication précise quant à l'objet du payement, il est impossible, dans ces conditions, de reconnaître la légitimité des réimputations que la nature même des opérations rendrait souvent, d'ailleurs, difficiles à apprécier.

« Ainsi, en ce qui concerne la dépense de solde, le service expéditionnaire ne doit acquitter en principe que la différence entre la solde résultant de l'état de guerre en Extrême-Orient et les charges morales que la marine aurait eu à supporter sur le pied de guerre; d'où il suit que le contrôle de cette répartition ne serait possible qu'à l'aide des revues de la solde de la marine. On sait que ces documents ne sont transmis à la Cour qu'après de longs retards que nous avons plusieurs fois signalés.

« L'organisation défectueuse de la comptabilité du service du corps expéditionnaire est de nature à donner lieu à des irrégularités d'imputation. La Cour a pu, dans certains cas, en relever quelques-unes. Elle a ainsi constaté que, dans le département des Bouches-du-Rhône, des payements s'élevant à plus de 700,000 francs avaient été effectués sur le chapitre 13, à titre de deuxième acompte, sur le prix d'appareils à vapeur pour les torpilleurs le *Faucon*, l'*Épervier* et le *Vautour*. Les travaux de construction de ces bâtiments, y compris les machines, sont prévus au budget de l'exercice 1884, comme devant être payés sur les crédits du chapitre 19, du service marine (constructions navales). C'est d'ailleurs sur ce chapitre qu'ont été imputés les premiers acomptes payés pour les appareils à vapeur. La dépense des deuxièmes acomptes n'appartenait donc, à aucun titre, au chapitre 13.

« Les crédits réservés au service du Tonkin ont servi également à solder, en 1884, une somme de 953,000 francs concernant des frais de fournitures et de construction relatifs aux vaisseaux le *Formidable* et l'*Amiral-Baudin*. La construction de ces navires, commencée avant l'année 1880, antérieurement à l'expédition du Tonkin, n'était pas terminée en 1887. (Projet de budget, pages 1200 et 1201.) Les dépenses relatives à ces vaisseaux n'avaient donc aucun rapport avec les opérations effectuées en 1884 pour le corps expéditionnaire. »

(*Journal officiel*, séance de la Chambre des députés, du 29 octobre 1888.)

Comparaisons. — Dès que l'on parle du Tonkin, la pensée se reporte vers certaines autres colonies, et, scrutant le passé, interrogeant l'avenir, on se demande par comparaison ce qu'il adviendra de notre possession indo-chinoise, quelles seront les conditions et la rapidité de son développement.

Cette comparaison, au surplus, est instructive à plus d'un titre.

Nous allons voir ce qui s'est passé pour *la Cochinchine*, pour *l'Algérie*, pour *la Tunisie*; ce sont là des éléments d'appréciation sinon nouveaux, du moins peu connus.

— *En Cochinchine* : L'occupation accomplie un peu au hasard, et en tous cas sans préparation suffisante, avait jeté un certain émoi dans le monde politique.

L'émotion augmenta lorsque la Cochinchine prit trois nouvelles provinces à l'Annam, bien que cette annexion fût, en somme, commandée par la plus élémentaire prudence.

Cependant, raconte M. Harmand, le hasard fit qu'en 1867, on envoya en Cochinchine un homme du plus grand mérite, l'amiral de la Grandière, secondé par M. Vial.

Il établit une administration purement civile, et dès ce moment les budgets de la colonie s'accrurent avec une rapidité merveilleuse :

Le budget des recettes était en 1867 de. 5,643,039 francs.
— 1875 de. 13,613,900 —
— 1880 de. 18,501,300 —
— 1887 de. 26,000,000 —

Voilà ce qu'une bonne administration a fait d'un pays qui était incapable auparavant de fournir au roi d'Annam plus de 1,500,000 francs par an !

D'après le *Bulletin de la Société des études coloniales* (1884), la Cochinchine, qui n'a que 1,745,000 habitants pour 60,000 kilomètres carrés, nous a coûté environ 200 millions. Un de ses anciens gouverneurs, M. Le Myre de Vilers, a émis l'avis qu'elle peut payer à la métropole l'intérêt du capital avancé qu'il évalue à 100 millions seulement.

Il ressort d'ailleurs des documents officiels,

que l'état général du mouvement commercial et maritime de la Cochinchine française,

qui était, en 1867, de...	56,768,120 francs.
s'est élevé, en 1887, à ..	123,210,355 —
Augmentation ..	66,442,235 francs.

— *En Algérie*: Là aussi la conquête fut loin d'être bien accueillie. On tenait sur l'Algérie les mêmes propos malveillants et calomnieux qui couraient, ces années dernières, sur le Tonkin. Les mêmes récits, les mêmes sombres tableaux, les mêmes prédictions sinistres remplissaient les journaux. Tous les outrages, tous les sophismes lancés, en 1885, contre la République et ses Ministres ne sont que la reproduction de ceux que l'on prodigua au gouvernement de Louis-Philippe et au maréchal Soult, lors de l'expédition d'Algérie.

C'est une revue bien instructive à passer que celle des journaux, livres, mémoires ou brochures de cette époque-là ! Tandis qu'au Parlement on réclamait des commissions d'enquête, que les prédictions sinistres succédaient aux sommations furibondes de renoncer à la conquête, — la presse étalait dans ses colonnes de soi-disant statistiques « obtenues par une indiscrétion » pour démontrer que l'Algérie n'était qu'une simple nécropole. On y trouvait des protestations patriotiques, des flétrissures quotidiennes, à côté des lettres déchirantes de soldats à leurs familles, contenant les plus lamentables tableaux de cette terre désolée, « d'horribles détails » propres à émouvoir les cœurs sensibles. Déjà l'on dénonçait celui-ci et celui-là, et Bugeaud eut bien avant nos Ministres républicains l'honneur de subir les basses accusations de ce genre. Il y avait « l'affaire des frères Durand », « l'affaire Busnach et Amar Mardoché », « l'affaire du général de Brossard », etc., etc. Tout ce que nous avons vu et entendu à propos du Tonkin, avait été dit cinquante ans auparavant au sujet de l'Algérie !

Pour voir à quel point les esprits étaient surexcités, jusqu'où était poussé le dénigrement, il suffira de lire les lignes suivantes extraites d'un livre que publiait, en 1847, M. Leblanc de Préboy, capitaine d'état-major.

Le général Bugeaud tient la campagne avec une de ces activités *qui, partout ailleurs, sont une grande chance de succès, mais qui deviennent, au contraire, en Afrique, une cause de ruine et de mortalité.* Les hôpitaux d'Afrique offrent un aspect désolant : presque pas de blessés, mais partout des fiévreux et dysentériques. Les figures inanimées des malades portent l'empreinte du désespoir et de l'épuisement. Cette effrayante mortalité produit des effets tristes à révéler : le *dégoût s'empare des officiers; le suicide gagne l'armée;* nos bataillons sont réduits de moitié. C'est donc sur des *monceaux de cadavres exténués de misères* (sic) que se base l'avancement des hommes qui exploitent l'armée,

Le gouvernement, *en favorisant* cette soif égoïste d'un avancement assez médiocrement gagné, continuera-t-il à se rendre complice des malheurs qui accablent l'armée d'Afrique? L'avenir nous l'apprendra !

(*L'Algérie prise au sérieux*, par le capitaine Leblanc de Préboy, 1847.)

Ces exagérations, ces lamentations pathétiques au sujet de l'Algérie, nous paraissent invraisemblables aujourd'hui. Ce sont les mêmes pourtant que l'on cesse à peine de faire entendre à propos du Tonkin.

A cette époque, l'opposition jouait le même jeu qu'en ces dernières années. Elle usait des mêmes moyens, elle exerçait la même pression néfaste sur le pouvoir : critiquant tout, conseillant l'évacuation si l'on agissait, réclamant une marche en avant si l'on s'arrêtait, c'est elle qui entravait le plus sérieusement la conquête, c'est elle qui imposait le rappel de Bugeaud et refusait les crédits juste au moment où la jonction des colonnes Bedeau et Bugeaud allait amener sûrement la pacification complète de la Kabylie. Un officier de l'armée d'Afrique, M. le comte de Vauvineux, a raconté cet incident particulier de la campagne de 1847, dans son journal militaire écrit au jour le jour.

... Restait, pour la solution sinon complète du moins

très avancée du grand problème, pacification de la Kabylie, à accomplir la seconde partie.

Cette masse énorme de 26 bataillons prenant à revers la contrée qu'on venait de traverser, frappant vigoureusement les dissidents vers Kalaa, imprimait une salutaire terreur. Puis, chaque colonne reprenait sa route, assurant partout une soumission rendue facile par ces victoires. A l'année suivante, les Beni-Raten et autres tribus maritimes.

Ce plan, aussi simple que bien conçu, devait amener de sérieux résultats. L'armée, intacte, laissait à peine 50 à 60 blessés ou éclopés de notre côté et, sans doute, le triple dans la colonne Bedeau. Favorable saison, température à souhait.

Un spahi apporte un pli attendu : le front du maréchal se rembrunit ; une vive émotion s'empare de lui ; mais se dominant rapidement, il donne bientôt des ordres pour que les deux colonnes, suivant la route parcourue, *rentrent modestement dans leurs garnisons*.

Un vote de la Chambre refusant les fonds, brise cette puissante épée dans les mains de ce victorieux.

(*Journal militaire du comte de Vaurineux*, publié dans la *Revue rétrospective*, janvier 1890.)

Combien l'Algérie a-t-elle coûté à la France ? Telle est la question qu'a étudiée M. Louis Vignon, avec la compétence et la lumineuse clarté qu'il apporte dans ses travaux.

Il constate d'abord qu'après cinquante-sept ans de domination, 425,000 colons, dont 220,000 français, sont établis en Algérie, au milieu de 3,260,000 indigènes. Les colons y possèdent, 1,250,000 hectares de terre (soit deux départements de France). Le mouvement général des affaires s'élève à 425 millions. Il a été établi 15 000 kilomètres de routes, et 3,000 kilomètres de chemins de fer sont exploités ou en construction (ces chiffres datent de 1886).

Pour tout cela qu'a dû dépenser la métropole ?

Le chiffre est considérable : en cinquante-six ans, de 1830 à la fin de 1886, il a été dépensé en Algérie, pour tous les services civils et militaires, une somme totale de 4 milliards 765 millions.

Pendant la même période, les recettes du Trésor en Algérie (car on a dès les premiers jours confondu le budget de la colonie avec celui de France), — « recettes ordinaires » et « extraordinaires », se sont élevées à 1,165,000,000. Il y a ainsi entre ces deux chiffres un écart de 3 milliards 600,000,000 ; *c'est là une dépense réelle non remboursée.* Il est vrai que dans cette somme de 3,600,000,000 — 3,300,000,000 représentent les dépenses du Ministère de la guerre par la conquête et l'occupation ; mais si l'on considère que même après la conquête, toutes les charges militaires doivent être supportées par la métropole, on arrive à cette constatation que *l'ensemble des dépenses civiles seules* est en excédent sur les recettes, de 300 millions.

Est-ce qu'au moins, après cinquante-sept ans et plus d'occupation, après la longue période de tranquillité qui vient de s'écouler, l'Algérie paye aujourd'hui toutes ses dépenses civiles, se demande M. Louis Vignon ? Pas du tout ! Les recettes annuelles de l'Algérie sont de 42 millions environ, elles servent à compenser les « dépenses civiles et militaires » qui sont presque équivalentes. Mais le budget de la métropole lui vient encore en aide pour d'autres dépenses qu'elle ne lui remboursera pas. Parmi ces dépenses, nous citerons « les dépenses civiles extraordinaires » qui se montent à 21 millions et demi pour garantie d'intérêt aux chemins de fer algériens, et l'annuité aux obligations de la Société générale Algérienne; puis « les dépenses du Ministère de la guerre » soit 65 millions pour l'entretien du 19ᵉ corps d'armée.

... L'Algérie a coûté à la France 300 millions pour ses seules « dépenses civiles », et lui coûte encore 20 millions, les dépenses militaires non comprises.

(M. Louis VIGNON, consul de France; communication à la Société de Géographie commerciale, mai 1887.)

Si enfin on se place au point de vue du climat, est-il besoin de rappeler les milliers d'hommes qui ont succombé en Algérie durant la conquête, par la maladie ou les épidémies? A-t-on perdu le souvenir de ces villes nouvelles, comme Bouffarick, par exemple, décimées lors de leur création et fort salubres à présent?

Rappelant ce passé peu éloigné, M. le Dʳ G.

Treille, médecin principal de la marine, fait les justes observations suivantes :

> L'admirable persévérance de l'Européen à coloniser ces pays (les pays chauds) est souvent couronnée de succès ; voilà ce qu'il faut retenir. L'établissement des Français en Algérie en est un exemple tout contemporain, exemple d'autant plus intéressant que les diverses nationalités européennes y ont des représentants. *Dès le début, et pendant une trentaine d'années, on crut qu'il serait impossible de triompher de l'endémie palustre qui décimait les premiers occupants, dans certaines localités.*
>
> L'extrême mortalité des nouveau-nés et les décès parmi les adultes qui se livraient à l'agriculture, firent craindre à Boudin et à nombre de bons esprits que l'on ne pût jamais parvenir à doter l'Algérie d'une population européenne agricole. Mais l'amélioration progressive du sol, fruit de l'héroïque ténacité des colons, l'esprit de progrès, le développement des voies de communication et l'accroissement de la fortune publique qui en fut la conséquence, ont élevé le taux de la natalité tout en abaissant la mortalité des nouveau-nés et des adultes. Aujourd'hui, l'Algérie prospère ; son peuplement, indépendamment de l'immigration, s'opère avec rapidité ; la natalité l'emporte définitivement sur la mortalité générale.
>
> (*L'Acclimatation des Européens dans les pays chauds*, par le D' G. TREILLE, médecin principal de la marine, membre du Conseil supérieur de santé de la marine, 1888.)

Les pertes en hommes, en Algérie, sont autrement importantes que celles faites au Tonkin. D'après une étude de M. Thureau-Dangin sur *Bu-*

geaud et Abd-el-Kader, parue dans le *Correspondant* (1888), *dans la seule année 1840 en Algérie, le nombre des morts a atteint 9,300, sur un effectif de 60,000 hommes*. — D'après les renseignements donnés par M. Gélion Danglart, en 1869, dans *l'Encyclopédie générale*, « il faut compter que 150,000 soldats et autant de colons y ont péri », soit 300,000 morts.

Les effectifs, d'après les documents compulsés par M. Maurice Wahl et par M. Thureau-Dangin, s'élevaient en *Algérie* : en 1831, à 37,000 hommes ; — en 1835 à 30,800 ; — en 1840, à 60,000 ; — en 1841, armée de Bugeaud, à 100,000 ; — en 1845, à 89,099 ; — à la fin du règne de Louis-Philippe, en 1847, ils montaient à 101,520 hommes. On a vu précédemment combien les effectifs qui ont opéré au *Tonkin* étaient inférieurs à ceux-ci.

Le nombre des hauts fonctionnaires (civils ou militaires) ayant eu la direction suprême au *Tonkin*, a été de 18 en 15 ans. L'*Algérie* n'a pas été mieux partagée : de 1830 (nomination du général de Bourmont, premier commandant en chef) à 1882 (entrée en fonctions de M. Tirman, gouverneur général actuel), — en 52 ans, — on a pu compter 51 généraux ou hauts fonctionnaires civils ayant eu successivement la direction des affaires en Algérie. Cela paraît démontrer que ces perpétuels changements se produisant sous tous les régimes, sont imputables moins aux hommes d'État qu'à notre tempérament national.

— *En Tunisie :* La situation est tout autre.

L'expédition qui nous a donné, en 1881, cette belle colonie a soulevé naturellement l'hostilité, la colère de l'opposition. Ses attaques se sont produites avec une véhémence d'autant plus grande qu'on était à la veille d'une période électorale, tout comme en 1885, lors de l'expédition du Tonkin. Mais le pays une fois conquis ayant été administré avec une grande habileté, les plus fougueux adversaires de la Tunisie ont été bientôt contraints de reconnaître leur erreur. Ainsi en adviendra-t-il du Tonkin, la chose n'est pas douteuse.

Les résultats acquis sont, on peut le dire, sans précédents dans l'histoire coloniale.

Les finances étaient complètement délabrées il y a six ans ; la Régence était en faillite. Aujourd'hui, le Trésor tunisien présente une disponibilité de 47 millions de piastres ; son crédit égale celui des puissances européennes ; il n'y a eu aucune augmentation d'impôts, et les dégrèvements de taxe dépassent 6 millions par an.

L'Agriculture s'est rapidement développée. Le nombre des hectares ensemencés est de 650,000,

— en augmentation de 100,000. Le vignoble tunisien presqu'inconnu avant l'occupation, couvre actuellement 4,050 hectares, ayant produit 32,600 hectolitres à la récolte de 1889. Pendant ces trois dernières années, 80,000 hectares de terres ont été achetés par des Européens, et sont la propriété exclusive de capitalistes français, ce qui n'est pas sans importance.

Le Commerce suit la même progression; quelques chiffres le démontrent. L'exportation a passé pour les huiles, de 19,292 quintaux à 73,353; pour les laines, de 73,919 quintaux à 147,599; pour le bétail, de 4,768 têtes, à 13,008. — *Le total général du commerce avec la France a été*, pour 1889, de 37,757,793 francs.

Les Travaux publics étaient en souffrance depuis longtemps. Il en a été fait de considérables : le total des routes a triplé, il atteint aujourd'hui un développement de 620 kilomètres de sentiers aménagés. L'étude d'un réseau de 349 kilomètres de chemins de fer, est terminée ; les travaux pourront commencer cette année même. Les ports de Tunis et de Bizerte sont agrandis et aménagés : on y dépensera 12 millions. Tunis et sept autres villes ont été dotées d'eau potable, quatre le seront sous peu ; nombre d'édifices publics ont été construits ou améliorés.

Les Postes constituent un service autonome, depuis le 1ᵉʳ juillet 1888; le personnel reste français toutefois. Les progrès en ont été extrordinairement rapides. Le trajet quotidien des courriers a augmenté de 37 0/0; la distribution de 900 0/0. Le nombre des lettres, cartes, journaux, échantillons, etc., était de 11,000 en 1888; il s'est élevé à 47,000 en 1889; et l'on a constaté une diminution notable dans le nombre de lettres ou échantillons échangés avec l'Italie, l'Angleterre, l'Allemagne, etc.

Voilà où nous en sommes. C'est pour ces raisons d'une matérialité évidente que les adversaires de la politique coloniale, même les plus acharnés jadis (en 1881), n'osent plus critiquer ni blâmer la conquête de ce beau pays, ni l'établissement de notre Protectorat.

Que nous a coûté la conquête de la Tunisie?

La France a dépensé en Tunisie, de 1881 à la fin de 1886, une somme totale de 153 millions, sur lesquels 142 millions pour frais de la conquête et de l'occupation, 5 millions pour les services civils, et 6 millions pour avances au gouvernement beylical.

En 1886, le Trésor français n'a dépensé en Tunisie que 9 millions et demi pour l'entretien des corps d'occupation, les frais de trésorerie et la résidence générale.

C'est le budget tunisien, s'élevant à 25 millions de francs, qui supporte les dépenses d'administration, y compris le traitement des « contrôleurs civils français », les dépenses des travaux publics, l'intérêt de la dette, et toutes les autres charges. Ce système mérite une complète approbation.

Grâce à son adoption, on peut dire que la Tunisie n'a coûté à notre pays que les dépenses de la conquête, et ne coûte plus, chaque année, que l'entretien du corps d'occupation. Encore faut-il ajouter que peu à peu ces dépenses devront décroître; le système anglais est le bon : la colonie doit payer la colonie.

(M. Louis Vignon, consul de France; communication à la Société de Géographie commerciale, mai 1887.)

FIN

TABLE

PREMIÈRE PARTIE
CINQ ANS APRÈS....................................

DEUXIÈME PARTIE
LES TÉMOIGNAGES 57

AVANT LA CONQUÊTE
I. *Les premiers explorateurs*..................... 59
II. *L'exploration du Mé-Kong*.................... 71
III. *Explorations, études, voyages, de 1870 à 1881* 80
IV. *État de la question à l'époque de la conquête*..... 94

LES RESSOURCES DU TONKIN
I. *Aspect général*............................... 105
II. *Produits divers*.............................. 123
    Agriculture (renseignements généraux ; bois et forêts ; la cannelle ; la canne à sucre ; le coton et le chanvre ; la ramie ; la soie ; autres cultures). 123
    Mines... 151
    Industrie...................................... 183
    Commerce..................................... 186
    Pêche.. 193

III. *Voies de communications* (Le fleuve Rouge. — Chemins de fer).. 197
IV. *Le trafic avec la Chine*.................................. 230
    Le Rapport Rocher... 246
V. *Population*.. 255
VI. *Progrès de la colonisation*............................ 290

LE CLIMAT

Climatologie, saisons.. 327
Les tableaux de mortalité..................................... 359

CE QU'A COUTÉ L'EXPÉDITION

L'expédition... 369
Le rapport Borgnis-Desbordes.............................. 375
Crédits votés pour le Tonkin................................. 385
Comparaisons.. 391

Paris. — Soc. d'Imp PAUL DUPONT, 4, rue du Boulol (Cl.) 1390.5.90.

www.ingramcontent.com/pod-product-compliance
Lightning Source LLC
Chambersburg PA
CBHW071902230426
43671CB00010B/1445